子谦斋语言学论文集

古敬恒 著

凤凰出版社

图书在版编目（CIP）数据

子谦斋语言学论文集 / 古敬恒著. -- 南京 : 凤凰出版社, 2023.12
ISBN 978-7-5506-4031-3

Ⅰ. ①子… Ⅱ. ①古… Ⅲ. ①汉语—语言学—文集 Ⅳ. ①H1-53

中国国家版本馆CIP数据核字(2023)第225069号

书　　名	子谦斋语言学论文集
著　　者	古敬恒
责任编辑	孙　州
装帧设计	陈贵子
责任监制	程明娇
出版发行	凤凰出版社(原江苏古籍出版社) 发行部电话025-83223462
出版社地址	江苏省南京市中央路165号,邮编:210009
照　　排	南京凯建文化发展有限公司
印　　刷	江苏凤凰数码印务有限公司 江苏省南京市栖霞区尧新大道399号,邮编:210038
开　　本	652毫米×960毫米　1/16
印　　张	15.5
字　　数	216千字
版　　次	2023年12月第1版
印　　次	2023年12月第1次印刷
标准书号	ISBN 978-7-5506-4031-3
定　　价	98.00元 (本书凡印装错误可向承印厂调换,电话:025-57718474)

目　录

论通假字的时代层次

通假字在古书中屡屡可见。由于它源自先秦，历秦汉，经六朝，涉隋唐，下迄明清，连绵不绝地跨越了许多时代；因而有人认为它从古到今处于稳定状态，很少发生变化。这种看法实际上是一种误解。

通假现象有一个产生和发展的过程。在各个不同的历史时期，通假字既有继承，又有变异，显示出不同的时代层次，并不是一成不变的。把握通假字的这个特点，有助于我们更深入地了解其性质，同时对探索古音的发展也有帮助。

通假字的时代层次，可以从以下三个方面进行考察。

一、 数量的变化

从通假字在古籍中占有的数量看，上古最多、中古次之、近古最少，呈逐渐减少的趋势。这是就宏观而言的，不能代替定量的分析。本文运用数学上随机抽样的平均值法，通过具体数字的统计与比较，加以分析说明。

先秦属于文字的初创期。这个时期，汉字尚未定型，总的数量还少，因而一字多体、一字多词的现象相当普遍，通用假借较为常见。通假之所以产生，有些是由于古时字少，以一字代表两个词来用，这叫“通用”。有时，一个字已有本字，但古人出于多种原因，或不会书写，或临时遗忘；或守师承，或求仿古；或受方音影响，或为了文字形体茂美；因而用音同、音近的字代替，这实际是有意或无意地写别字。正如汉代学者郑玄所说：“其始书之也，仓卒无其字，或以音类比方假借为之，趣于近之而已。受之者非一邦之人，人用其乡，同言异字，同字异言,于兹遂生矣。”[①]

由于上述原因,先秦时通假字很多。尽管今天所见的古代典籍在历代流传中经过改动,不少通假字易为本字[②],但统计数据足以表明,这个时期通假字占有较大比例,时代越早,比例越高。

秦汉之交,由于社会动乱,用字也比较混乱,通假字的比例仍然很高。西汉时中央政府派刘向等人校书,同时讲究正字法,对文字作了一些规范化工作[③],因而通假字数量有所下降。

进入中古时期,由于文字学著作《说文解字》《字林》《玉篇》的巨大影响,加上汉字由隶转楷,形体趋于固定;政府又颁布石经,推行正字法,唐代又出现了“字样之学”,因而中古士大夫的作品,用字逐渐规范,通假字比例明显下降。但另一方面,民间作品的用字,特别是唐代敦煌变文的用字,仍大量使用通假。如《敦煌变文集》,通假字比例就明显高于士大夫作品。

元明清时期,文言作品中的通假字大多继承古汉语,但数量进一步减少。如《元人散曲选》,共收元代散曲 170 首,龙潜庵先生确定的通假字有 58 个,比例当在千分之一以下。《古文观止》“明文”十八篇的通假字比例就很低。白话文如冯梦龙《古今小说》,通假字的数量又比唐代敦煌变文少。

通假字逐渐减少的情况,今总结为下表:

作品名称	时代	总字数	通假字数	平均值(百分比)
《大盂鼎》	西周早期	291	70	24.05%[④]
《毛公鼎》	西周晚期	497	70	14.08%
《诗经》国风	周	10429	268	2.57%

① 见《经典释文·叙录》所引。

② 如以马王堆汉墓帛书《战国纵横家书》与刘向编辑的《战国策》对比,前书中的“大太、胃谓、若诺、持恃、宵肖、氏是、兄况”等通假字,后书均改用本字。

③ 见《史记·万石君传》,中华书局,1982 年。

④ 大盂鼎、毛公鼎和帛书《老子》的统计数字,均见钱云《秦汉帛书中的通假字》,《南京师范学院学报》1980 年第 3 期。

续表

作品名称	时代	总字数	通假字数	平均值（百分比）
《荀子》卷一、九、十	东周	9387	109	1.16%
帛书《老子》乙本	秦汉	5500	320	5.82%
《汉书·沟洫志》，《汉书》列传一二、二十、二一、二二	西汉	32022	211	0.66%
《拾遗记》卷一、五、九	晋	10902	46	0.42%
《敦煌变文集》卷一、三、五	唐	21021	197	0.94%
柳宗元文集第一、二、十、十一、二十、二十一篇	唐	4567	19	0.42%
《韩愈文选》前十篇	唐	5640	25	0.44%
《刘禹锡诗文选注》	唐	5985	20	0.33%
《古文观止》明文	明	10600	23	0.22%
《古今小说》	明	28945	132	0.46%

说明：

(1) 尽管有些古籍经过后人改动，对统计有一定的不利影响，但我们依据的材料，多为国家或省级出版社的正式著作，因而仍有较大的可信性。

(2) 古籍浩如烟海，限于条件，只能从各个时期选取具有代表性的著作，作随机抽样统计。著作版本不同，统计的结果或有不同，但通假字逐渐减少的总趋势是客观的事实。

(3) 有人认为古白话中的通用字是“别字”而不属通假字，我们不同意这种看法。因为通假字本身也就是古人写别字，其性质是一样的。如敦煌变文，洪诚先生《训诂学》在《文字多假借》一节中就举出了唐变文的不少例子。王重民先生《敦煌变文集·叙例》也指出：“敦煌写本中有很多同声通用字，如犹与由、如与而、以与已。”

(4) 表中“总字数”和“通假字数”，是综合统计的结果。“平均值”是分别算出有关卷(篇)的百分比，然后合并、平均得出的。

二、结构的差异

通假字的构成，我们通常分为四种类型。以《诗经》为例，如(列在前的是通假字，列在后的为本字)：

A型：音同音近、形体无联系字的通假。如害曷、调朝、定颠、以台、谓惟。

B型:声旁相同字的通假。如墳濆、述術、毖泌、苦枯、匪斐。

C型:声旁字与形声字的通假。如行衍、心杺、襄攘、支枝、发拨。

D型:形声字与声旁字的通假。如视示、匪非、桥乔。

各个时期通假字结构的情况,见下表:

书名	通假字数	A型		B型		C型		D型	
		数字	百分比	数字	百分比	数字	百分比	数字	百分比
《诗经》(七国国风)	149	69	46%	33	22%	38	26%	9	6%
《荀子》(全书)	770	250	32%	208	27%	254	33%	55	7%
《汉书》列传(一二)	83	28	34%	21	25%	30	36%	4	5%
《拾遗记》(卷一、二)	45	17	38%	15	33%	11	24%	2	5%
《韩愈文选》(前十篇)	25	9	36%	6	24%	5	20%	5	20%
《刘禹锡诗文选注》(前五篇)	20	7	35%	6	30%	4	20%	3	15%
《元人散曲选》(全书)	58	31	53%	13	22%	12	21%	2	3%
《古文观止》(明文)	23	7	30%	10	43%	2	9%	4	17%

通过上面的比较,可以看到:

1. A型通假字在先秦时期比例很高,这是因为那个时期汉字尚未定型,不同地域、不同方言区的人根据自己的语音书写通假字,出现了"人用已乡,同言异字,同字异言"的情况。同时,不同书籍所用的A型通假字也互不一致,明显带有地域的差异,表现了作家用字的个人特点。如:

(1) 调朝　《诗·周南·汝坟》:"未见君子,惄如调饥。"毛传:"调,朝也。""调"的表示早晨的"朝"的通假字,仅见于《汝坟》。同样表示早晨,《诗经》其他篇章多用本字。如《鄘风·蝃蝀》"朝隮于西,崇朝其雨"、《小雅·鱼藻之什·何草不黄》"朝夕不暇"、《小雅·谷风之什·北山》"朝夕从事"。先秦其他典籍,也采用本字。如《论语·里仁》"朝闻道,夕死可矣"、《左传·昭公三年》"朝夕不倦"。

(2) 定颠　《诗·周南·麟之趾》:"麟之定,振振公姓。"毛传:

“定，题也。”《辞海》：“定，通颠。”在先秦典籍中少见。

（3）详扬　《诗・卫风・墙有茨》：“中冓之言，不可详也。”详，《经典释文》引《韩诗》作“扬”。扬，张扬。高亨《诗经今注》、蒋立甫《诗经选注》都指出“详通扬”。典籍中“详”常用作“祥”“佯”的通假字。

调朝、定颠、详扬这一类通假字，只在部分作品中出现。由于使用面比较狭窄，不具备普遍性，因而后代被淘汰，这表现了通假字的变异性。从纵向看，A 型通假字总的百分比，《诗经》之后就开始下降，其原因，当从这种被淘汰的音同音近字中去寻找。不过，从横向看，各个时期通假字的四种类型中，A 型的比例一般仍是最高的。这是因为，尽管有些通假字被淘汰，但由于语言稳定性的作用，大多数通假字仍被继承下来。而新的 A 型通假字又不断产生，补充进来。这种情况，显示了通假字变异的另一个侧面。这种新陈代谢历代都有。如《荀子》中的姚遥、咎舅、赵掉、訾趾，秦汉帛书中的勺赵、鼠予、蚤爪，都是在部分地区，经短期使用后被淘汰的。A 型通假字中较稳定的有：亡无、有又、归馈、矢誓、要邀、信伸、率帅、衡横等，从上古到中古，常在文学作品中出现。

2. B 型通假字，比例相对稳定，有时呈上升趋势。后代对通假字的继承，较多的是这一类。如详祥、距拒、辨辩、错措、畔叛、没殁、被披、锡赐等。上述通假字，除了被披、锡赐，在《荀子》中都出现三次以上。距拒、被披、没殁在《汉书》、《拾遗记》、刘禹锡诗文中都出现过。畔叛在《史记》《汉书》《拾遗记》中出现过。辨辩见于《世说新语》。锡赐见于《拾遗记》、刘禹锡诗文。没殁、锡赐，直到明代仿古作品还在使用。

3. C 型通假字的比例，中古开始逐渐下降，主要原因是后代区别字的产生与使用。如下列各对字，上古时期常常为通用假借关系：县悬、辟僻、内纳、女汝、反返、取娶、畜蓄、队坠、具俱、生性等。到了中古时期，有些已经使用后起形声字，而不再使用声符字。如《世说新语》使用了俱、性、避、纳、悬、汝、娶、返、坠等。刘禹锡诗文中，性、避、汝、俱、坠等，一般也不使用声符通假字。这类字相当多的是古今字，严格地说，并不是真正的通假字，不过传统上视之为通假，我们仍放在一起统计。

4. D型通假字,比例总的说来一直比较低。古人写通假字,为求笔画省简是一个重要原因,用形声字代替声符字,有时可求得文字结构的匀称,茂美好看,但毕竟书写不便,这大约是D型通假字一直较少的原因。

通假字的发展过程,交织着这样的矛盾运动:一方面,一大批上古时期产生的通假字,在后代得到继承,维持稳定状态。另一方面,上古及后代陆续产生的大批通假字,也不断被历史刷新。继承与出新,稳定与变异,此消彼长,相反相成,支配着通假字发展的全过程,因而造成了各个时代通假字构成的差异。分别言之,比较稳定的是那些具有普遍性与超地域性、较少受语音变化影响的通假字。如具有共同声符的通假字,尽管各个时代实际读音有差异,但一般说来,由于声符字具有的表音作用,二者音同音近的关系在各个时代都是成立的,因而它们受语音变化的影响较小,稳定性较强。而容易被淘汰的则是不具备形体联系的音同音近字,它们受具体时代或方言的影响较大,使用率较低,不稳定。还有一批古今字,中古后,古字逐渐不用,这是通假字总数大为减少的重要原因。

此外,还有一些复杂的情况:(1)有些上古产生的通假字,到中古时,因本字或区别字通行而停止使用,但后人因为仿古,让这些通假字“东山再起”,如锡赐、说悦、具俱、卒猝、女汝、亡无等,《世说新语》已使用本字或后起字,而明代文言文仍起用通假字。(2)正统文言文与民间文学作品,使用通假字情况不同。如唐代古文与变文不同。一般说来,古文中通假字数量少些,稳定性较强,而民间文学作品正相反。(3)同一时代,不同作家用字习惯不同。同一个字,有的用通假字,有的用本字。如元人虞集《哀流民操》诗“何时天雨粟,使女俱生存”,女通汝;元人杨弘道《空谣》诗“问汝居空村,何以供朝昏”,使用本字。

三、语音的演变

通假的原则是通假字与本字必须音同音近。所谓音同,指声韵调相同;所谓音近,指必须具有双声或叠韵的关系,但双声者韵部应当相近，叠韵者声母也应当接近。由于时代不同，音同或音近的标准随时代而变迁，各个时期有所差异。黄侃在《求本字捷术》中指出："音同有今音相同、古音相同二例。"①洪诚先生指出："只能以上古音说上古通假，以中古音说中古通假。"②这些见解无疑是正确的。以下侧重谈谈上古与中古的情况。

（一）上古时期

此期汉语声母系统有一些明显的特点，如古无轻唇音、古无舌上音、娘日归泥等。在文字通假上，就表现为本字与通假字声母轻唇重唇音不分、舌头舌上音不分、娘日泥三母不分等。以下举例说明。

1. 轻唇重唇音不分

（1）方谤　《论语·宪问》"子贡方人"郑玄笺作"谤人"。"方"为轻唇，"谤"为重唇，上古声类同。

（2）封邦　《诗·商颂·玄鸟》："邦畿千里。"邦，《东京赋》注引作"封"。段玉裁注："邦之言封也，古邦、封通用。"二字上古同属帮母东韵。

这类字，先秦时代常见。如秦汉帛书中的番播、赴卜、妄芒、服备、肥配。

2. 舌头舌上音不分

（1）升登　《尚书·盘庚中》："盘庚乃登进厥民。"孔传："升进。"升，上古书母；登，端母。

（2）湛耽　《诗·小雅·鹿鸣》："和乐且湛。"《经典释文》："字又作耽。"《礼记·中庸》正引作"耽"。二字上古同为侵韵，"湛"定母，"耽"端母。

这类字很多，甲骨文中奠即郑、鼎即贞。《荀子》荼舒、拂弼；帛书《老子》中冬终、兑锐、动重等，分别通假。

3. 娘日泥三母不分

女汝　《诗·邶风·绿衣》："绿兮丝兮，女所治兮。"女，《经典释

① 见《黄侃论学杂著》，上海古籍出版社，1980年。

② 见洪诚《训诂学》，江苏古籍出版社，1984年。

文》:“郑音汝。”《论语·为政》:“由,诲女知之乎?”女,通汝。女,上古泥母鱼韵;汝,日母鱼韵。

又如秦汉帛书中“诺若、热涅、乃仍”等,分别通假。

韵部方面,段玉裁曾提出“古假借必同部”[①],上古时期同音和叠韵的通假字很多,兹不详谈。有些通假字与本字韵部不同,但常有阴阳入通转关系。如《荀子》中“有通域”。有,之韵;域,职韵,之职为阴入对转。“辨通别”。辨,元韵;别,月韵,元、月为阳入对转。“宛通蕴”。宛,元韵;蕴,文韵,二字为阳声旁转。“环通营”。环,元韵;营,耕韵,二字为阳声旁转。

秦汉以后,语音已与先秦稍异。通假字中出现了一些新的情况,表现为:

1. 声母混同

发音部位相同、发音方法不同的声母可以通假。

(1) 帛书《老子》乙本精通清、溪通鸡。表明了送气与不送气的混同。

(2)《史记》《汉书》被通披。披,滂母;被,並母,表现了清浊音的混同。

2. 韵部混同

(1) 傅附(《汉书》列传二十九)。傅,帮母鱼韵;附,並母侯韵。

(2) 幾冀(《汉书》列传三十)。幾,见母微韵;冀,见母脂韵。

鱼与侯、脂与微,先秦为不同的韵部,但西汉时已有混同。周祖谟先生说:“尝考两汉之音,西汉已与《诗》三百篇不同,要言之,《诗经》脂微两部为一部,鱼侯两部为一部。”[②]他是从诗文韵字通押来考察的,而通假字的材料对周先生的推论是一个佐证。

3. 声异韵异

在先秦竹书帛书中,有的字声韵都不相同,但可以通假。

(1) 朕胜 朕,定母侵韵;胜,书母蒸韵。定、书声母不同,在上古

① 见(清)段玉裁《六书音均表》。

② 见周祖谟《问学集·两汉韵部略说》,中华书局,2004年。

都属舌音，只是相近；韵部也不相同。

（2）赫蟞　赫，晓母铎韵；蟞，端母月韵，声韵都不相同。

上述各例，表现了两汉与先秦语音的差异，显示了通假的时代特点。

（二）中古时期

中古时期通假字在声韵方面有以下几个特点：

1. 声母中轻重唇不分、舌头舌上不分、喻邪定三母关系密切等现象，直到唐代还存在。

（1）轻重唇不分　如《拾遗记》婆扶，唐变文：甫哺、捧俸。

（2）舌头舌上不分　如《拾遗记》升登，唐变文：埵堆、常当。

（3）喻邪定不分　如《拾遗记》徐馀，唐变文：堕随、徐馀。

轻重唇的分化至唐代才发生，《广韵》中尚有混同，通假字反映了这种状况。至于舌头舌上不分、喻邪定三母不分，依《广韵》声母系统，不应发生。这究竟是出于仿古，还是如邵荣芬先生指出的是方音现象，值得研究。

2. 存在着不同于《广韵》系统的声母混用现象。

（1）清浊不分　如《拾遗记》通瞳，唐变文：曹遭、寄奇、通瞳。

（2）送气不送气不分　如《拾遗记》被披，唐变文：伴畔、补（補）铺。

3. 韵母根据《广韵》系统发生分化，与上古时期韵部不同。

（1）内纳（《齐谐记》）　上古时期都是泥母缉韵。中古时期，“内”对韵，“纳”合韵。

（2）掘屈（南朝宋刘义庆《幽明录》）　上古时期，“掘”群母物韵，“屈”溪母物韵。中古时期，“掘”月韵，“屈”物韵。

（3）选算（唐韩愈《太学生何蕃传》）　上古时期，二字都是心母元韵。中古时期，“选”狝韵，“算”换韵。

在唐变文中，“山仙、清青、仙先”这几组通假字在上古音里韵部相同，中古依《广韵》都属于不同的韵部。

（三）近古时期

近古时期语音系统以《中原音韵》为代表，这个系统比较接近现代音，而与中古音距离较远。此期的通假字，也有些特殊现象，限于篇幅，只举些例子说明。

（1）碌绿（见《元人散曲选》）　B型通假。现代音中，二字分属不同的韵部，《中原音韵》中同属鱼模韵。二字都是中古音的入声韵，中古同音，《中原音韵》时代虽然都转入去声，仍同音，而不同于现代音。

（2）那挪（《元人散曲选》）　C型通假。现代音中分属不同的韵部，《中原音韵》中同属歌戈部。

（3）创闯（《元人散曲选》）　现代音“创”为去声，一读阴平；“闯”为上声，二字声调不同，但《中原音韵》允许四声通押，所以得以通假。

通假字的情况比较复杂。它不仅与古今字有纠葛，已如前述；而且有时也与异体字混淆，如徧与遍，有人认作通假，但实际上是一对异体字①；段玉裁在谈到假借字形成过程时说：“大氐假借之始，始于本无其字。及其后也，既有其字矣，而多为假借；又其后也，且至后代讹字亦得自冒于假借。”②这说明有些讹字也可能被认作通假。我们的统计只是初步的，也有可能误计了个别异体字或讹字。不过，通过上面的系统比较可以看到，通假字总数逐渐减少的趋势是一个事实，通假字的时代层次也是一个客观存在的事实——这就是我们的结论。

① 见初中语文课本注释及《第一批异体字整理表》。

② 见（清）段玉裁《说文解字注》，凤凰出版社，2015年。

汉字类化现象浅析

汉字在发展演变过程中有一种类化现象：同一个双音节词，两个汉字偏旁本不相同，后来，其中的一个字在另一个字的影响下，增添或换用跟另一个字相同的偏旁。从语言学观点看，类化是一种特殊的同化现象。如《汉书·司马相如传》："汹涌彭湃。""彭、湃"偏旁不同，后来"彭"字受"湃"字的影响，加上了"氵"旁，跟"湃"字在形式上取得了统一。如嵇康《琴赋》："澔汩澎湃。""澎"是"湃"字类化的结果。

类化的产生体现了语言对文字发展的推动作用。人们的社会交际，要求语言表达实现精密化。语言则进一步要求书面上"同一词儿的两个汉字具有共同的面孔，在一连串汉字当中容易看出是一个词儿单位"。类化正起到了从外部特征上辨认词儿的作用。类化是文字为适应语言而自为调整的结果。

具有类化现象的双音节词有下列类型：

一、名词型双音词

1. 骐麟——麒麟　麒麟是古代传说中象征吉祥的奇异动物。其状如鹿，全身生鳞甲，尾像牛。《说文解字》"卑"字说解里作"骐麟"。由于"骐"字不能如实反映麒麟像鹿的典型特征，因而后来被类化为"麒"字。《礼记·礼运》"凤皇麒麟，皆在郊棷"，已经写作"麒麟"，后代承用，成了该词的通行写法。而作为良马的名称，则写作"骐驎"，"麟"字涉"骐"字而类化作"驎"。如《商君书·画策》："骐驎騄駬，每一日走千里。"

2. 华骝——骅骝　古代传说中周穆王八骏之一。《穆天子传》作“华骝”。郭璞注：“色如华而赤。”类化为“骅骝”。如《庄子·秋水》：“骐骥骅骝，一日而驰千里。”

3. 朱儒——侏儒　指身材矮小的人。《左传·襄公四年》：“我君小子，朱儒是使。”《国语·晋语》中类化作“侏儒不可使援”。

4. 搢绅——缙绅　指古代高级官吏的装束，也用官宦的代称。《汉书·郊祀志上》：“其语不经见，缙绅者弗道。”李奇注：“缙，插也。”颜师古注：“李云‘缙，插’是也。字本作‘搢’。”《晋书·舆服志》则使用本字：“所谓搢绅之士者，搢笏而垂绅带也。”后代一般写作“缙绅”。

5. 芭篱——笆篱　指用竹或草编成的障隔，即“篱笆”。《史记·张仪列传》“苴蜀相攻击”，司马贞索引：“今江南亦谓苇篱曰芭篱。”刘禹锡《洛中送韩七中丞之吴兴口号》：“溪中士女出笆篱。”后代习惯称为“篱笆”。

6. 姻亚——姻娅　泛称有婚姻关系的亲戚。《诗·小雅·节南山》：“琐琐姻亚。”《尔雅·释亲》：“妇之父母，婿之父母谓为婚姻，两婿相谓为亚。”杜甫《送高司直寻封阆州》诗：“与子姻娅间，既亲亦有故。”

7. 桥梁——桥樑　梁，《说文解字》：“水桥也。从木，从水，刅声。”“樑”字形旁中就有“木”字。但由于受“桥”字的影响，遂添加木旁，构成了一个义符重复的形声字。明代张自烈《正字通》指出：“樑，俗梁字。”现在简化作“梁”，又使用了古字。

8. 膀光——膀胱　脬，《说文解字》：“膀光也。”《说文》“光”用的是本字，后类化为“胱”字。早在《史记》中就已出现“胱”字。《扁鹊传》：“别下于三焦、膀胱。”

例1—例5，前字受后字的影响而类化；例6—例8，后字受前字的影响而类化。

二、 形容词型双音词

1. 握龊——龌龊　意为器量局狭或拘牵于小节。《史记·司马相如列传》：“岂特委琐握龊，拘文牵俗。”张衡《西京赋》：“独俭啬以龌龊。”

2. 淖约——绰约 姿态柔美的样子。《荀子·宥坐》:“淖约微达似察。”《史记·司马相如列传》:“靓庄刻饬,便嬛绰约。”

3. 爽垲——塽垲 高朗干燥。《左传·昭公三年》:“子之宅近市,湫隘嚣尘,不可以居,请更诸爽垲者。”杜预注:“爽,明;垲,燥。”“塽”字不见于《说文》和《玉篇》,《广韵》中有“塽垲”。

4. 拥肿——臃肿 指树木瘿节多,磊块不平直。《庄子·逍遥游》:“吾有大树,人谓之樗,其大本拥肿而不中绳墨。”何逊《夜梦故人》诗:“已如臃肿木,复似飘飖蓬。”

5. 纷云——纷纭 多、盛的样子。《汉书·礼乐志·郊祀歌》:“纷云六幕浮大海。”陆机《文赋》:“纷纭挥霍,形难为状。”

6. 璀粲——璀璨 光辉灿烂。或云依声本作“璀璨”。《文选·洛神赋》:“披罗衣之璀粲兮,珥瑶碧之华琚。”孙绰《游天台山赋》:“琪树璀璨而垂珠。”

7. 络驿——络绎 往来不绝,前后相接。《后汉书·乌桓鲜卑传》:“四夷朝驾,络驿而至。”王夫之《宋论》卷三:“车骑络绎,歌吹喧阗。”

例1—例4,前字受后字影响而类化;例5—例7,后字受前字影响而类化。

三、 动词型双音节词

1. 箕踞——踑踞 指两脚伸直岔开而坐,形似簸箕,表现轻慢。《庄子·至乐》:“庄子则箕踞鼓盆而歌。”刘伶《酒德颂》:“奋髯踑踞,枕曲借糟。”

2. 邪揄——揶揄 嘲笑、戏弄。《后汉书·王霸传》:“市人皆大笑,举手邪揄之。”归有光《海上纪事》诗:“淮阴市井轻韩信,举手揶揄笑未休。”

3. 诋娸——诋諆 毁谤、污蔑。《汉书·枚乘传》:“故其赋有诋娸东方朔。”又作“诋諆”。《说文解字》:“諆,欺也。”徐锴注:“諆,谩言也。”

4. 挪莎——挪挲　指两手相搓。《礼记·曲礼上》:"共饭不泽手。"郑玄注:"泽,谓挪莎也。"挪莎又作"挪挲"。吴澄《钱王讲师》诗:"青眼两熠耀,白发各挪挲。"

例1、例2,前字受后字影响而类化;例3、例4,后字受前字影响而类化。

大致说来,产生类化现象的词语中,属于名词、形容词的居多,动词较少。从构词角度,又分为包含两个词素的合成词和只包含一个词素的联绵词两大类。如桥梁,包含两个词素,是合成词。绰约,两个字不能分开解释,只含一个词素,为联绵词。同一个联绵词可以有多种不同写法,而经类化的写法,往往流行广,使用率高,成为该联绵词的通用形体。如:澎湃、龌龊、纷纭、绰约,在古书里的使用率,据统计,比彭湃、握龊、纷云、淖约高得多。

类化字具有时代的层次性,并不是在同一个平面上形成的。如"朱儒"见于《左传》,"侏儒"见于《国语》,都出于先秦;"握龊"见于《史记》,"龌龊"见于《西京赋》,都源于两汉。它们类化得早,经历的时间跨度小。而"爽垲"见于《左传》,"塽垲"直到《广韵》时代才出现,类化得晚,时间跨度也大。有的字的类化过程很富有启发性。如周穆王八骏之一的騄駬,又作"騄耳""绿耳",依时间顺序该怎么排列呢?在成书早的《穆天子传》里,写作"绿耳"。《史记·秦本纪》裴骃集解说:"八耳皆因其毛色以为名号。""绿耳"意在指明其毛色。但作为马名,它传递给人们的信息远不是明晰的。《史记·秦本纪》写作"騄耳",就明确多了。"騄"字从马,一望便可知其类属。不过"耳"字仍难使人联想到马名,于是又类化为"駬"字。也有的类化字传递的仅仅是一个模糊的信息。如凤凰的"凰"字原来写作"皇"。后来加"几"以求同"凤"字类同。但"凤"(鳳)是从鸟,凡声,"凡"与"几"只是大致相似,偏旁并不相同。

汉字类化以后,有时在使用中人们又把它改为非类化字。这同样是出于表达的需要。如:

(1) 险巇:指险阻崎岖,旧时常用来比喻处世的艰难。魏嵇康《琴赋》中已类化为"崄巇",但南朝梁刘峻《广绝交论》又写作"险巇"。其实，险巇、崄巇，或作“险戏”，本来是个双声联绵词。联绵词里类化写法尽管更为流行，但联绵词毕竟“词无定字”，作者可根据个人习惯爱好书写，因而不完全接受类化规律的支配。

(2) 评议：指评论。本来符合类化的要求。但《三国志·魏书·杜畿传》“大事当共平议”，写成非类化字。这是由于“评”字使用了通假字。文字通假是古人书写中一种更为常见的现象，它利用同音字或音近字代替本字，不受文字形体的限制，因而也突破了文字类化规律的制约。

声符音义功能类述

汉字是发展到较高阶段的表意文字，其中半表音半表意的形声字占据汉字总量的80%以上。形声字由声符和义符组成。声符的作用主要是标音，但有时也具有表意的功能。明确这一点，才能对形声字有比较全面的认识，才能解释各种复杂的文字和词汇现象。

声符的标音功能表现在下列方面：

一、 直接标示形声字的音读

这是声符的基本功能。如：膜，从肉，莫声；膜莫同音。碑，从石，卑声；碑卑同音。境，从土，竟声；境竟同音。绅，从糸，申声；绅申同音。上述声符字，都直接注明了所属形声字的读音。也有些声符，现在已不能准确标示所属形声字的读音，那是由于古今音变的结果。在古代，声符和形声字的读音是相同或接近的。如：睹，从目，者声；者，今读 zhě，古读 duò[①]，与“睹”的读音很接近。翔，从羽，羊声。按照古音，翔、羊同属阳韵，翔属邪母，羊属喻母四等；根据古音，声母也很接近。

二、 间接标示通假字的音读

通假字是以音同音近的字替代本字的现象，即古人有意或无意地写别字，在古书中很常见。怎样识别通假字，是阅读古书的一个重要问题。清代著名学者王念孙指出：“诂训之指，存乎声音。字之声

① 见沈兼士《广韵声系》，中华书局，1985年。

同声近者，经传往往假借。学者以声求义，破其假借之字而读其本字，则涣然冰释；如其假借之字而强为之解，则诘籀为病矣。”[①]我们在阅读中如果发现某个字在语境里按其本义或引申义无法讲通，这时就要考虑它是否是通假字。具体做法，可以从声符与形声字的关系去探索。这样做的根据是：大多数的通假字与本字具有同声符的关系[②]。如“性”与“生”。《荀子·劝学》：“君子生非异也，善假于物也。”细玩文意，“生”字不可解，原来它是“性”的通假字。“性”为形声字，“生”是它的声符。又如“辨”与“辩”。《墨子·非攻》：“则以此人不知白黑之辩矣。”“辩”字在语境中按本义或引申义无法讲通，我们就会联想到跟它同属“辡”声的“辨”字。查检前人注释，可知“辩”确是“辨”的通假字。所以，通过声符字的线索，我们可以掌握一大批通假字，有利于更好地阅读古文。

有不少声符，一个字可以同时做几个形声字的通假字。这种情况更值得我们注意。如：

兑 (1) 通“锐”。《荀子·议兵》：“兑则若莫邪之利锋，当之者溃。”(2) 通“说”(yuè)。《礼记·学记》：“《兑命》曰：念终始典于学。”陆德明《释文》：“兑，音说。”即傅说之“说”。

厌 (1) 通“擪”(从手，厌声)。表示按捺。潘岳《笙赋》：“厌焉乃扬。”(2) 通“恹”。安静。《荀子·王制》：“是以厌然畜积修饰。”(3) 通“餍”。饱，满足。《韩非子·说林上》：“彼重欲无厌，天下必惧。”(4) 通“压”。倾覆。《汉书·五行志下之上》：“惠帝二年正月，地震陇西，厌四百余家。”

卢 (1) 通“垆”。黑土。《释名·释地》：“土黑曰卢，卢然解散也。”(2) 通“鸬”。黑色水鸟。司马相如《上林赋》：“箴疵鵁卢。”郭璞注：“卢，卢鹚也。”(3) 通“颅”。《汉书·武五子传赞》：“头卢相属于道。”

上述通假字，我们都可以通过仔细揣摩上下文，依照声符和形声

---

① 见(清)王引之《经义述闻》序。

② 参拙文《论通假字的时代层次》，《徐州师院学报》1987 年第 2 期。

字的读音关系推测其本字，并参照前人的注释进行学习和思考。

三、 间接标示异体字的音读

阅读古书，常会碰到异体字。异体字指音同义同而笔画不同的字。《说文解字》称为“重文”，包括俗体、或体、古体等。异体字中大量的是声符相同、义符相通的形声字。如：

聝/馘　古代战时割取所杀敌人的左耳用以计功。耳字确指其部位，首是耳所属的大类。

饎/糦　酒食。食与米也有类属关系。

冕/絻　古代帝王、诸侯与卿大夫所戴的礼帽。冃是古帽字。糸表示帽子的材料是丝。

绤/巾　谷，粗葛布。糸指其类属，巾指其成品。

垝/陒　左耳旁是阜的变体，阜指小土山，与土有关。

詠/咏　曼声张吟，歌唱。言指行为，口指工具。

读古文时，如遇到不常见的字形，如果循着“声符相同，义符相通”的路子寻找，可以发现并掌握一批异体字，有助于提高阅读古书的能力。

声符不仅可以表音，而且具有表意功能。现代语言学告诉我们，一个词的声音和意义最初是没有必然联系的，它们靠了社会的“约定俗成”才建立起联系。但该词的音义关系一旦确定下来，以它为中心而产生的派生词，其声音与意义就往往有联系。因此不少声符相同的字，其意义往往相通。这种现象，古人早已注意到。宋人王圣美提出“右文说”，认为形声字的声符“声中有义”。杨树达、沈兼士都力主其说。王力先生也指出：“凡按右文讲得通的，若不是追加意符的形声字，就是同一字族。”①可见形声字“声中有义”，不少声符具有表意功能，这一结论得到了学术界的公认。

声符字的表意功能，表现为以下方面：

(一) 在古今字中作古字

古今字是指，表达同一个意义，古代用某字，后代使用另一个字，

① 王力《中国语言学的继承和发展》。

即古今同词异字的现象。古今字主要指区别字和累增字。一般说来，古字形体简单，今字形体复杂；古字为声符字，今字为其形声字。如：

然/燃　然，从火，上部为声。然是“燃”的古字。《三国志·魏志·刘馥传》：“夜然脂照城外。”后来“然”字常用作代词（表示“如此”）、连词（表示“不过，然而”）等虚词，于是为本义增添“火”旁，而另造“燃”字。

莫/暮　莫是暮的古字。《说文》：“从日，在茻中。”茻指众草。《诗·周颂·臣工》：“维莫之春。”《论语·先进》：“莫春者，春服既成。”上古的莫字主要用为否定性的无定代词，表示“没有什么人（或事物）”，稍后又变为否定副词。为了区别，为本义另造暮字。莫字本以“日”会意，现在又添加了“日”旁，形成了一个义符重复的形声字。

责/债　责是债的古字。《战国策·齐策四》：“乃有意欲为收责于薛乎？”在“债务”的意义上，责、债形成了一对古今字。

反/返　反是返的古字。《战国策·魏策》：“智伯果起兵而袭卫，至境而反。”《左传·宣公二年》：“子为正卿，亡不越竟，反不讨贼，非子而谁？”都使用了古字。后来加辵旁制成“返”字。

从古今字的形体对比，我们可以看到绝大多数是声符和形声字的关系，如：竟境、属嘱、共供、知智、卷捲、涂塗、孰熟、亭停等，都是如此。古字本身就具有某一个义项，它进入形声字充当声符之后，这一义项并不因此而完全消失。当我们追溯这些形声字的语源时，声符的意义是我们必须加以考虑的。在这个意义上，我们说声符字有时具有表意的作用。

（二）充当同源字的语源

同源字指音义皆近，音近义同或义近音同的字。这些字都有共同的来源。例如：“句”（勾）是曲的意思，曲勾为钩，曲木为枸，轭下曲者为軥，曲竹捕鱼具为笱，曲碍为拘，曲脊为痀等。“皮”本指动物的皮，后来也扩大指人的皮肤，从皮得声的字，常有覆盖之义。披指覆盖在肩背上，从巾的字是披在肩背上的服饰，等等。同一组同源字，大多数具有共同的声符，而声符字本身往往是“源中之源”。从纵向看，声符字当产生于前，而从它得声的同源字则是以它为中心或意义的凝聚点而陆续产生的。我们说形声字声符往往表意，也常常指这一类同源字。如：

眉/楣/湄　眉即眉毛。《说文》："眉，目上毛也。"楣，《说文》："秦名屋边联也。齐谓之檐，楚谓之梠。"徐锴曰："按《尔雅》，'楣谓之梁'，谓门上横梁也。"《释名·释宫室》："楣，眉也，近前各两，若面之有眉也。"湄，《说文》："水草交为湄。"《尔雅·释水》同。字又作"眉"。《汉书·陈遵传》："居井之眉。"颜师古注："眉，水边也，若人目上之有眉。"楣、湄的意义，都跟眉字有密切关系。

兒/婗/倪/齯/麑/鲵　兒，《说文》："孺子也。"婗，《说文》徐锴注："婴儿貌也。"倪，《孟子·梁惠王下》："弱小繄倪者也。"朱熹注："倪，小儿也。"齯，《说文》："老人齿。"《释名》："九十曰鲐背，或曰儿齿。大齿尽落，更生细者，如小儿齿也。"麑，《管子·五行》注："鹿子也。"《国语·鲁语》注："鹿子曰麑。"鲵，《说文》："刺鱼也。"《尔雅·释鱼》："鲵，大者谓之鰕。"兒有小义，从它得声的一系列同源字都具有小义。我们从这些形声字的声符"兒"中，仍可探寻出"小"的含义[①]。

声符与形声字的关系是复杂的。各种文字现象中常有交叉。如古今字与通假字，古今字与同源字，有时难以作出截然的区分。对此，语言学界也存有不同看法。不过，声符字同时具有表音表意的功能，这是个公认的事实。通过研究声符与形声字的种种关系，对于我们更好地学习和研究古文，是很有帮助的。

（原载烟台师范学院《语文教学》1987年第4期）

① 同源字部分，采用了王力《同源字典》的部分材料。

《通假字和本字的音读关系》质疑

——与肖泰芳同志商榷

最近读了《山西大学学报》1987 年第 2 期肖泰芳同志的文章《古音三题》，感到很受启发。不过，对于文章第一部分《通假字和本字的音读关系》，我有一些不同的看法，现在提出来跟肖同志共商。

通假，指本有其字的通用和假借，既是一种文字现象，也是语音现象。关于通假字和本字的音读关系，学术界一般认为，二者的读音或者相同，或者接近。肖同志则认为，"通假字就是同音替代字"，完全排除了声音相近的通假；并认为，这类通假字之所以存在，"是因为人们只把今人给上古音所拟定的语音系统作为衡量读音相同与否的唯一标准，而没有把中国自古以来就存在着十分复杂的方言这一情况考虑进去"。

我们认为，方言差异自古就存在，前人对此早有所认识。如《论语·述而》就记载孔子读诗书和参加朝会典礼时操雅言。雅言就是当时的通用语，可见孔子平时使用方言。周秦诸子及《方言》《说文》提到方言之处正不知有多少。方言的差异必然反映到通假字中来。秦墓竹简中的"勺赵、鼠予、蚤爪"分别通假，这在别的地区的语言材料中很少见到，可能就反映了秦方言的音读。研究通假字音读而忽视方言的因素，肯定是不对的。但问题在于，是否承认了通假字音读中包含方言的因素，就必然排除音近通假这种情况？回答是否定的。

通假的实质是什么？肖同志说："古书中所谓的通假字，实际上相当于今人文章中所写的别字。"王力先生也讲过类似的看法。在这一点上，我们没有分歧。那么，通假现象产生的原因是什么？东汉学者郑玄指出:“其始书之也,仓卒无其字,或以音类比方假借为之,趣于近之而已。受之者非一邦之人,人用其乡,同言异字,同字异音,于兹遂生矣。”①

郑玄的解释有两点值得注意。第一,“趣于近之而已”。我们知道,古人书写,往往口耳相传,由于事出“仓卒”,书写者提笔忘字,或者为了省减笔画,以提高书写的速度,就临时写一个别字来代替本字。就书写者来说,自然要力求找一个完全同音的字来取代本字,这是没有疑问的。问题是,既是出于仓促,就不可能悠闲从容地字斟句酌,有时一下子想不出一个完全同音的字,应是可能的。于是古人只好“以音类比方假借为之,趋于近之而已”。从郑玄明确指出“趣于近之”而不采用“同之”的提法中,我们可以推想,郑玄是认识到有的通假字与本字只是读音相近,并不存在完全的同音关系的。第二,“同言异字,同字异言,于兹遂生矣”,郑玄的话进一步证实汉代存在着方言和方音的差异。方言不同的人,记录同一个词,书写的结果却不一样;对于同一个字,不同方言的人读音也不同。这说明,通假字与方言的关系问题,古代学者早已注意并考虑到了。同时也启示我们,同一个通假字,不同方言区的人读起来,未必都跟本字音读一致。但这种不一致却并不影响方言不同的人使用相同的通假字,“趣于近之而已”。我们认为,郑玄生活的东汉去古未远,郑玄对于古音有着直接和实际的体验,因而他对于通假字产生原因的解释,对于通假字与方言语音关系的说明,应当具有较大的可信性。

由郑玄的话我们联想到古人注音的方式问题,可以借它来跟通假字作一个比较。在反切注音法产生之前,古人常用读若或直音来注音,如许慎的《说文解字》就采用了读若、读如等注音法给汉字注音。这实际上等于用一个别字给本字注音。但有时所注出的就只是一个相近的音。顾炎武在《音论》里说:“汉时人未有反切,故于字之难知者多注云‘读若’。赵宧光《说文长笺》凡例曰:‘古无音切二法,音声之道无边,而同音者甚少,故许氏但有读若。若者犹言相似而

---

① 见《经典释文·序录》所引。

已，可口授而不可笔传也。’”再如直音，也是如此。陈澧《切韵考》指出：“古人音书但曰读若某，读与某同。然或无同音之字，则其法穷；虽有同音之字，而隐僻难识，则其法又穷。”由于上述原因，后代又产生“纽四声”的注音法，这正是古人在找不到同音字注音时所采取的补救办法。既然专搞文字训诂的大学者如许慎等尚且只好选用读音相近的字来注音，那么，我们又怎么能要求普通人匆忙中写的别字即通假字必须绝对同音呢？

肖同志在谈到通假字与本字音读关系的不同意见时，以中央广播电视大学教材为例，因为该教材提出“通假字就是同音替代字”。但事实上电大教材本身并不否定音近通假字的存在。如电大主讲教师之一的曹先擢先生在谈及通假字时，先说“通假字就是同音替代字”，接着又说：“通假字与被通假字，原则上讲应该是同音字（有些音近字，那是方言的缘故）。”“还有一些通假字，它们现在不同音，而且在古代也不同音，但一般说来是音近字。”他举出《触龙说赵太后》中的“恃鬻”为例。“鬻通粥，今音不同，古音却比较接近。”“它们的韵部都在觉部，从声母上讲，鬻在喻母，粥在章母，上古都读为舌音，是很相近的。因此，以鬻通粥不是偶然的，它符合古音的系统。”①

肖同志认为，通假相当于古人写别字。“就写别字者本人来讲，他写的别字必然和应当写的那个字同音，否则就不可能写别。”由于方言不同，“生长在甲地区的人写的别字，本来和应当写的那个字的读音完全相同，可是用乙地区的语音或全国通用语的读音读起来，就有可能觉得它们的读音不完全相同。这个道理，古今同一”。引文中有的表述并不完全符合语言实际。诚然，从写别字的实际情况看，各方言区大多数的别字的确跟本字同音。如吴方言的上海、苏州人，有时把“黄”读成“王”，“湖”读成“河”，“都”读成“多”，因为在他们的方言里，上述三组字分别同音。江淮方言区的人可以把“蓝”误记为“男”，把“牛虻”听写成“流氓”，同样因为同音的缘故。但不可忽略的

① 见黑龙江《电大教育》编辑部翻印的电大《古代汉语》讲义下册第384页（1986年版）。

事实是，确实也存在另一些情况。有的方言里某些字很难找到完全的同音字，书写者就用一个音近字代替。自己明知不对，也只好权且代用。或者由于文化水平的限制，不能仔细地辨析不同音质的差异，自以为写了同音字，实际上在本方言里并不完全同音。例如：

徐州有的中学生把"不止一个"写成"不只一个"、"栩栩如生"写成"徐徐如生"、"镶嵌"写成"镶钳"。在徐州方言里，别字和本字（正字）声韵相同，但声调各异。"止"上声（34），"只"阴平（313）；"栩"上声（34），"徐"阳平（54）；"嵌"去声（51），"钳"阳平（54）。"栩、嵌"两字的写别很耐人寻味。"栩"明明有同音字"许"，书写者不使用，却选用了音近字"徐"，是仓促间没想到"许"字，还是认为"栩、徐"声音更接近？"嵌"明明有同音字"欠""歉"，书写者从感觉上认为它们不对，就选用了自以为意义相同的音近字"钳"。上述别字与本字声调不同。两个字的声调不同，自然意味着不是同音。别字和本字音读不同，大多数表现为声调的差异，也有少数声母或韵母不同的情况。如有人把"火柴杆"写成"火柴根"、"浮想联翩"写成"浮想联编"。其实徐州话里"杆"[kan(55)]，"根"[kən(313)]，韵母不同；"翩"[phiæn(313)]，"编"[phiæn(313)]，声母不同。

据初步了解，这种别字与本字读音不一致的情况，各方言都有，其中主要是声调的不同。如吴方言，苏州有的中学生"最、再"混用，把"最好"写成"再好"，其实"最"[tse(52 上)]，"再"[tse(412 阴去)]，声调不同。又如"在、才"混用。实际上"在"[ze(31 阳去)]，"才"[ze(13 阳平)]，声调也不同。生活中，人们为图省事，有时把"鸡蛋"写成"鸡旦"。但苏州话"蛋"念[de(31 阳去)]，"旦"[te(44 阴平)]，声母一浊一清，声调也不同。例证尽管有限，但道理"古今同一"。它们的存在足以证明，郑玄所说"趋于近之"的解释是合乎情理的，声音相近的通假字的存在也是必然的。可以推想，无论是民族共同语还是方言，都存在这种声音相近的通假。不过上古方言的情况比较复杂，我们现在所知甚少，尚不足以引出必要的结论。此外，通假字里还大量存在着同声符字的通假现象（如辨辩、具俱），这涉及谐声偏旁问题。王力先生指出："声符和它所谐的字不一定完全同音。"如果我们说：

“‘凡同声符者必同声母’，那就荒谬了。”[①]比如像“举舆，险俭，横廣，谦嫌”[②]这些同声符的通假字，如果我们认定它们在古时完全同音，那就应当从音理上给予合理的解释。如果我们只说它们虽然在全国通用语中不同音，而在某些方言中肯定同音，否则就不可能成为通假字，那恐怕是缺乏说服力的。

综上所述，我们认为，从今人写别字的情况上推，可知古人书写通假字时，一般采用同音字代替本字，但有时也会写成音近字。因而声音相近的通假是存在的，不应把它排除于通假字之外。文中不当之处，请肖同志和读者们指正。

（原载《山西大学学报》1988 年第 1 期）

① 王力《汉语语音史》，中国社会科学出版社，1985 年，第 17 页。

② 见北京大学《荀子》注释组编《荀子新注》，中华书局，1979 年。

韩愈、柳宗元与唐代新词的发展

词汇的发展取决于各种因素，社会发展的推动和人们交际的需求是其中两个具有决定意义的因素。人民群众作为语言实践的主体，几千年来一直为词汇的发展作出积极的贡献。与此同时，我们也不可抹杀历代文学大师们的巨大功绩。唐代中期，在饱经“安史之乱”的痛苦之后，人们要求社会变革的呼声很高。文学领域，韩愈、柳宗元积极倡导古文运动，努力扭转初唐以来承继六朝余绪而形成的绮靡之风，创建清新活泼的语言风格。他们在“唯陈言之务去”和“词必己出”的口号下，带头实践，在脍炙人口的大量作品中，一方面充分利用前人已有的词语，注入新意，推陈出新；另一方面又以吸收口语为基础，熔铸出富有表现力的新词汇，为丰富和发展唐代的汉语词汇辛勤笔耕，奉献硕果。研究他们对唐代新词的贡献，对于推动汉语词汇史的研究，对于丰富和发展现代汉语词汇，都很有意义。

（一）

在运用和创制词语方面，韩愈、柳宗元采用了下列途径：

一、 活用前人词语，推陈出新，创发新义

1. 嗫嚅，本指窃窃私语的样子。《楚辞・七谏・怨世》：“改前圣之法度兮，喜嗫嚅而妄作。”王逸注：“嗫嚅，小语谋私貌。”韩愈借助联想，略加改造，用“嗫嚅”表示“欲言又止的样子”。如《送李愿归盘谷序》：“足将进而趑趄，口将言而嗫嚅。”

2. 戛戛，本指物体相撞击的声音。《关尹子・一宇》：“戛戛乎斗

也，刎刎乎似而非也。”又指咬牙声。李邕《鹘赋》：“刎刎戛戛而雄励。”总之，只是个模拟声音的象声词。而韩愈借它的语音形式，又配上一个后缀“乎”，把一个纯自然的摹声词引进了一种复杂的精神活动领域，用以表现创作构思时困难的状态。《答李翊书》：“惟陈言之务去，戛戛乎其难哉！”由于形象生动，富有表现力，因而后代继承了这个用法，常以“戛戛独造”形容文辞别出心裁，富于独创性。

3. 沈塞，本指埋没。《三国志·蜀志·郤正传》：“嗟道义之沈塞，愍生民之颠沛。”又指沉石填塞。《隋书·高帝纪》：“贮石沈塞淮口，缘淮作城。”韩愈把它的意义空灵化，由动词转用为形容词，表示人的沉默寡言，《许国公神道碑铭》：“为人魁伟沈塞。”

如果说，韩愈是创发新义的好手，那么柳宗元也不愧是旧词新用的行家。

1. 楷法，本指楷书之法。《晋书·卫恒传》：“上谷王次仲始作楷法。”柳宗元不为原义所拘，运用引申法，把楷法概括为“事物的法度，准则”，《永州新堂记》：“编以为三千石楷法。”

2. 悄怆，本质凄怆、悲哀的样子。江淹《哀千里赋》：“悄怆成忧，悯然自怜。”柳宗元转用它于山水游记，意思是环境静寂清冷，《至小丘西小石潭记》：“凄神寒谷，悄怆幽邃。”

从表现生活的实际出发，凭借联想和想象，对现有的词义进行概括或引申，从而产生新义，这是韩、柳旧词新用的常见手法。

二、抓住表现力强的词素，熔造新词

我们发现，韩、柳善于抓住富有表现力和凝聚力的词素，触发感染，衍生出一连串的新词，表现出他们超出常人的想象力、创造力和驾驭语言的高度技巧。

有些本来是单音形容词，如：清、熟、嘉、廉；一部分是单音动词，如：沈、盗、委、垂；少数是名词。这些单音词由于富有特征性和表现力，因而被韩、柳用作词素，构成一系列新词，显示了较强的构词能力。

有时，同一个词素两个人同时构成了许多新词。如“幽”：

韩愈　(1) 幽坎(埋葬死者的洞穴),(2) 幽坐(静坐),(3) 幽泌(平静的流水),(4) 幽眇(声音轻妙),(5) 幽悁(深藏在心中的忧思),(6) 幽堂(墓内),(7) 幽咏(轻歌),(8) 幽扉(门户幽深),(9) 幽迸(隐然迸散),(10) 幽穷(隐微穷困),(11) 幽禅(指静以参禅),(12) 幽怀(内心深处)。

柳宗元　(1) 幽沈(指隐居),(2) 幽暗(黑暗而纷乱),(3) 幽窟(深邃的洞窟),(4) 幽墀(幽静的庭阶),(5) 幽潺(幽静的水流声),(6) 幽郁(郁结),(7) 幽丽(清幽雅处)。

由于"幽"具有难以言传的丰富内涵,颇能描绘一种深邃邈远的艺术境界,极富表现力和感染力,因而两位作家竞相使用,充分施展其创制新词的能力。另如"开""穷""环""异"等词素的情况也是如此。

(二)

在创造和运用新词方面,韩愈、柳宗元表现出下面的特点:

一、新词数量可观

阅读韩、柳的作品,时常可以发现唐代以前人们未曾使用的新词语,那往往出自他们的创造。据《全唐文》《中文大辞典》《辞海》等粗略统计,他们本人创制或使用他人创制的唐代新词不下一千条,数量之惊人,是同时期作家中难与匹俦的,对后世的文学语言影响巨大。有不少作品,新词如贯珠瑰宝,璀璨夺目,使人目不暇接。如韩愈《进学解》:咀华(体味文章的精华),登崇(举用崇尚),坠绪(事物已衰,将绝未绝),旁搜(各方搜求),瑕疵(缺点过失),谨严(严格缜密),沈浸(浸入水中,比喻学问渊深)。《柳子厚墓志铭》:方计(方法),推挽(推荐),廉悍(锐悍),征逐(朋友之间来往密切),取下(谦虚以迎合他人),穷裔(指偏僻的地方),慕悦(钦慕喜悦)等。

又如柳宗元的《招海贾文》:险魄(厉鬼),恂骇(静骇),轩昂(高举的样子),泓坳(深渊),搜疏(冲激割裂),翔鹏(飞鹏)等。《梦归赋》:淳茫(广大空旷),判析(判断分析),纵步(任意行走),愔翳(指呼吸微弱),恍惘(恍惚迷惘),恢怪(怪异),漂激(漂流激荡),流游(流离游荡)等。

一篇之内,新词达七八个之多,显示了大手笔的功力,而且大都别出心裁,精心锤炼,发前人所未发。铺写入文,增辉添彩,大大提高了作品的表现力。

二、 新词覆盖面广

1. 事物名称　如:寰海(天下),穹林(大森林),乡村(农村),朋邻(亲朋邻居),府帅(知府),罪犯(犯罪者),媒妪(媒婆),庙碑(宗庙、寺庙中的刻石),罚筹(罚杯之数),侏儒(梁上的短柱),瘴氛(瘴气)。以上见韩愈文。故土(故乡),隆曦(晨曦),垫沃(水害),封识(封存的记号),书稿(文章草稿),瓷器(瓷制品),攻熨(治疗法之一),坛场(佛家说教的场所)。以上见柳宗元文。

自天文地理到人事、鬼神、宗教、器宇,门类繁多,包罗万象。

2. 动作行为　如:营治(经营治理),叫灌(喧叫),精鉴(详细观察),燕游(宴饮游乐),摹画(照着样子画),讥讽(讥笑讽刺),沮遏(阻止),督习(督导练习),慕悦(钦慕喜悦)。以上见韩愈文。剿殄(消灭),环顾(回视四周),旋视(瞻望四方),施陈(布陈),哗笑(乱声讥笑),纠谪(督责),舞蹈(喜极而舞),惴惕(畏惧)。以上见柳宗元文。

3. 性质状态　如悬悃(恳切真诚),繁要(繁多而重要),淋漓(指湿漉漉往下滴),悍轻(轻捷),窘穷(窘迫穷困),廉利(锋利),强梗(强横),荒僻(荒远偏僻)。以上见韩愈文。悄怆(静寂清冷),掩苒(风吹物倒的样子),怪僻(古怪),淳茫(广大空旷),宛软(柔和的样子),丛沓(繁杂),迂回(屈曲回旋),委靡(不振作),端庄(端正庄严)。以上见柳宗元文。

性质以人和事物为别类,又可分为若干小类,状态更是形形色色,包括广泛的内容。

三、 不少新词复呈率较高

有不少新词在后代文学作品中有较高的使用频率。如韩愈文章里的:程度,机会,信奉,衰退,允许,丧失,稳当。又如柳宗元文章中的:舒畅,特殊,遵守,亲自,手艺。这些词语,明白如话,不仅后代的文学作品经常使用,而且至今仍活跃在人们的口语里,成为现代汉语词汇的直接来源。

当然,由于时代的演变,有些新词的意义跟现在有所不同。如"开除",意为开阔。韩愈《南海神庙碑》:"天地开除,日星明概。""工人",指工匠。韩愈《答崔立之书》:"今足下乃复比之献玉者,以为必俟工人之剖,然后见知于天下。"这些地方表现了词义发展的时代性,不过就词条来说,韩、柳的开创之功是不可埋没的。

(三)

现在要讨论韩、柳在创制和运用新词方面的个人特点。

韩、柳同样是唐代的文学大师,不过,由于各人生活阅历、政治倾向、创作道路的不同,以及观察问题角度的差异,因而在构造和使用新词上,各人侧重点有所不同;在形式的运用方面,也有自己的独特之处。

一、从内容侧重点看

对于推动古文运动的发展,应当说韩愈比柳宗元具有更大的影响。他的著名散文《答李翊书》《送李愿归盘谷序》及《进学解》等,在文学创作上提出了许多很好的见解,闪耀着学术思想的光芒。如:沈浸(浸入水中,比喻学问渊深。《进学解》),提要(从全书或全文中提出要点。《进学解》),咀华(体味文章精华,《进学解》),术业(学术技艺、学业,《师说》),经法(经书的意义与礼法,《送殷员外序》),棘句(难懂的句子,《贞曜先生墓志铭》),敲金击石(比喻文章音调铿锵,《代张籍与李浙东书》),绩文(指做文章,《蓝田县丞厅壁记》)。

在政治上,韩愈属于正统派、保守派,他崇尚儒家思想,强调封建社会的等级秩序,反对当时具有进步意义的政治改革,固不足取;但他也反对暴君苛政,主张推行仁政,具有可肯定的一面。表现这些内容的新词,如要求选贤任能的:登崇(举用崇尚,《进学解》),推挽(引荐，《柳子厚墓志铭》），举黜（举用和黜退，《送齐皞下第序》），推致（推荐，《毛颖传》），拔尤（选拔出众人才，《送温处士赴河阳军序》）；如针砭时弊、鞭挞邪恶的：奸猖（邪恶猖獗，《曹成王碑》），奸隶（恶吏，《潮州刺史谢上表》），凶悖（凶恶背理，《论淮西事宜状》），昏蒙（黑暗，《独孤申叔哀辞》），豪习（豪奢的习性，《曹成王碑》）；如官场用语：成烈（成就功业，《潮州刺史谢上表》），外庸（地方官的功绩，《沂国公先庙碑铭》），资序（资格，《举张惟素自代状》），例出（循例贬谪，《柳子厚墓志铭》），拜疏（上奏章，《柳子厚墓志铭》），垂察（推察垂鉴，《后二十九日上宰相书》），悬悃（恳切真诚，《论佛骨表》），研讨（研究讨论，《进顺宗皇帝实录表状》）。

韩愈的语言表达，具有雄健浑厚、气势磅礴、明快犀利的特点。

柳宗元的哲学思想、政治主张和文学见解，在他那个时代是比较进步的。他的无神论思想在我国哲学史上有着一定的地位。长期遭受贬谪，使他对现实的认识、对人民的同情都较为深切。在《捕蛇者说》《梓人传》等人物传记中，他为普通劳动者发出了呼吁。他创造了不少这类新词，如反映人民生活的：居贩（居积贩卖，《答问》），耕凿（耕田而食、凿井而饮，《进农书状》），手艺（工匠的技术，《梓人传》），私券（民间互立的契约，《钴鉧潭记》），山畋（狩猎在山中，《武冈铭》），庸丐（卑贱的劳动者，《寄许京兆孟容书》）；如表现人民痛苦的：垫沃（水害，《唐故万年令裴府君墓碣》），瘘疠（粗脖子病，《捕蛇者说》），疹蛊（热病与毒蛊），悍吏（凶恶的徒吏，《捕蛇者说》）。

柳宗元的山水游记，尤其是《永州八记》，以善于状物写景而著称。山、水、石经过他的描绘，往往达到惟妙惟肖、形神兼备的境界。如写山的：峰崒（高耸，《晋问》）；写石的：坻石（水中浮石，《愚溪诗序》），角列（像尖角一样排列，《钴鉧潭西小丘记》）；写水的：有水的名称：崩涛（巨浪，《招海贾文》），泓坳（深渊，《招海贾文》）。有水的声响：洞然（在深处听到的水声，《小石城山记》）。有水的形态：奔注（奔流贯注）、典委（水屈曲流动。均见《钴鉧潭记》），泓渟（水深的样子，《永州崔中丞万石亭记》），沛哱（水多的样子，《晋问》）。描绘生动，刻画细腻，达到出神入化的地步。

柳宗元的语言表达峭刻精炼，瘦硬挺拔，风格冷隽，意境幽邃。

二、 从语言形式看

韩、柳都创制了大量的双音词，但四字格词语（后世演变为成语）的大量创制，是韩愈独具的特色。四字格词语的创制并铺写入文，使文句的表达更加言简意赅，生动形象，显示了韩愈运用语言的高超能力。

韩愈创制的四字格词语有如下类型：

1. 联合型。2. 偏正型。3. 述宾型。4. 述补型。5. 主谓型。6. 复句型。

源出韩愈的四字格词语数量可观，相比之下，柳宗元要少得多。

三、 从构词方面看

（一）韩、柳都喜欢利用后附加即加后缀的形式构成双音或三音词，但侧重点有所不同。试比较：

1. 然　柳宗元有：崒然（高而突出的样子，见《邕州马退山茅亭记》），婆然（起舞的样子，见《游宴南池序》），炯然（明白的样子，见《惩咎赋》），瘿然（隆起的样子，见《种树郭橐驼传》），湾然（水流弯曲的样子，见《游宴南池序》），洞然（在深处听到的水声，见《小石城山记》）。

韩愈有：謇然（直言的样子，见《江西观察使韦公墓志铭》），谦谦然（卑逊的样子，见《答尉迟生书》），恐恐然（畏惧的样子，见《原毁》）。

2. 者　韩愈有：圬者（泥水工，见《圬者王承福传》），衰者（指衰弱的人，见《祭十二郎文》），强者（刚强的人，见《原毁》），懦者（怯懦的人，见《原毁》）。

柳宗元的作品，尚未见这一类的新词。

"然"字作形容词或副词词尾，有描写和拟饰作用，尤其摹绘山川形胜和人物形象，都可增加感染力。这大概是柳宗元多用"然"字构造新词的原因吧。"者"字作名词词缀，韩愈有一些，柳氏暂未见。

（二）利用叠音词摹声写状，构词法上称为内部屈折造词。也是韩、柳常用的一种手段。

柳宗元有：娱娱（喜乐的样子，见《吊屈原文》），嵎嵎（山重叠高峻的样子，见《梦归赋》），哓哓（巧辩的样子，见《吊屈原文》），沄沄（水势浩大的样子，见《晋问》），匀匀（均匀的样子，见《晋问》），垠垠（并列耸立的样子，见《闵生赋》）。

韩愈有：蔑蔑（默默，见《与祠部陆员外书》），戛戛（形容困难的样子，见《答李翊书》），瞪瞪（睁眼看的样子，见《郓州溪堂诗序》），伣伣（恐惧的样子，见《祭鳄鱼文》）。

总起来看，柳宗元创制、使用的叠音词数量超过韩愈，这也与他喜欢描摹山川形胜有关。

以上是对韩愈、柳宗元发展唐代词汇的初步探讨。词汇面广量大，又都是追溯词源的工作，所以比较艰巨。我们所见有限，因而尚不能确保每一个词例必为唐代新制。不过总起来看，韩、柳对唐代词汇的发展作出了巨大的贡献，乃是毋庸置疑的事实。文中不当之处，敬请方家指正。

（原载《徐州教育学院学报》1988 年第 2 期）

《广韵》文字考

《广韵》是我国历史上一部重要的韵书，它虽为便利文人作诗取韵而作，实际上也是按音系编排的字书。要想读懂《广韵》，了解古代韵书、字书用字的体例，并进而探讨汉字的渊源流变及其对语言发展的影响，我们就不可不对《广韵》的文字做一番爬罗剔抉、条分缕析的工作。这就是本文写作的目的。

一、《广韵》文字的体例

(一) 古文

1. 注明某字为“古文”。如：风，古文从雚；凶，古文从歺；驱，古文从攴；奴，古文从人、从女。

2. 注明二字“并古文”。如：宜，并古文……；视，并古文眂眎。

3. 注明“古文”并出处。如：姻：“婚姻。婣，古文，出《周礼》。”同：“齐也。”仝：“古文，出道书。”

4. 注明“古文某字”。如：戲，古文呼字。

(二) 籀文

注明某字为“籀文”。如：農：“田农也。”辳：“籀文。”又：槃：“籀文盘。”烖：“籀文災。”

(三) 古某字

1. 注明“古作某”。如：矜，“古作矜”。咎：“皋陶，舜臣，古作处繇。”

2. 注明“古为某字”“古某字”。如：疋，“足也，古为雅字”。

3. 注明“古通用某”。如：淄：“水名，亦州名……古通用菑。”凡二例。

（四）经典作

1. 注明“《说文》作某”。如：诬，相毁，《说文》作诬（暮）。又窗，《说文》作窗。䶈，《说文》作奇。醋，《说文》作酢。凡一百二十六例。

2. 注明“《说文》本作某”。如：宜，《说文》本作宜。汸，《说文》本作方。举《说文》本作擧。凡十九例。

3. 注明“《尔雅》作某”。如：蚖，《尔雅》作蚖。櫖，《尔雅》作慮。篡，《尔雅》作蔆。凡十六例。

4. 注明“《易》作某”“《书》作某”“《诗》作某”“《左传》作某”等。如：鎚，《周礼》作追，《礼记》作姑。邾，《汉书》作耒。引书有《易》《书》《诗》《左传》等二十余种。

5. 注明“经典作某”“经典亦作某”“见经典”“今经典作某”等。如：“《说文》曰：丧躄踊也。经典作踊。”蒸：“众也，进也，君也……经典通作烝。”凡十八例。

6. 注明“经典通用”或“典籍通用某”。如：齋，经典通用齊。辥，经典通作薛。凡八例。

（五）或作

1. 注明“或作某”。如：紟，“紟带，或作襟”（沁）。又：种，“或作冲”。嵩，“或作崧”。猗，“或作犄”。

2. 注明由该字组成的双音词“或作某某”。如：齬，“齟齬，不相当也。或作鉏铻”。凡六例。

3. 注明“或从某”“或与某同”“或曰古某字”等。如：瞗，“《尔雅》曰：‘马二目白。’鱼字或从目。”凡九例。

（六）俗作

1. 注明某字“俗”。如：薀，“藏也。《说文》曰积也。蕴俗”（吻）。又：泥俗字埿、蛇俗字虵、沙俗字砂、鲜俗字尠。

2. 注明二子“并俗”。如：黏，“黏也”。粘：“同上。”糊䊀：“并俗。”凡五例。

3. 注明“俗作某”。如：韭俗作韮，胥俗作㥠，虞俗作騻。

4. 注明“俗加某”。如：菄，“东风菜”，“俗加艹”。凡五例。

5. 注明“俗从某”。蟲，“蛞蟲，科斗虫也。”“《尔雅》曰：科斗，活东……字俗从蚰。”凡六例。

6. 注明“俗，今通用”。如：县，“《说文》云：系也。相承借为州县字”。悬，“俗，今通用”。凡三例。

7. 注明“俗，余同”“俗，余皆做此”。如：纏：“绕也；缠，俗。余皆做此。”凡五例。

（七）亦作

1. 注明“亦作某”。如：拭，“拒也。亦作軵”（肿）。又：纍亦作缧、嶷亦作疑、珉亦作玟。

2. 注明二至三字为“亦作”。如：胷，“膺也。亦作匈肾”。

3. 注明由该字组成的双音词“亦作某某”。如：妤，“婕妤，妇人官也。亦作倢伃。”“髣髴，亦作仿佛。”凡十一例。

4. 注明“本亦作某”。如：枖，“本亦作夭”；蓄，“本亦作畜”。凡九例。

5. 注明“亦作某，见经典”“经典亦作某”。如：旨，“《说文》云：‘美也，从匕甘。’又志也。亦作𠮛，见经典。”

（八）出某书

《广韵》训释某字后，有时注明该字的出处。如：菶，“草木始生，出《音谱》”。鏔，“戟之无刃者，出《方言》”。籒，“以篾束物，出《异字苑》”。所引书有《左传》《国语》《史记》《方言》等六十余种。

（九）本作、本亦作

1. 注明“本亦作”。如：隋，“国名。本作随”。凡七例。

2. 注明“本亦作某”。如：昪，“日上。本亦作升。俗加日。”凡二十五例。

（十）今作

1. 注明“今作某”。如：𥁕，“《说文》曰‘仁也’”，“今作昷”。㝷，“《说文》‘取也’。今作寻，同。”凡十九例。

2. 注明“今亦作”“今单作”“今通作”“今或作”。如：𩰲，“今亦作鬲”。钾，“铠属。今单作甲”。

（十一）又作

如：陫又作厞，哈又作唅。凡四十例。

（十二）借为

如：乾，"《字样》云：'本音虔。'今借为乾湿字。"雇，"九雇鸟也。相承借为雇赁字"。凡五例。

（十三）同

如：堤隄同，蚁螘同，泛汎同。

二、《广韵》文字的分析

凡是搞文字研究的人都清楚地知道，《广韵》在用字体例上，是在继承以前字书、韵书的传统基础上，加工发展而成的。它收字二万六千多，连带一些注文提说到的，总结了大量的汉字形体。它以汉唐典籍的习用形体为标准，将古体、俗体、或体、又体等一一对照列出，并说明文字的分化、合用、讹变等，这对于阅读古书、从事训诂，乃至研究汉字形体的演变，都很有好处。现分述如下：

（一）古体字

《广韵》采用楷书，前此产生的汉字形体，如籀文、古文、小篆，都属古体字。严格地说，古体之于今体，也是异体字。不过为了叙述方便，特将这部分独立出来。

《广韵》共收二百二十五个古文。1. 籀文。《广韵》收籀文凡五十五例，较《说文》所收者少。考之两书，可知《广韵》籀文均来自《说文》。如微韵：歸（还也）㱕（籀文）。《说文》止部：歸（女嫁也）帰（籀文省）。又如：農䢉、飴[illegible]、祺禥等。前字为正体，后字为籀文。《广韵》《说文》均同。《说文》所收籀文，据王国维《史籀篇疏证》考定为战国时期西土文字即秦国文字，现在一般认为是出自《史籀篇》的文字。这是《广韵》籀文之所由出。

2. 古文。古文有广义与狭义两说。广义指甲骨文至小篆的古汉字，这自然不是《广韵》所说的古文。狭义则专指战国时期通行于六国的文字，这是《广韵》所说的古文。

较《说文》所收者少。两书对照，可知《广韵》所收古文亦来自《说文》。

《说文》所收古文，王国维认为是战国时东方六国通行的文字，此说颇有影响。不过也有人认为六国文字与秦系文字同属一个系统，并无很大差异，《说文》古文为西汉时鲁恭王所得“壁中书”。这就是《广韵》古文的来源。

应注意的是，《广韵》所收古文有少数不见于《说文》。如“卉”的古文“芔”。战国文字鲜见“卉”字，楚帛书只作“屮屮”。吴大澂《说文古籀补》有一“芔”字，与“卉”是否同字，尚待确定。据现有材料，只能认为“芔”是小篆。又如“考”的古文“攷”。《说文》中是小篆，并非古文。这种现象该怎样解释？这是因为文字有它先后发展继承的关系。有不少字，甲骨、金文直至小篆形体基本一致。《说文》以小篆为质，凡古籀与小篆相同者就不再收入，只收形体不同的。故所收古籀仅几百字，比古籀文实际数字相差很远。因此，凡《广韵》注明“古文”而《说文》未收者，表明该字的古文、小篆形体相同。

（二）古今字

关于古今字，前人的看法不尽相同。郑玄最早提出“古今字”的概念（《礼记·曲礼下》郑注）。从汉至清，一般学者把古今同音同义而异字的现象都看作古今字。如段玉裁说：“凡郑言古今字者，非如《说文解字》谓古文、籀之别，谓古今用字不同。”（《经韵楼集》卷十一）王筠则把古今字看作“分别文”，认为“其种有二：一则正义为借义所夺，因加偏旁以别之者也；一则本字义多，既加偏旁，则只分其一义也。”（《说文释例》卷五）现在不少人倾向王说。我们从经籍的实际情况出发，除区别字外，暂将经典用字不同也列入古今字。

1. 今作。《广韵》先指出某字在《说文》中是什么意义，然后说明“今作”什么用。如：

要：“俗言要勒。《说文》曰：‘身中也。’”“今作腰”。（宵）按：古文字及《说文》均无“腰”字，“要”即“腰”的古字。《墨子·兼爱中》“昔者，楚灵王好士细要”、《荀子·礼论》“量要而带之”，都作“要”。后来由于“要”字产生了“重要”“求得”“要挟”等义项，于是人们另制“腰”字以表示本义。《玉篇》收“腰”字。“要、腰”为古今字。

创(創):"《说文》曰:'伤也'","今作瘡"。(阳)按:"创"的本义是"伤",如《汉书·萧何传》"身被七十创"。引申为"疮疖"。"吾君背有疽创"(《论衡·书虚》)中的"创"就是它的引申义。徐铉:"今俗别作瘡",其实《玉篇》已收"瘡"字。

劵:"曲也。又书劵。今作卷。"(线)按:劵,《说文》未收,《玉篇》收入,注:"古县名。"从文字形体看,"劵"为形声字,弓是义符,本义是弩弓,《汉书·司马迁传》"张空劵,冒白刃",用其本义。《广韵》释为"曲"是引申义。作县名是假借用法。可能《玉篇》在引用前代字书时失落了本义。《广韵》这里指出"劵"另有"书卷"义,这个意义后来写作"卷"。"劵、卷"就构成了一对古今字。实际上,"书卷"义出现在"卷轴"制产生之后,《南史》中已见"卷轴",隋唐时更为常见。《广韵》所说"今作",只是一般说法,无关语源。

2. 本作、本亦作。《广韵》指出:淝,"水名,在庐江。本作肥";瓬,"方也。本亦作瓬";昇,"日上,本亦作升";腑,"藏腑,本亦作府";扒,"拔也。本亦作拜"。从出现的时间看,《说文》有"肥、瓬、升、府、拜"而无"淝、瓬、昇、腑、扒",可知前字早出,后字晚起;从意义关系看,肥本指"多肉",借作水名后,为了与本义相区别,给假借义另造"淝"字。升本指"十龠",为数量单位,借为升降之升后,为避免跟本义混淆,产生了区别字"昇"。从文字形体看,前为声符字,后字追加偏旁。这些都说明前后字为古今字。

3. 俗、俗加。俗字指流行于民间的通俗写法。俗有二解:一曰时俗,二曰鄙俗。古人谈及正俗字时,一般只指时俗用法,并不含鄙薄之意。《说文》已收录俗字。各时代有各时代的俗字。如《说文》肩为正字,肩为俗字;《广韵》则肩为正字。《说文》褎为正字,袖为俗字;《广韵》则袖为正字,褎为异体字。《广韵》中俗字有不少区别字。如:县,"《说文》云'系也',相承借为州县字,悬为俗字"。悬实际是为区别假借义而产生的累增字。然,"语助,又加也,是也。《说文》曰'也'。俗作燃"。然字从火,肰声,本义是"烧"。如《墨子·备穴》:"以须炉火之然也。"借为虚词,本义遂晦。于是为本义另制"燃"字以相区别,为累增字。

至于"俗加",则是明确指出正俗字有追加偏旁的关系,表明二者是古今字。如"东风菜"本作东(東),俗加"艹"作"菄"。穹隆,天势,俗加穴制"窿"字。

4. 经典作,《说文》本作。《广韵》中"《说文》作""《尔雅》作"等,多为古今字。如戎,"戎狄","《说文》作戎,兵也"。戎为楷书,戎是小篆,从古文书用字不同看为古今字。需要说明,甲骨金文中"戎"字已出现(见高明《古文字类编》),从这个角度说,"戎、戎"又是一对古今字。可见古今是相对的。

5. 出某书。出自先秦古书的僻字,《说文》未收,应属古字。如《庄子》軱。也有一些晚于《说文》,如《广韵》樣,《文字集略》㺒。

6. 古作某等。《广韵》中注明"古作某""古为某字""亦古某字"的,也应视作训释古今字的通例。如:𥟂,"矛柄。古作矜"。例见《汉书·徐乐传》:"起穷巷,奋棘矜。"以,"用也,与也,为也。古作㠯"。《说文》可证。

(三)异体字

异体字是一个字有几种不同的结构形体,音义相同,可以相互代替。《广韵》根据传统文字学的分法,将汉唐典籍习用字体通称为正体,异体字则标为俗体、或体、亦体、又体、同体。这些仅为术语的不同,并无实质性差别。

1. 俗作。《说文》所无、《玉篇》收录的异体字,《广韵》收进。如:餂,"以舌取物也"。䑙,"同上"。舐,"俗"。《说文》收前二字,而无"舐"字。《玉篇》收入。如"總"的俗字"惣"。

《广韵》收集异体字,力求详尽。如:愆,"过也"。屯,"古文"。广泛收集异体字,是《广韵》字数多于《说文》《字林》《玉篇》和前代韵书的重要原因。

2. 或作。或作是王筠所说的"一字殊形"(《说文释例》卷五),《说文》中以"或作"收入的异体字很多。《广韵》或作与《说文》不尽一致,有的当视为通假字,不过大多数是异体字。

(1) 收录《说文》中出现的异体字。如:噉,"噉食,或作啖"。(敢)《说文》:"啖,噍啖也。从口,炎声。一曰噉。"又如:"霝落也,堕也。

《说文》曰‘雨雾也’，或作零。”(青)霝、零《说文》均收。

(2) 收录《玉篇》中出现的异体字。雺，“目不明。或作䀹”(未)或作之字不见于《说文》，《玉篇》注明二字同。又如“嵩崧”二字许慎未收，《广韵》据《玉篇》收进。

(3) 收录后起的异体字。偋，“俱也，或作併”。(耿)“併”字《说文》未收。《玉篇》偋，“直也，又俱也”。併，“罗列也”。二字意义并不相等，但《广韵》标明异体，其义都是“俱”，从中可见唐宋之际词义演进之迹。

3. 亦作。如：珉玟、裙裠，前字为正体，后字为亦体。

4. 又作。例已见上，兹不另举。

5. 同。如：烖灾同、仙僊同、彬斌同。

纵观《广韵》中异体字的构成方式，可分四类。

(1) 运用不同的造字法而形成。如：果菓，果为象形字，菓为形声字。畺疆，畺为会意字，疆为形声字。

(2) 改换意符而形成。如：糉馒，一从米，一从食。弦絃，一从弓，一从糸。意义相关。

(3) 改换声符而形成。如：枏楠，一从冉声，一从南声。锤鎚，一从垂声，一从追声。音相近。

(4) 改换偏旁位置而形成。如：晃晄、裹裡。

(四) 简体字

简体字源远流长。晋代王羲之写的“暴”，当时就有人写“僄”。六朝别字，唐人写经，宋代以来所刻民间小说戏剧词曲，多有简体。这种简体字，过去一般称为俗体。《广韵》在“俗作”中收有不少简体，这些字可以视为现行简化字的一个来源。

蠶：《广韵》：“蚕，俗蠶字。”

糉：《广韵》：“粽，同糉。”

貓：《广韵》：“猫，俗作貓字。”

繼：唐李巢作继。《广韵》：“俗作继。”

挂：陆德明云：“悬挂，俗制掛字。”《广韵》：“挂，俗掛字。”

又如：麥麦、亂乱、憐怜等。

（五）通假字

直接标明的通假字在《广韵》中并不多，散见于“或作”“本亦作”诸类中，有时径指为“某，借作某”。

1. 或作。佯：“诈也，或作祥。”（阳）佯、祥都为羊声，上古属阳韵，通假。彊，“《说文》云‘弓有力’”，“或作强”。（养）“强”下曰：“健也，暴也。《说文》曰‘蚚也’。”彊与强各有其本义，应为通假，不过习惯上也看作异体字。

2. 今作。气：“与人物也。《说文》曰‘云气也’，今作乞。”（未）“气”的本义是云气，用作“与人物”“求”，属假借，因而“气”是“乞”的通假字。

3. 本亦作𡚱，“《说文》曰‘粪也，本亦作矢’”。矢的本义是箭，借为表示粪便的𡚱。

4. 借为。蚤，“古借为蚤暮字”（晧）。

5. 经典通作某。如：齋通用齊，悦通用说。一般看作通假。

三、余论

考察《广韵》文字的体例，还有几点应予说明。

1. 广征博引，取材丰富

《广韵》释文中收集经、史、子、集、释典、道书不下二百种，其中小学类就有：《尔雅》、《尔雅》注、《小尔雅》、《方言》、《释名》、《广雅》、《博雅音》、《三苍》、《埤苍》、《广苍》、《说文》、《字林》、《玉篇》、《字统》、《纂文》、《字旨》、《字书》、《文字集略》、《文字指归》、《通俗文》、《续通俗文》、《证俗文》、《文字志》、《郭调字法》、《新字林》、《异字苑》、《字谎》、《新字训解》、《急就章》、《五经文字》、《字类》、《字样》、《石经》、《文字音义》、《古今字音》、《异字音》、《声类》、《韵集》、《韵略》、《声谱》、《音谱》等四十余种，其中字书占多数。有不少佚书故训正是依赖《广韵》才得以部分保留，以传示后人，为缉缀旧闻古训、考镜文字渊源提供了便利，因而是十分珍贵的材料。

2. 发凡起例，揭示规律

首先，《广韵》指明了所收汉字的古今、正俗、本借关系和形体演变情况，诸条之下，又有细目。用例微殊，作用各异。不仅为阅读《广韵》提供了管钥，而且为通读典籍、了解古书用字通例指示了门径。

其次，《广韵》说解文字，虽然着墨不多，却能揭示规律，有画龙点睛之效。在说明文字流变时，能说出来龙去脉。足见《广韵》说解为确论。

最后，通过对《广韵》文字用例的归纳，我们可以发现一些隐含的文字演变规则。如观察俗字发现，貉狢、貍狸、豬猪、貑猳、蝯猿，豸旁、豕旁、虫旁一部分字，向犬旁靠拢。黍旁字向米旁、女旁字向人旁呈靠拢趋势。适用范围尽管不大，但现象是存在的。这似乎表明，人们具有这样一种心理：要便利交际，就要精简文字，而相关相近的小类可以并到大类里去。

3. 酌古沿今，阐发新义

文字是语言的记录，二者密不可分。《广韵》说解文字不仅能继承古训，尤能联系实际，阐发新义，这对我们了解唐宋之际语言发展演变很有帮助。《广韵》的前身《唐韵》的序言指出："一字数训，则执优而尸之，劣而副之。"所谓优，即指切合唐宋语言实际的训解。《广韵》继承这一传统，创发了训解文字的体例：凡古今一致者，多不标出处。如：庖，《说文》"厨"，《广韵》"食厨"，意义相近而略有变化。凡古今差别大的，《广韵》则先列出唐宋时代的意义，再征引字书，追溯语源。如：矫，"诈也，《说文》曰'揉箭箝也'"。"矫"的本义是揉箭用的工具，引申为匡正、纠正或假托、诈称。《广韵》时代引申义为"矫"的常用义项，因而列于本义之前。凡此种种，或为质地材料不同，或有共名专名之别，或为性状与动作之分，或有动词、名词的差别；《广韵》都阐明新义，显示词义的时代差异，使后人得到启发。

不过，我们也应看到，《广韵》毕竟是古人的作品，难免受到时代的局限。即以文字用例而论，也有它的不足之处。如《广韵》所说的正俗字、古今字，只是以时间出现的先后为准，侧重于事物的外部联系。这样往往不易发现事物的内在联系。如俗字，就包含了古今字（县悬，然燃）、异体字（懒嬾，面靣）、繁简字（貓猫）几种情况，《广韵》概以"俗"字标之而已。再如古今字，由于前人对它有不同认识，因而处理上也造成了混乱,《广韵》却一仍旧贯,如"古作某",有的是异体字(矜穜),有的是通假字(戏乎、於戏,即呜呼),真正的区别字并不太多。只有今天,我们在现代文字学理论指导下,才有可能拨冗探幽,对上述文字现象作出更加合理和科学的分析与解释。

(原载《绥化师专学报》1988 年第 3 期)

沈重音述略

沈重(500—583),南朝吴兴武康(今浙江德清县)人。字子厚,一字德厚。梁时除五经博士。至后梁,宣帝授以中书侍郎,累迁都官尚书,领羽林监。周武帝致书理聘,保定末到京师,诏令讨论五经,授骠骑大将军,开府仪同三司,露门博士。建德末还归梁,萧岿拜他为散骑常侍、太常卿。隋开皇三年(583)卒。他是著名经学家、音韵学家。博通群书,学业该洽,为世人所宗。所著《周礼义》《礼记义》《毛诗义》《周礼音》《礼记音》等皆不传。所著《毛诗音义》二卷已佚,唐陆德明《经典释文》有摘引。

沈重所处的南北朝,是汉语音韵史上的重要时期。随着反切的盛行和四声的发现,出现了一个韵书大行的局面,相传南北朝韵书有几十家之多,这为后来《切韵》的产生创造了条件。沈重处在六朝之末,同隋代陆法言相距很近。沈重音具有什么特点?它对《切韵》的形成是否有影响?弄清这些问题,对于弄清《切韵》的语音来源及语音基础,对于进一步认识《切韵》的性质,将会有所裨益。

“协句”说

沈重读《诗经》,发现有些韵脚按当时的读音已不能押韵,因而提出“协句”说,通过改读字音以求其相押。如:

1.《邶风·燕燕》:“燕燕于飞,差池其羽。之子于归,远送于野。”羽、野为韵脚。依中古音,羽,王矩切,麌韵;野,羊者切,马韵。韵不相协调。沈重说:“野,协句,宜音时预反。”将“野”改读。预,《广韵》羊洳切,御韵。麌御韵近,按中古音尚可相押。沈重不知道上古“羽、野”同属鱼部,本相押韵。

2.《邶风·燕燕》:“燕燕于飞,下上其音。之子于归,远送于南。”沈重:“协句,宜乃林反。”依中古音,音,於金切,侵韵;南,那含切,覃韵,不相协调。“南”改为“林”字,力寻切,侵韵,自然可以相押了。但上古音“音、南”同属侵韵,本是押韵的。

3.《齐风·敝笱》:“敝笱在梁,其鱼唯唯。齐子归止,其从如水。”唯、水为韵脚。中古音,唯,以追切,平声脂韵;水,式轨切,上声旨韵,声调不合。沈重把“唯”改读为“养水反”,与“水”同韵。但实际上古音“唯、水”都属微韵,不烦改读。

4.《小雅·楚茨》:“献酬交错,礼仪卒度,笑语卒获。”“错、度、获”相押。沈云:“度,徒洛反。”按中古音,错(错杂、错综义),铎韵;获,麦韵,均为入声韵。度,暮韵,去声,与“错、获”不相协调;改为“徒洛反”,为铎韵,才协调。但实际上“度”在上古就是入声,属铎韵。

“协句”说受到了后人的批评,见王力《汉语音韵学》。沈重虽然看到了古韵脚按中古音已不能协调的矛盾,但他用以解决矛盾的方法却是不正确的。因为任意改变一个字的音读,必然导致字无定音,同时这种人为的读音,纯属主观的产物,与实际读音毫无关系。这是由于当时人们对于古音还缺乏了解造成的,也不能苛责沈重。

四声别义

以四声区分字义,或曰读破、破读,始自汉魏,周祖谟先生《四声别义释例》考证翔实[①]。六朝以后,经师为书注音,分辨更为严格。所以清人顾炎武、钱大昕、段玉裁都说四声别义始自六朝经师,并采取批评的态度,如钱氏说:“此类皆出乎六朝经师,强生分别,不合于古音。”[②]沈重就是主张四声别义的。我们认为:语言是不断繁衍发展的。由于新事物新概念的产生,古人除创造新词加以记录外,又创四声别义之法,利用音节内部屈折构成新词,区分不同的词义。这

① 见周祖谟《汉语音韵论文集》,商务印书馆,1957年,第51页。

② 见(清)钱大昕《十驾斋养新录》卷四,上海书店出版社,1983年。

是积极的一面。但是用得过多，必然大量增加多音词，加重学习者的负担，就难以为广大读者所接受。沈重音中四声别义的例子很多。如：

1. 风　《关雎》注："风以动之。"《释文》："如字，沈服风反，云谓自下刺上，感动之名，变风也。"按：风，教化。上化下曰风。《广韵》方戎切，平声；下刺上曰风，《广韵》方风切，或福风切，去声，后作"讽"。这是因意义不同而变调。

2. 鲜　《北山》："鲜我方将。"《释文》："息浅反。沈云郑音仙。"按《广韵》"鲜洁、善"义相然切，平声仙韵；"鲜少"义息浅切，上声狝韵。沈重读平声，即认为郑玄注的意义应是"善"义。"仙、鲜"均相然切。这是因意义不同而变调。

3. 令　《车邻》："寺人之令。"《释文》："力呈反。又力政反。沈力丁反，韩诗作伶，云使伶。"按《广韵》"命令"义力政切，去声；"使派"义吕贞切，平声，用作"使派"义。这是因意义不同而变调。

4. 思　《王风・扬之水》小序："周人怨思焉。"《释文》："如字，沈息嗣反。"按《广韵》，思维，名词，息兹切，平声；思念，动词，相吏切，去声。沈音息嗣反，音同相吏切，为去声念法，用作动词。这是因词性不同而变调。

5. 芸　《甫田》："或芸或耔。"《释文》："音云。沈又音运。本又作耘，音同，除草也。"按：芸，《广韵》"香草也"。王分切，平声，名词。除草义，王问切，去声，动词。沈音云。《广韵》王问切，用作除草义。这是因词性不同而变调。

沈重四声别义，有一些难以理解，也有的是错字。如：

1. 耔　《甫田》："或芸或耔。"《释文》："音子，沈音兹，壅禾根也。"按"用土培苗根"义，《广韵》即里切，上声，无平声读法。沈读平声，或是方言，或是自为读音。

2. 近　《关雎》注"莫近"。《释文》："如字。沈音附近之近。"按《广韵》，近，"迫也，其谨切"。群母，上声隐韵。《广韵》又音其靳切，读去声。去声"焮韵"下，近"附也，巨靳切，又巨隐切"。沈音附近之近，是否应读去声，未敢遽定。黄焯先生谓此条不可解。

3. 荇　《关雎》:"参差荇菜。"《释文》:"衡猛反,沈有並反。"吴承仕《经籍旧音辨证》:"衡有异纽,篇韵所列各切,无有与沈音相应者,疑'有'字误,无可据正。"[①]这是误字之例。

沈重音的语音特点

陆德明《经典释文》征引的沈重《毛诗音义》音释161条,除去跟《切韵》反切用字不同而声韵实同的情况,解释字形、字义的资料,还有协句、四声别义的资料,因而反映语音特点的有价值的反切资料数量有限,不足以全面描写和归纳沈重音的声韵系统。本文尽可能利用现有资料,通过举例,对沈重音的特点加以说明。

一、声母

(一) 唇音

1. 芃　陆薄红反。沈又扶东反。《广韵》薄红切。薄,並母,扶,奉母。红、东均东韵。按《切韵》时轻唇尚未从重唇中分出,但沈重既标明又音,反切上字不同,是否说明唇音一、三等字已有分组趋势,因例子太少,不能确定。

2. 飘　陆避遥反。沈又方消反。《广韵》抚招切。方,非母;抚,滂母。这说明轻重唇的混切现象。

(二) 舌音

1. 鬄　陆徒帝反。沈汤帝反。《广韵》特计切。汤,透母;特,定母。以透切定。

2. 土　陆他古反。沈徒古反。《广韵》他鲁切。徒,定母;他,透母。以定切透。

3. 眵(又作侈)　沈都可反。《广韵》尺氏切。都,端母;尺,昌母。以端切昌。

4. 斗　陆都口反。沈音主。《广韵》当口切。斗,端母;主,《广韵》之庾切,章母。以章切端。

---

① 见《吴检斋遗书·经籍旧音》卷一,中华书局,1986年,第88页。

(三)齿音

1. 縿　陆所衔反。沈相沾反。《广韵》所衔切。相,心母;所,生母。以心切生。

2. 将　陆如字。沈七羊反。《广韵》即良切。七,清母;即,精母。以清切精。

3. 清　陆如字。沈音净。《广韵》七情切。净,《广韵》疾政切;疾,从母;七,清母。以从切清。

(四)牙音

1. 翘　陆祁遥反。沈其尧反。《广韵》丘召切。其,群母;丘,溪母。以群切溪。

2. 祁　陆巨私反,又止之反。沈市尸反。《广韵》渠脂切。市,禅母;渠,群母。以禅切群。

从以上声母混切情况看,沈重音跟《切韵》声母存在着差异,而跟上古音有些接近。

二、韵母

1. 俾　陆必尔反。沈必履反。《广韵》并弥切。履,旨韵;弥,纸韵。以旨切纸。

2. 菑　陆侧冀反。沈子冀反。《韵会》侧吏切。冀,至韵;吏,志韵。以至切志。

王力先生指出:"支脂之微,纸旨止尾,寘至志未,实当合为一韵。"[①]他是在归纳陆德明《经典释文》大量例证之后得出这一结论的,并以玄应《一切经音义》作为佐证。沈重音例子虽少,也可作为旁证,证明六朝末至隋之际汉语某些方言中上述韵部读音一致。但有的方言里"支脂之"能严格区分,如东晋郭璞的《方言注》[②]。

3. 龀　沈创允反。《广韵》初觐切,又初忍切。允,准韵,合三;忍,轸韵,开三。以准切轸。

---

① 《〈经典释文〉反切考》:见王力《龙虫并雕文集》第三册,中华书局,1980年,第163页。

② 陈亚川《〈方言〉郭璞注的反切下字》,见《中国语文》1983年第6期。

4. 卷　陆音权。沈其言反。《广韵》巨员切。言，元韵，开三；员，仙韵，合三。以元切仙。

先秦古音元与先、仙诸韵同属寒部。从沈重音看，元仙相混。

5. 辇　陆力展反，沈连典反。《广韵》力展切。典，铣韵，开四；展，猕韵，开三。以铣切猕。

6. 援　沈于万反。《广韵》王眷切。万，愿韵，合三；眷，线韵，合三。以愿切线。

7. 钀　沈音桀。《广韵》语讦切。桀，《广韵》薛韵；讦，月韵。以薛切月。

王力先生说："元与仙、阮与猕、愿与线、月与薛，关系密切。《广韵》往往一字两读，既读入元阮愿月，又读入仙猕线薛。可见实同一韵。"沈重音中这几个韵四声皆有混用的例证，说明与《经典释文》有共同之处。

8. 鷕　沈耀皎反，一音户了反。《广韵》以沼切。皎，篠韵，开四；沼，小韵，开三。以篠切小。

9. 啸　陆萧叫反。沈萧妙反。《广韵》苏弔切。妙，笑韵，开三；弔，啸韵，开四。以笑切啸。

10. 逿　陆他历反。沈上益反。《广韵》他历切。益，昔韵，开三；历，锡韵，开四。以昔切锡。按：上，疑为"土"之误。

11. 刺　沈此击反。《广韵》七迹切。击，锡韵，开四；迹，昔韵，开三。以锡切昔。

12. 纠　陆吉黝反。沈居酋反。《广韵》居酋切。酋，有韵，开三；黝，黝韵，开三。以有切黝。

上述一系列的韵部混用现象，与《切韵》《广韵》系统的韵部秩然不乱形成了对照。

根据沈重音声母韵部所表现出来的特点，我们认为，沈重音属于吴音。虽然沈氏也会受到前人音读的影响，但他是吴兴人，属于吴人，又长期在南方居住。因此，推定他的基础语音是吴音应是合乎情理的。

沈重与陆德明反切的比较

沈重音是吴音，比沈稍晚的陆德明也是吴人，我们认为陆氏《经典释文》的基础亦是吴音。那么，两者的区别何在呢？

王力先生撰写《〈经典释文〉反切考》，是将《经典释文》作为一个完整的系统加以研究的，他没有对不同作音人的语音进行综合比较。我们认为，沈重生当南北朝末年，卒于隋初，陆德明（556—627）由陈入隋唐，二人基本上属于同一时代的人物。沈重是浙江吴兴人，陆德明是苏州人，同是吴人，因而他们具有可比性。陆德明《经典释文》虽然是汉魏六朝注释家经籍旧音的总汇，但各字注音他都首先表明己见，确定音读。上述所引"陆某某反"就是例证。这些就是陆德明的音读。我们现从《经典释文》中搜集出沈、陆二人都加切语的资料，凡76条，观察《切韵》（通过《广韵》）对他们切语的取舍情况，小结为下表：

类型	《广韵》反切不同于沈、陆	《广韵》反切同于沈、陆	《广韵》反切同沈不同陆	《广韵》反切同陆不同沈	总计
数量	17	15	7	37	76
比率	22.37%	19.74%	9.21%	48.68%	100%

一、《广韵》反切不同于沈、陆者

1. 阙　陆其阙反。沈居卫反。《广韵》纪劣切。纪劣，见母薛韵；其阙，群母月韵；居卫，见母祭韵。《广韵》、陆声韵都不同，《广韵》、沈韵不同。

2. 著　陆直略反。沈知略反。《广韵》陟虑切。陟虑，知母御韵；直略，澄母药韵；知略，知母药韵。声或韵不同。

3. 饯　陆贱浅反。沈祖见反。《广韵》才线切。才线，从母线韵；贱浅，从母狝韵；《广韵》、陆韵不同。祖见，精母霰韵，《广韵》、沈声韵均不同。

二、《广韵》反切同于陆、沈者

1. 兴　陆虚应反。沈许甑反。《广韵》许应切。三切语均为晓母证韵，只是反切用字不同，实质相同。

2. 蓝　陆卢谈反。沈力甘反。《广韵》鲁甘切。三切语均为来母谈韵，只是反切用字不同，实质相同。

3. 任　陆入林反。沈而鸩反。《广韵》如林切，同陆（日母侵韵）；汝鸩切，同沈（日母，沁韵）。《广韵》两切语分别与陆、沈反切相同。

4. 错　陆七洛反。沈采故反。《广韵》仓各切，同陆（清母铎韵）；仓故切，同沈（清母暮韵）。《广韵》两切语分别同陆、沈反切相同。

三、《广韵》反切同沈不同陆者

1. 鲇　陆乃谦反。沈又奴廉反。《广韵》奴兼切。奴廉、奴兼，均泥母盐韵，《广韵》同沈。乃谦，泥母添韵，《广韵》不取。

2. 屯　陆徒本反。沈徒尊反。《广韵》徒浑切。徒浑、徒尊，均定母魂韵，《广韵》同沈。徒本，定母混韵，《广韵》不取。

四、《广韵》反切同陆不同沈者

1. 纠　陆吉黝反。沈居酉反。《广韵》居黝切。居黝、吉黝，均见母黝韵。居酉，见母有韵，《广韵》所不取。

2. 沃　陆乌毒反。沈又於缚反。《广韵》乌酷切。乌酷、乌毒，均影母沃韵。於缚，影母药韵，《广韵》所不取。

3. 颖　陆古迥反。沈又古顷反。《广韵》古迥切。《广韵》、陆同。古顷，见母静韵，《广韵》不取。

4. 骍　陆息营反。沈许营反。《广韵》息营切。《广韵》、陆同。许营，晓母清韵，《广韵》心母清韵，声母不同。

5. 濯　陆直角反。沈，士学反。《广韵》直角切。《广韵》、陆同。士学，崇母觉韵，《广韵》澄母觉韵，声母不同。

6. 且　陆七也反。沈子馀反。《广韵》浅野切。浅野、七也均清母马韵。沈子馀反，《广韵》不取。《集韵》子馀切，同沈。

通过上面的考察可以看出：

一、《切韵》对《经典释文》所收的切语，往往予以选择吸收，76 条中有选择地吸收了 59 条，占总数的 77.63％。沈、陆都不吸收的仅占 22.37％。这说明《切韵》对于稍前于它的音书十分注意研究，借以作为评论“南北是非，古今通塞”的参考。同时注意在“捃选精切，除削疏缓”的前提下予以吸收。《毛诗音义》《经典释文》产生未久，自然重视研究。吴承仕《经籍旧音序录》指出：“沈重虽于保定末入周，而《隋书·经籍志》《毛诗义疏》署云：‘萧岿散骑常侍’，则沈重撰《诗》音义时尚居南土，故德明得引之耳。”又说：“至德癸卯（583）下距法言撰《切韵》时（按，601 年）相去十九年，《释文》一书实属稿于陈世，故据以入录。”这些话指出了《毛诗义疏》—《经典释文》—《切韵》递相参阅的密切关系。

二、《切韵》系韵书对沈、陆切语的吸收并非不分轻重，一律看待，而是适我所需，严格选定。从数量看，选择吸收陆德明的切语占 37 条，所收沈重的切语仅 7 条，比例约为 5.3∶1，可见陆德明的切语更符合《切韵》的收录标准。这与《切韵》的性质有关。《切韵》是一个综合了南北语音的读书音系统，而以金陵和洛阳音作为酌定取舍的标准①。陆德明的语音，虽以吴音作为基础，但他酌收了不少的北音，因而也带有综合的性质。这正与《切韵》的性质相接近。因此，《切韵》较多地吸收陆德明的音读就不奇怪了。从《广韵》与陆德明的切语看，上述例子中就有 11 条反切字面完全一致（如犖、遢、操、骍的反切）。而作为对照，《切韵》对沈重切语的吸收要少得多，可见沈重音跟《切韵》有较大的距离。由此可知，沈重音是一种具有个性的吴音。由此还可以推知，《切韵》成书过程中是注意吸收吴音，而又经过严格选定的。

三、《切韵》系韵书对沈重音的吸收，有一些是又音。直接标明是又音的有 7 个，如：僭，沈又子念反；矜，沈又居陵反等。未标明而实为又音的当更多。关于又音的产生，严学宭先生认为“一是东汉魏晋

---

① 参见《颜氏家训·音辞》。

以来经师诵读经籍”而产生的“训诂音”，“《经典释文》中多见，而多为《切韵》系韵书所不收”；“另一来源是古今音和方音的变异，为了细致地辨析声韵，《切韵》系韵书多为收集”，“可称为‘韵书音’”[①]前者如“野”的“时预反”，“南”的“乃林反”，《切韵》《广韵》就不采用。关于后者，《切韵》系韵书从沈重音中吸收了一些。这也有助于我们认识《切韵》的语音性质。

（原载《徐州师范学院学报》1989 年第 3 期，中国人大报刊资料中心复印）

① 严学宭《循义定音、循音统形——释字要则》，见《古文字研究》第十辑，中华书局，1983 年。

《吕氏春秋》高诱注“犹”字说例

传统训诂学作为一门科学，具有自己独特的学科术语，并各有其特定的用法。“犹”字是其中常见的一个术语，它在古书注解中具有什么作用呢？段玉裁《说文解字注》指出：“凡汉人作注云‘犹’者，皆义隔而通之，如《公》《穀》皆云：‘孙，犹孙也’，谓此‘子孙’字同‘孙遁’之孙。《郑风》传：‘漂犹吹也。’谓漂本训浮，因吹而浮，故同首章之‘吹’。”他又说：“尔字下云：‘丽尔犹靡丽也。’……此则通古今之语，示人：丽尔，古语；靡丽，今语。”[①]这里段氏把“犹”字的作用归纳为两条：一是以意义相近的字来解释，二是以今语释古语。王力先生《古代汉语》说：“犹，使用这个术语时，释者与被释者往往就是同义或近义的关系。”周大璞先生《训诂学要略》经过仔细分析，把汉代训诂中“犹”字的用法分为四种：一、以意义相近的字来解释。二、以引申义释本字。三、以本字释借字。四、以今语释古语[②]。周先生的分类是我们迄今所见较权威的说法，它显然比前两种分法细致。不过我们阅读《吕氏春秋》高诱注，发现除上述四种类型，尚存在其他情况，尤其是展转相训，更有其特殊之处。现一并提出，向各位方家求教。

《吕氏春秋》是先秦的一部重要典籍，为秦相国吕不韦召集门下宾客儒士集体编撰，此书有着十分丰富的内容，其哲学思想、政治思想及书中采集的科学文化资料，具有很高的学术价值。东汉高诱首先为之作注。高诱，涿郡人，少年受学于卢植，建安十年(205)任司空

---

① 见《说文・言部》“讎”字注。

② 见王力《古代汉语》(修订本)，第610页。周大璞《训诂学要略》，第129页。

椽，旋任东郡濮阳令。建安十七年(212)迁监河东。所著《孟子章句》《孝经解》均不传。“高诱三注”中，《战国策注》今残，《淮南子注》今与许慎注相杂，惟《吕氏春秋注》完整系统地保存了下来。因而，我们通过《吕氏春秋》高诱注，可以对汉代学者使用“犹”这个术语的情况，作较为详细的考察。

经初步整理，我们认为《吕氏春秋》高诱注“犹”字具有下列用法：

一、 以同义词、近义词相训

被释词与释词为同义或近义关系这种情况最为常见，又可细分为以下几类：

（一）被释词与释词都使用本义

1. 遇犹遭

《长攻》：“凡治乱存亡、安危强弱，必有其遇，然后可成。各一则不设。”高注：“遇犹遭。”按：《说文》：“遭，遇也。”“遇，逢也。”“逢，遇也。”此三字递相训释，本义均为“遇合”，为同义词。

2. 下犹底

《功名》：“善钓者，出鱼于十仞之下，饵香也。”高注：“下犹底也。”按：《说文》：“下，底也。”“底，一曰下也。”《广韵》：“底，下也。”“下、底”互训，为本义相同的同义词。

（二）被释词与释词都使用引申义

1. 知犹为

《长见》：“三年而知郑国之政也，五月而郑人杀之。”高注：“知犹为也。”按：知，依段注为“识词也”，本义是知道、了解，引申为“主持”。《左传·襄公三年》：“子产其将知政矣。”注：“知国政。”《字汇》：“知，主也。”“为”本义，依甲骨文是人人牵大象有所劳作，引申有“治理”义。《左传·文公六年》：“何以为民？”《说文》：“为，治也。”《小尔雅·广诂》：“为，治也。”“主持”与“治理”义相近。

2. 贤犹多

《顺民》：“得民心则贤于千里之地，故曰文王智矣。”高注：“贤犹多也。”此言文王以千里之地请求废炮烙之刑，以便获取民心。得到民心胜过千里之地。按:《说文》:"贤,多财也。"引申为"胜过"。《仪礼·乡射礼》:"若右胜曰:右贤于左。"《注》:"贤犹胜。"《论语·阳货》:"为之犹贤乎已。"《皇疏》:"贤犹胜也。"多,本义是"数量大"。《尔雅·释诂》:"多,众也。"多者胜少,故引申为"胜"。《礼记·檀弓上》:"多矣乎予出祖者。"《注》:"多犹胜也。"《正字通》:"多,胜也。"是"贤、多"在引申义上为同义词。

(三)被释词为引申义,释词使用本义

这种情况就是周大璞先生所说的"以引申义释本字"。我们觉得,既然释词可以直接诠释词的意义,说明两者已形成同义关系,应当纳入同义相训的范围。从逻辑角度考虑,似不应另立一项。

1. 已犹愈

《至忠》:"文挚至,视王之疾,谓太子曰:'王之疾必可已也。'"高注:"已犹愈也。"按:"已"本义为停止,引申有"完毕"之义。《国语·齐语》:"有司已于事而竣。"《广韵·止韵》:"已,止也。"(见《汉语大字典》第413页,表示"停止")世上万事万物,有其始必有其终,疾病何尝不如此?它由产生而完毕,表明疾病痊愈。人们由一般的"完毕"义触发起相似联想,沿着"一般—个别"的思路推衍,就由"完毕"义引申出"痊愈"义。《广雅·释诂》:"已,愈也。"《汉书·酷吏传》:"已而卒起幸甘泉。"《注》:"已,谓病愈也。"

2. 丑犹耻

《慎人》:"夫子逐于鲁,削迹于卫……夫子弦歌鼓舞,未尝绝音,盖君子之无所丑也若此乎?"高注:"丑犹耻也。"按:"丑"(原字作"醜")本指相貌难看。《史记·滑稽列传》:"呼河伯妇来,视其美丑。"存在决定意识,客观外在的生理缺陷,可以使人们从内心唤起一种"自惭形秽"的感觉,从而产生羞耻之心。这种合乎逻辑的相关联想,促成了"丑"的引申义"羞耻"的产生。《庄子·德充符》:"寡人丑乎?"《释文》:"丑,惭也,愧也。""惭愧"与"羞耻"义极为接近。《史记·魏世家》:"以羞先君宗庙社稷,寡人甚丑之。"亦为"羞耻"之义。

3. 得犹知

《君守》:"此则奸邪之情得。"高注:"得犹知也。"按:"得"本指"行有所得”。人的所得有有形的，有无形的。实物的占有固然是一种“得”，而当人们对外物有所认识，产生了体验时，自然也是一种“得”。因此，把“行有所得”转入精神思想领域，借助于对不同事物的相似联想，就形成了“得”的引申义“了解，晓悟”。如《礼记·乐记》：“礼得其报则乐。”《注》：“得，谓晓其义。”《吕氏春秋·先己》：“故心得而听得。”高注：“得，犹知也。”《淮南子·说山训》：“吾闻得之矣。”高注：“得犹知也。”

4. 过犹见

《贵直》：“狐援闻而蹶往过之。”高注：“过犹见也。”此言狐援听到消息，跌跌撞撞地去见狱官。按：《说文》：“过，度也。”本义是“走过，经过”。由于相关联想，泛义的“走过，经过”相关联而产生“有目的，有对象”的“走过，经过”，于是引申出“会见，访问”义。如《史记·田叔列传》：“会贤大夫少府赵禹来过卫将军。”“会见，访问”即是“见”。《战国策·赵策》：“衍，人臣也。使事有职，吾不愿见鲁连先生也。”《庄子·秋水》：“于是惠子恐，搜于国中，三日三夜，庄子往见之。”

同义词相训，还有其他一些类型。如：被释词与释词都使用假借义。《异用》：“汤去其三面，置其一面，以网其四十国，非徒网鸟也。”高注：“徒犹但也。”按：“徒”本义为步行，假借为副词，表限制，义为“仅仅”；“但”本义是“袒露”，假借为副词，也有“仅仅”义。又如：被释词用本义，释词使用假借义。《遇合》：“以此游仅至于鲁司寇。”高注：“仅犹裁也。”按：《说文》：“仅，才能也”，为副词。裁，《说文》：“制衣也。”本义是剪裁。假借为副词，表示“才能”。例不赘举。不论被释词或释词本身词义运动的状态怎样，要两者在某一个义项上意义相同或相近，才能构成词义关系。

二、以今语释古语

用汉代通行的词语来训释先秦古语这种情况多见。如：

1. 比犹致

《达郁》：“肌肤欲其比也，血脉欲其通也。”高注：“比犹致也。”按：比，《说文》：“密也。”毕沅注：“谓密致。”“致密，细密”是“比”的古义。

《诗·周颂·良耜》:“其比如栉。”《广雅·释诂三》:“毖,比也。”《疏证》:“比,密也。”这个意义汉代常用“致(緻)”字。《汉书·严延年传》:“案其狱,皆文致不可得反。”《诗·小雅·都人士》:“绸直如发。”郑玄笺:“其情性密致。”高诱这里以“致”训比,亦是以汉代通用语解释先秦古语的例证。

2. 除犹开通

《去宥》:“奸路已除而恶壅却,岂不难哉?”高注:“除犹开通。”“奸路已除”,谓奸人的仕进之路已扫清。按:除为“清扫”“修治”义,与“开通”义相近,先秦古书多见。《周礼·典祀》:“帅其属而修除。”《荀子·议兵》:“辟门除涂以迎吾人。”《墨子·非攻下》:“是以三主之君,一心戮力,辟门除道,奉甲兴士。”《战国策·西周策》:“除道属之于河。”这个意义汉代虽然也用“除”,如《汉书·郊祀志》:“郡国各除道,缮治宫馆。”但“开通”义似乎用得更普遍,如《汉书·召信臣传》:“开通沟渎。”《后汉书·礼仪志》:“合葬,羡道开通。”也用“修治”义,如《汉书·沟洫志》:“宜复穿渠东行,不预修治。”《汉书·韩延寿传》:“修治学宫。”

3. 嫌犹近

《贵直》:“出若言非平论也,将以救败也,固嫌于危。”高注:“嫌犹近也。”此言这些话并非持平之论,因为想以此挽救国家的危亡,所以必定近于危言耸听。按:《说文》:“嫌,一曰疑也。”本指“怀疑”。古代有“近似”义。如《礼记·曲礼上》:“礼不讳嫌名。”《注》:“嫌名,谓音声相近,若禹与雨、丘与区。”“嫌”的这一古义较为少见,高诱以汉代通行义“近”加以诠释。

4. 属犹至

《明理》:“其气有上不属天,下不属地。”高注:“属犹至。”此言“至乱之世”雾气的情况。按:《说文》:“属,连也。”《尚书·禹贡》:“泾属渭汭。”《传》:“逮也。”《疏》:“属谓相连属,故训为逮。逮,及也。”《战国策·西周策》:“除道属之于河。”《注》:“属犹至也,通也。”《吕氏春秋·精通》:“其根不属也。”《注》:“属,连也。”《广雅·释诂》:“属,续也。”这里“逮、及,连、属、至、通、连、续”,在“连接”义上均相通。

5. 择犹异

《离谓》:“听言而意不可知,其与桥言无择。”高注:“择犹异。”按:桥言,乖戾之言。无择,没有区别。“择”的本义依《说文》为“柬选”,引申为“区别”。《情欲》“与死无择”,高注“择,别也”是其证。先秦古籍常见此义。《孟子·梁惠王上》:“王若隐其无罪而就死地,此牛羊何择焉?”《吕览·简选》:“与恶剑无择。”“异”的本义依《说文》为“分”,段注:“分之则有彼此之异。”即“不同,区分”。《广雅·释诂》:“异,分也。”

三、以本字释借字

即用本字破通假字,此例数量不多。

1. 杂犹匝

《圜道》:“精气一上一下,圜周复杂,无所稽留,故曰天道圜。”高注:“杂犹匝。”按:“圜周复杂”指“循环终始”。“杂”与“匝”义不相属,为通假字。朱骏声《说文通训定声》:“杂,假借为匝。”“杂”从母缉韵。“匝”精母叶韵,音近通假。

2. 成犹重

《音初》:“有娀氏有二佚女。为之九成之台,饮食必以鼓。”高注:“成犹重。”按:《广雅·释诂四》:“成,重也。”《说文通训定声》:“成,假借为重。”“重”即重叠,“九成之台”即九层高台。

3. 烰犹庖

《本味》:“其君令烰人养之,察其所以然。”高注:“烰犹庖也。”此言令庖人将拾得的婴儿抚养起来。马叙伦:“烰,《说文》:‘蒸也。’此借为庖。”陈奇猷:“古无轻唇音,故烰庖双声通假。”[①]今按:“烰庖”上古均为並母幽韵,为同音通假。

4. 独犹孰

《必己》:“其野人大悦,相谓曰:‘说亦皆如此之辨也,独如向之

① 本文摘引陈奇猷、吴承仕、范耕研等学者的意见,均见陈奇猷《吕氏春秋校释》各有关篇章,恕不一一注出。

人？’”高注：“独犹孰也。”按：《经传释词》卷六：“独，犹孰也，何也。”《睡虎地秦墓竹简·语书》：“有且课县官。独多犯令而令、丞弗得者，以令、丞闻。”《注》：“独，谁。”依上古音，“独”为定母屋韵字，“孰”为禅母觉韵字，音近通假。

四、以常见义释僻义

从更大的范围看，这类情况亦属于以今释古，不过由于古义冷僻特殊，因而单独划分出来。如：

1. 畏犹死

《劝学》：“曾点使曾参，过期而不至，人皆见曾点曰：‘无乃畏邪？’”高注：“畏犹死也。”按：“畏”即“横死”之义。刘师培：“当云‘畏犹畏死也。’”范耕研：“畏与死非一事，以死训之，似非。”盖均忽略“畏”字古有“死”义。《通典·礼·凶·丧制·三不吊议》：“周制，《檀弓》曰：‘死而不吊者三：畏、厌、溺。’”《注》：“王肃曰：‘犯法狱死，谓之畏。’”又指冤罪而死者。《礼记·檀弓》疏：“畏，谓有人以非罪攻之，已若不有以解说之而死者。”又指以兵刃被杀者。《白虎通·丧服》：“畏者，兵死也。”上述例证，说明“畏”有“横死”义。不过，“畏”的“死”义毕竟冷僻，一般人难以知晓。高诱遂以常见义加以解释。

2. 熟犹知

《适威》：“有无之论，不可不熟。汤武通于此论，故功名立。”高注：“熟犹知也。”此言得失民心的道理，不可不认真加以审察。按：“熟”常与“论，察”等连用，表示认真考察、研究。如：《吕氏春秋·察传》：“凡闻言必熟论。”《荀子·荣辱》：“熟察小人之知能。”《汉书·谷永传》：“唯陛下省察熟念，厚为宗庙计。”有时单用“熟”，如：《荀子·议兵》：“虑事欲熟。”《吕氏春秋·观表》：“凡论人心，观事传，不可不熟，不可不深。”“熟”字单用表“精审”义，较为冷僻，因而要专加训释。

3. 虑犹乱

《长利》：“夫子盍行乎？无虑吾农事。”高注：“虑犹乱也。”按：“虑，犹乱也”，或如“乱，治也”，为相反为训之例。此义少见，故高诱用通用义训释。陈奇猷先生认为“虑”是“留”或“落”的通假字，均为

“滞留、耽误”义。但“虑、乱”通假,未见其证。

五、 暗示修辞手法

高诱虽未明确指出具体的修辞方式,但透过“犹”字分析,可以提示我们发掘其中包含的修辞因素。

1. 胸犹内

《先己》:“商周之国,谋失于胸,令困于彼。”高注:“胸犹内,彼亦外也。”此言国君心中计谋无当,政令在外难以推行。按:古人误以为思想产生于胸臆,于是借助形象,用人的思维器官比喻计谋产生于内。这两句,“胸、彼”对文,构成了“此彼”或“内外”两个相对的方面。高诱注意及此,选用了一个理性的词“内”为“胸”作注解,提示读者,“胸”只是个比喻。范耕研谓“彼”当作“皮”,指出:“胸与皮对举,以喻内外。”亦认为这是一个比喻手法。

2. 胜犹行

《诬徒》:“此六者得于学,则邪僻之道塞矣,理义之术胜矣。”高注:“胜犹行也。”此言“安、乐、休、游、肃、严”六个方面在教学中实现了,邪僻的路就堵死了,正义之路就通行了。《吕氏春秋》用了一个很形象的“胜”字。“胜”即“胜利”。陈奇猷:“理义之术胜,则是邪僻之道负矣。”“胜”显系比喻。高诱换用了一个平实的“行”字,说明理义之术“胜利”即“通行”的实质。

3. 私犹异

《贵公》:“阴阳之和,不长一类;甘露时雨,不私一物。”高注:“私,犹异也。”按:私,偏私。文章把甘露时雨比作一个人格化的物象,说它对万物一视同仁,不偏私任何一物。“私”为修辞中的拟人手法,其意在使文章生动传神,增加感染力。高诱换用一个平实理性的“异”字作注,“异”即不同。这一对照,有助于人们体会句中“私”字所蕴含的修辞意义。

六、 以相关的词义相训

高诱“犹”字注中,有一种突出的现象,即注释词与被注释词之间，并不是同义、近义相训，即不用该词固有的意义去训释，而是采用与被释词相关的事物或概念迂回曲折地进行训释，学者多称之为“展转相训”。如吴承仕在《异宝》“举犹谋”注下说：“此展转相训之例，高注多有之。”陈奇猷在《忠廉》“虞犹回”注下说：“高氏多展转相训，此亦一例。”他们常常追寻高氏展转相训的心理、逻辑轨迹，只惜未能进一步揭示展转相训产生的原因及其作用。本文试图对此作一初步探讨。

（一）表方式、途经

1. 于犹厚

《不侵》：“豫让，国士也，而犹以人之于己也为念，又况于中人乎?”高注：“于犹厚也。”范耕研：“于训厚，未知所本。”吴承仕：“于犹相于也。人之于己如众人则众人报之，如国士则国士报之。高训为厚，仅据一边，亦展转相训之例，非其确诂。”按：“于”本无“厚”义。句中“于”字可译为“对于”“对待”，本身并不具备感情色彩。但根据语境可以知道，此言智氏像奉养国士那样奉养豫让。这种奉养体现了智氏对豫让的“厚恩、厚遇”。高诱为使读者通悟全句文意，没有就词的原义直接进行诠释，而是紧扣语境，发掘个中“于”字的词外之意“厚”，从方式上说明“于”的实际内涵。这种诠解，尽管不是确诂，但却拓宽了“于”字的意义，传达出更多的信息，帮助读者理顺文意、理解语境，因而具有重要的作用。

2. 勉犹趣

《具备》：“宓子贱曰：‘子之书甚不善，子勉归矣！’”高注：“勉犹趣也。”按：《说文》：“勉，彊也。”有“努力、尽力”义。《左传·哀公十一年》：“吾既言之矣，敢不勉乎?”又有“相迫”义。段玉裁《说文》“勉”字注：“凡言勉者，皆相迫之义。”《一切经音义·五》：“勉，强也。谓力所不及而强行之也。”“趣”本指奔赴、趋向。通“促”，意为“赶快”。《史记·绛侯周勃世家》：“趣为我语。”无论是“努力”义还是“相迫”义，本身都不包含“赶快”义，但结合让对方“归”的客观语境，此处“努力”与“相迫”，必然逻辑地与“赶快”相联系。“赶快”是“归”的方式。它既非“勉”的本义和引申义，也不是“勉”的同义近义词，而只是一种相关的意义。

3. 传犹转

《必己》:“若夫万物之情,人伦之传则不然。”高注:“传犹转也。”按:“人伦之传”,指人伦相传之道,即流传下来的人与人之间的关系准则。李宝淦:“注训为转,无谓。”今按李说不确。《礼记·内则》注:“传,移也。”陈奇猷:“人伦之传,犹言人伦转移之迹。”我们认为高诱以“转”来注释人伦代代相传的关系,点明“传”的方式,很生动形象,属于展转相训。同时,也是一种声训之法。《释名·释书契》:“传之言转也。”古书中一般注解声训的术语是“之言”“之为言”,高诱“犹”字注中亦有声训例,如《孟春纪》“天子居青阳左个”,高注:“个犹隔也。”

(二)表目的

1. 易犹毒

《上德》:“丽姬谓太子曰:‘往昔梦见姜太子祠而膳于公,丽姬易之。’”高注:“易犹毒也。”按:《玉篇》:“易,变也。”《广韵》:“易,变易。”“易”无“毒”义。陈奇猷先生说:因为《左传·僖公四年》有骊姬“毒而献之”一事,高诱“遂探《左传》之义而释之曰‘易犹毒也’”。并指明此属转相训。金其源:“谓变易其膳而置毒也。”大意虽是,但如以“置毒”释句,则“之”字失去着落,难免扞格之嫌。窃意“毒之”即“毒害他(晋公)”。“毒”表示“易”的方式。

2. 助犹成

《应同》:“天为者时,而不助农于下。”高注:“助犹成也。”文章把上天写成有生命的实体,帮助农民,目的在于使之成功。陈奇猷:“助其成事为之助,故高训助为成,此展转相训也。”

(三)表前提或结果

1. 乘犹胜

《权勋》:“于是以天下兵战,战合,击金而却之。卒北,天下兵乘之。”高注:“乘犹胜也。”按:“乘”有“追逐”义。《汉书·陈汤传》:“吏士喜,大呼乘之。”《尚书·西伯戡黎》:“周人乘。”《伪孔传》训“乘”为“胜”。陈奇猷:“乘字盖因胜逐北之意,故孔、高以胜为训也。”以胜释乘,“胜”既是“乘”的前提,也可理解为“乘”的结果是“胜”。

2. 易犹违

《禁塞》:“先王只法曰:‘为善者赏,为不善者罚。’古之道也,不可易。”高注:“易犹违也。”此言自古以来的原则,不可更改,“易”为“改换,改变”,本无“违背”义。但沿着“改变”义朝深层追寻,就可以找出与之相关的“违背”义,改变古之道的结果,必然违背古之道。

3. 至犹得

《当染》:“不知要故,则所染不当;所染不当,理奚由至?”高注:“至犹得也。”陈奇猷:“至即来至,来至即可得,故高训为得,乃展转为训也。”按:“至”的结果就是“得”,线索分明。“至”本无“得”义,“得”是“至”的相关义。

上述例证表明,展转相训并不是近义词或词的引申义进行直接对译式的训释,而是紧扣住被释词词义的特点,生发开去,从方式、途径、目的、前提或结果等方面,选择相关的意义加以训释,以揭示不同事物之间或同一事物内部的联系。这样做,对引导读者了解语境,释句通章,很有帮助。

高诱《吕氏春秋》注中“犹”字用例很广,我们只就其大者,胪列若干。遗漏之处,在所难免。此外,高注中还有一些令人费解的东西。如《诬徒》注:“心犹义也。”《爱士》注:“处犹病也。”有些义项于古无征,可能注有讹误,或古义失传,尚待进一步研究。

(原载《佳木斯师专学报》1989 年第 5 期)

“六书三耦”说与汉字的形体分析

“六书”一词，始见于《周礼·地官·保氏》，具体名目未论及。汉代郑众、班固和许慎分别提出了“六书”的具体名称，传统文字学采纳了许慎的名称和班固的顺序，即象形、指事、会意、形声、转注、假借。总起来说，“六书”是战国末到汉代的学者主要依据小篆进行汉字字形分析所得出的六种汉字类型。“六书”说是传统文字学基础理论之一，是汉人看汉字得出的概括性认识，这种认识已被实践验证为基本可信，近两千年来在汉字的教学和研究中发挥了积极作用，尽管也存在某些不足之处。

由南唐入宋的著名学者徐锴对传统文字学作了系统的研究，在文字理论方面，经过对不同字体结构的比较分析和深入思考，提出了著名的“六书三耦”说。他在《说文解字系传》（以下简称《系传》）卷一“上”字注下指出：

> 凡指事象形，义一也。物之实形有可象者，则为象形，山川之类皆是物也。指事者，谓物事之虚无不可图画，谓之指事。形则有形可象，事则有事可指。故上下之义无形可象，故以丄丅指事之，有事可指也。故曰象形指事，大同而小异。
>
> 会意亦虚也，无形可象，故会合其意。以字言之，止戈则为武，止戈戢兵也；人言必信，故曰比类合义，以见指㧑。形声字实也，形体不相远，不可以别，故以声配之为分异……
>
> 江河可以同谓之水，水不可同谓之江河；松柏可以同谓之木，木不可以同谓之松柏。故曰散言之曰形声，总言之曰转注。

> 谓耆耋耄寿皆老也，凡五字，试依《尔雅》之类言之：耆、耋、耄、寿，老也：又老、寿、耋、耄、耆可同谓之老，老亦可同谓之耆，往来皆通，故曰转注。
>
> 总而言之也，大凡六书之中，象形、指事相类，象形实而指事虚。形声、会意相类，形声实而会意虚。转注则形事之别。然立字之始类于形声，而训释之义与假借为对。假借则一字数用，如行(茎)行(杏)行(杭)行(沆)；转注则一义数文，借如老者，直训老耳，分注则为耆、为耋、为耄、为寿焉。凡六书为三耦也。

这就是著名的“六书三耦”说。这一大段文字，对“六书”分为三组以及双双成对的内在根据作了详细的阐发。应当说，徐锴的观察是精细的，他的说解也具有较大的合理性。

六书的第一耦是象形和指事。在徐锴看来，象形指事大同而小异，它们都以表现事物为目标。不同之处在于，象形描摹的是具体的有形可象的物体，而指事所表现的事物比较抽象空灵，“不可图画”，就要用指示性的符号加以表现。事实上，绝大多数的指事字都是以一个象形字作为基础，然后附加指示性符号构成的，这就是“形则有形可象，事则有事可指”。作为个体的事物具有相对的单纯性，它们是构成更为复杂事物的基础，因而象形、指事成为六书的第一耦。

六书的第二耦是会意和形声。它们的共同点在于都是由两个或两个以上的成字构件组成，区别在于会意往往表示复杂的事物和抽象的概念，其形象是虚的，需要通过纯表义的成字构件的适当配合以表现意义。形声字则往往指称具体的事物如“江河松柏”之类，即使较为抽象的概念如“思忧怒恨”等，也可以通过形旁表示它们总的类别和意义范畴，再通过声符的运用，在同类事物中划分出具体的事物。

六书的第三耦是转注和假借。它们同造字没有直接的关系，而属于文字的运用，这是其共同之处。其不同点在于，“假借则一字数用”，用同一字形记录几个意义互不关涉的词；“转注则一义数文”，同一个词可以分化出几个不同的字形，其意义可以互相解释、补足。根据徐锴的看法，转注与形声相类，同属“老”旁的“耆耋耄”都表示“老”，是“一义数文”分化的结果。看来他是主张“形转说”的。由于转注与形声相类，它的意义也应当是实的，有关的转注字可以互相训释。而假借是“一字数用”，几个不同的意义毫不关联，因而应当是虚的。徐锴的转注说后来被江声继承并发挥，并得到陈澧、张行孚等人的赞同①。

“六书三耦”说的价值在于，人们第一次不再浑然不分地把“六书”看作同一个层面的事物，而是从其形义结合的不同特点出发，以虚实为标准，将其划分为不同的类型，这就在一定程度上触及六书的内部规律。从字形与本义的关系看，象形、指事、会意能直接反映造字本义，形、义是完全对应的；形声字则一般只通过形符反映本义所属事物的意义范畴，形与义并非完全对应；转注同字义尚有一定的联系，而假借则与字义无关。从汉字结体类型看，象形、指事都是独立的个体，而会意、形声则是几个个体的组合。这两耦在产生的时间上也存在着先后的不同。尽管徐锴的解说还有不够明确之处，如“假借一字数用”，本用与借用关系怎样，他就没有提及，但“六书三耦”说对后人有很大的启示作用。段玉裁将象形、指事称为“独体字”，会意、形声称为“合体字”，戴震提出“四体二用”说，都是受了徐锴影响，而又对徐说加以发展的结果。王筠《六书总说》亦论及“六书分为三耦”，宜“察其虚实”。近人蔡金台、龙学恭皆有专文论“六书三耦”说，对徐说加以诠释和推阐，足见徐说影响深远②。

在“六书三耦”说的指导下，徐锴对汉字形体作了系统的分析。

一、象形

象形字所描摹的都是具体实在的事物，它所记录的一般为名词，意义比较单纯，《说文》的解释比较清晰。尽管如此，徐锴仍作了必要的阐释和补充。其主要做法是：

---

① 见《说文解字诂林》，中华书局，1988 年。

② 见《说文解字注》《说文解字诂林》。

1．分析形体，说明象形的笔意

（1）刀　《说文》：“兵也。象形。”《系传》：“刀背与刃也。”（卷八）

（2）尗　《说文》：“豆也。象尗豆生形。”《系传》：“菽也……豆性引蔓，故从丨有歧，非从上下之上也，故曰象尗生形，小象根也。”（卷一四）

（3）鼠　《说文》：“穴虫之总名也。象形。”《系传》：“上象齿，下象腹爪尾。鼠好啮伤物，故象齿。”（卷一九）

2．分析形体，说明字的某个构件

（1）𠀠　《说文》：“箕属，所以推弃之器也。象形。”《系传》：“下象柄。”（卷八）

（2）夭　《说文》：“屈也。从大，象形。”《系传》：“夭矫其头颈也。”（卷二〇）

3．说明事物的作用

（1）畢　《说文》：“田罔也。从𠦒，象畢形微也。或曰由声。”《系传》：“有柄网，所以掩兔。张衡《西京赋》曰：‘华盖承辰，无畢前驱’，此也。亦象形字。”（卷八）

（2）丌　《说文》：“下基也。荐物之丌。象形。”《系传》：“荐下，籍以进之也。”（卷九）

4．分析部首象形字

（1）欠　《说文》：“张口气悟也。象气从人上出之形。”《系传》：“人欠㰦也，悟解也。气拥滞欠㰦而解也。彡，气形。”（卷一六）

（2）广　《说文》：“因厂为屋，象对剌高屋之形。”《系传》：“因厂为屋，故但一边下也。”（卷一八）

象形字是构造一切汉字的基础，其作为形符，又规定了占汉字绝大多数的形声字的表意范围，因而对象形字的结构进行剖析是必要的。

二、指事

指事字绝大多数是以象形为基础，加上指示性符号构成的，前人所谓“加体指事”，可以说这是虚实结合的一种造字法。分析结构并指明某字为“指事”，是徐锴对汉字分类的一大贡献。

在《说文》里，除“上、下”等少数几个字之外，对绝大多数的指事字，许慎的表述与象形字雷同，如“叉”，《说文》：“手指相错也。从又，象叉之形。”对指事字，顾野王《玉篇》也未论及。唐本《说文》木部残卷未见对指事字的说解。李阳冰刊定《说文》，对于指事字偶有说明。全面论定指事字的，仍首推徐锴。

《系传》全书，经徐锴明确指出的“指事”字共有 65 个，又分为三种情况：

1. 徐锴说对了的。如：丄（卷一），寸、厷（卷六），甘（卷九），本、朱、末（卷一一）。

2. 后人有不同看法的。如：牟、牵（卷三），叉、尹、夬（卷六），朵（卷一一），尺（卷一六），弱（卷一七），氐（卷二四）。

以上各字，学者们多有不同看法，如“牟”，段玉裁认为“合体象形”。尹，李孝定《甲骨文字集释》认为：“尹之初谊为官尹字，殆象以手执笔之形。”认为“丿”是“笔”的简化，象征实物，故释“尹”为会意字。又如“弱”字，段氏亦认作会意。

3. 后人认为徐锴说错了的。如：

折、卉、谷（卷二），牢（卷三），枲（卷四），父、反（卷六），奎（卷七），俎（卷二七）。

以上各字，学者们多认为是会意字，如卉，朱骏声：“三屮”亦众多意，当为同文会意。父，郭沫若指出：“乃斧之初字，石器时代男子持斧以事操作。”罗振玉：“疑象持矩形。”反，王筠：“从又，厂象形。”李孝定：“疑攀之古文，象攀缘之形。”谷，王筠：“从水半见，出于口。”

从以上分析可以看出，徐锴对指事字的研究是有贡献的。首先他逐字明确指出“指事”，便于人们研究。其次，他提出象形为实，指事为虚，把二者看成紧密联系的一组，也是正确的。但他在具体字的处理上有偏差。他所说的指事字有些并不正确。推测其原因，是徐锴对“虚”的理解和把握没能掌握正确的原则，把不成字的构件不加区分地都看成指示性符号，认为都是虚的。而实际上指事字“虚”的部分即抽象符号的作用在于“指示”，而不在于构形。这与象形字的构件有所不同。如"牟","厶"像牛鸣叫时出气之形,虽然形象是虚的,但作用是通过摹写直接参与构形,而不是有所指示。因而段玉裁说"牟"是合体象形。又如"眉","目"上的部分是毛发,尽管跟古文字原形相差较远,但其作用只在于构形。同样,会意字构件中有时也有些较虚的部分,如"喿",《说文》:"鸟群鸣也。从品,在木上。""品"像群鸟口形。它跟"临"中之"品","器"中之"㗊"一样,都是独立的成字构件,是会合成义的字符,并非指示性符号。

三、会意

会意字是徐锴着力研究的部分,他主要做了以下的工作:

1. 分析会意字的构形理据

(1) 莫 《说文》:"日且冥也。从日,在茻中。"《系传》:"平野中望日,且莫将落,如在茻中也。今俗作暮。"(卷二)

"莫"由"茻""日"会合成义。许慎说明"从日在茻中",通过两个成字构件的配合,让读者想象太阳落山时的情景,从而体会"日暮"的概念。而徐锴所阐述的构字理据则更进一步告诉读者观察事物的视角:从平野中远望因天晚将落的太阳,好像处在草茻之中。有了这样一个观察角度,加上特定的时间说明,就消除了"莫"字构形中"日""茻"关系的不确定性,论定了其构形的合理性。

(2) 御 《说文》:"使马也。从彳卸。"《系传》:"卸,解车马也;彳,行也。或行或卸,皆御者之职也。会意。"(卷四)

"御"的本义是"使马驾车"。"御"由"彳、卸"会合成义,彳为"小步行进",卸为"舍车解马"即卸车。徐锴认为"或彳或卸,皆御者之职",从御者两个职责上说明"御"的小篆构形理据。所可补充者,段玉裁《说文解字注》、苗夔《说文声订》都认为"卸亦声"。甲骨文作"钔",商承祚认为"午殆象马策,人持策于道中",这是甲骨文的构形理据,与小篆有所不同。

(3) 戋(戔) 《说文》:"贼也。从二戈。《周书》曰:'戔戔巧言。'"《系传》:"兵多则残也。会意。"(卷二四)

"戔"是"残(殘)"的古字。段玉裁注:"此与残音义皆同,故残用以会意。”本义是伤害。《玉篇》:“戋,伤也,贼也。”《广雅·释诂四》:“戋,伤也。”徐锴解释了“戋”字同文会意的缘由。古人用“戈”的叠加表示兵器之多,也可以表示双方相斗相伤。古代双方列队作战叫“陈兵”,陈兵必然亮出兵器,兵陈则必多,兵阵即表示相斗。而收藏兵器停止战斗为“息兵”“戢兵”,即“刀枪入库”。可见徐锴的解释何等精彩而合于情理。纽树玉《说文校录》、王筠《说文句读》对徐说都加以征引。

会意字构形理据的合理阐释是一件饶有趣味的事,却又并非易事。从上述例子可以看出,徐锴的阐释并非简单地复述《说文》,而是有着自己独到的理解。

2. 解释关键构件之意

(1) 皆 《说文》:“俱词也。从比,从白。”《系传》:“比,皆也。会意。”(卷七)

“皆”是“都,俱”。其字形“从比从白”会意。比,《说文》:“密也”,象二人紧挨一起之形,所以具有“共同”之义。“白”是“自”之省,指鼻子。许慎认为,“词言之气从鼻出,与口相助”,所以具有“说”的意思。林义光《文源》:“二人合一口,佥同之象。”“皆”字构形的关键是“比”,徐锴加以说解。

(2) 翏 《说文》:“高飞也。从羽㐱。”《系传》:“㐱,新生羽而飞也。长羽短羽相副,然后能高飞也。会意。”(卷七)“翏”指高飞,字由“羽、㐱”合成。“羽”是人们熟悉的概念,无须多说。“㐱”则见于《说文》“几”部,训为“新生羽而飞”。段玉裁注:“羽毛新生,丰满可以高飞。”“几”与“羽”配合恰成“高飞”之义。徐说合乎情理,徐灏《说文解字注笺》加以征引。

(3) 闭 《说文》:“阖门也。从门才,所以距门。”《系传》:“才,木也。会意。”(卷二三)

“闭”的本义是“关门”。前人对“才”的表义问题争议颇多。徐锴明确指出“才”是“木”,这与李阳冰看法一致。李说:“才象木斫伐之余。”实际上,“才”是个非成字构件,或者说是一个“记号字”,从会意字须由两个或两个以上独立成字的构件结合这一要求看,“闭”是个特例。段玉裁据王逸少书《黄庭经》作“闬”字推定“闭”中的“才”即

“杵”字之省，后人认为他过于武断，缺乏证据，因而不取其说。

四、 形声字

形声字占据了汉字的绝大部分，因而对形声字的形体分析也具有重要的意义。徐锴对形声字的阐说，主要做了以下几项工作：

1. 解说形符之意

(1) 落 《说文》：“凡艸曰零，木曰落。从艸，洛声。”《系传》：“木曰落而从艸，木但叶落耳，其枝干劲，与草零无异，故从艸。”(卷二)

(2) 咈 《说文》：“违也。《周书》曰：‘咈其耇长。’”《系传》：“见于言也。”(卷三)

(3) 趠 《说文》：“远也。从走，卓声。”《系传》：“跨步远也。”(卷三)

(4) 訢 《说文》：“语也。从言，斤声。”《系传》：“喜形于言。”(卷五)

(5) 度 《说文》：“法制也。从又，庶省声。”《系传》：“布指知尺，舒肱知寻，故从手。”(卷六)

例(1)以树木落叶类似草叶凋零，说明树叶脱落所以“从艸”之由。当然“艸曰零，木曰落”并不是绝对的，古人常常合并言之，如《礼记・王制》：“草木零落，然后入山林。”例(2)说明“咈”指在言语方面违逆别人，故从“口”。徐说在一定意义上是正确的，因为“违逆”或“乖戾”无非从言论和行动两方面表现出来，用“口”说明其类属有其根据。如三国魏桓范《世要论・谏争》：“咈人之耳，违人之意。”“咈人之耳”所指就是言论。不过在语用中“咈”不必限于言论。如《尚书・微子》中的“咈其耇长”，据孙星衍之说，“似谓不听比干之谏”，究竟是从言论上还是在行动上违逆对方，其方式就难以确定。古书中“咈、拂”也常通用，说见《集韵・勿韵》。例(3)解释“趠”从“走”表示“跨步远”的理由。许释“远也”语义欠明，徐锴释形符之义，使释义显得更为明确。段玉裁也说：“许云远者，腾掷所到远也。”例(4)说明“訢”从言表示喜悦之情溢于言表。例(5)“度”指“法制，法度”，也指计算长短的标准和器具。徐锴解释“度”字从“又”的根据。段玉裁对比又加以发挥：“周制，寸尺咫寻常仞，皆以人之体为法。寸法：人手之寸口；咫法，中妇人手长八寸；仞法，伸臂一寻；皆于手取法。”说明古人常以手作为度量长短的尺度，因而“度”有“法度”之义。

徐锴对形声字形符的说解表明，徐锴具有一种强烈的部首意识，注意说明形声字所指事物的意义类属与成字理据，这对于人们认识字源具有启迪作用。但失之宽泛也会给人以画蛇添足之感。如“䜣”字是“欣”字的广义分形字。表示“喜悦”，从言或从欠，固然都与言语有联系，但并不限于言论，如“欢欣鼓舞”“欢欣雀跃”“欣喜若狂”，都是现诸表情或行动，不必是“喜形于言”。

2. 解说声符之意

(1) 毅 《说文》：“妄怒也。一曰有决也。从殳，豙声。”《系传》：“《春秋左传》‘杀敌为果，致果为毅’。豙，豕怒毛坚也。”(卷六)

(2) 僮 《说文》：“未冠也。从人，童声。”《系传》：“礼，十五成僮，僮子也。而童乃罪人之子，没官供给使者也。僮子字从罪人之童也，古者质，但取其幼小尔。美恶不嫌同辞。”(卷一五)

(3) 怀(懷) 《说文》：“念思也。从心，褱声。”《系传》：“褱，音懷，抱也。”(卷二)

(4) 黎 《说文》：“恨也。从心，黎声。一曰怠。”《系传》：“黎迟也，故为怠。”(卷二)

例(1)释“毅”的声符“豙”之义，据《系传校录》，“豕怒毛坚”当为“豕怒毛竖”。例(2)说明“僮、童”用法古今相反，“僮”为“童子”，“童”为罪人之子，均含“幼小”之义。由于古人美恶不嫌同辞，所以“童”充当“僮”的声符。例(3)说明声符“褱”的音义。“褱”是“抱”。段玉裁注：“《亦部》曰：‘夹，盗窃褱物也，从亦有所持……在衣曰褱，在手曰握。’”例(4)解释了声符“黎”有“迟”义，因而“黎”具“怠”义。

徐锴对声符意义的说解往往含有“声符有义”的暗示。如“豪”表示“豕怒毛竖”，与“毅”表示“妄怒”具有一定的意义关联。段玉裁注：“妄，生也，凡气盛曰妄。”桂馥《说文义证》：“妄怒也者，本书‘豙’，豕怒毛竖也。”徐锴又认为“黎”具“迟”义，故“黎”含“怠”义。不过此说似缺乏证据，使人难以确信。“僮”的声符含有“幼小”义，徐说可信。至于说明“懷”与“褱”意义的不同，也是有意义的，因为古书中多“假懷为褱”(段玉裁语)，有人以为“懷”就是“怀抱”，这并不正确。

3. 把形声字认作会意字

有些字，许慎认为是形声字，徐锴则认为是会意字，有些是说对了。如：

（1）聿　《说文》：“所以书也……从聿，一声。”《系传》：“笔尚便捷，故王羲之《书经》曰：‘笔尚轻，重则踬矣。’会意。”（卷六）

“聿”指笔，古文字里象手执笔之形。段玉裁注：“各本作‘一声’，今正。此从聿，而象手所书之牍也。”《古语考补正》：“聿，手之疌巧也。聿从聿一，象手书牍本，或云一声，非也。”林义光《文源》：“聿实笔之古文，古作聿，从又持小，小象笔形。”从以上材料看，“形声”说难以立足。小象笔形，虽形变为一，仍象实物之形，朱骏声析“聿”为指事字，亦误。徐说可信。

（2）执　《说文》：“捕罪人也。从丮㚔，丮亦声。”《系传》：“丮音掬，持也。会意。”（卷二十）

据甲骨文，“执”象用“㚔”（一种刑具）钳制人两腕之形，会“捕执”之义，为动词。卜辞中“执”也常用作祭祀时的人牲（如《存》一，一七九五），为名词。徐释为会意字不误。

还有一些字，属于孳乳分化字，原字作了后起字的声符，于是形成形声字。但在形声字中，声符仍具有表意作用，这应视为“亦声”字，如《说文》中的“禮”“娶”等。《说文》也有漏收的，徐锴加以补充。如：

（3）穡　《说文》：“谷可收曰穡。从禾，嗇声。”《系传》：“嗇，收也。故田夫为嗇夫，吝嗇之意也。当言嗇亦声，误脱‘亦’字。”（卷一三）

“嗇”字从㐭从来，表示收藏粮食，引申出“爱惜”“吝嗇”等意义。为了同引申义相区别，后来分化产生出“穡”字。在卜辞里，“嗇”“穡”本为一字，孙诒让、罗振玉均有辨析。在“穡”字里，作为声符的“嗇”仍保有其“收藏”义，徐锴看作“亦声”是可取的。

以上例子，说明了徐锴对汉字所作的形体分析。可以看出，徐锴的分析尽管存在一些不足之处，但他着力揭示汉字的构字理据，多方面阐释和发挥许慎之说，他的探索是具有积极意义的。

（原载《徐州师范学院学报》1995 年第 4 期）

小篆对籀文的省改与秦人的思维趋向

我国古老的汉字若从仰韶古陶上的刻符算起，已经拥有六千年的悠久历史，单从甲骨文、金文、战国文字到小篆，就绵延演进了一千多年。这些书体，都属于汉字发展史上的古文字阶段，其中甲骨文、金文为早期古文字，小篆为晚期古文字。古文字具有共同的特点，它们的形体结构总的看来比较切合先民的造字意图，能够反映字词的本义，纯表意字在汉字总量中的比重比后世高。作为记录语言的符号，古汉字传递给人们较多具体、形象的信息。不过，同样是古文字，其早期与晚期呈现出不同的特点。就形体来说，锲刻在龟甲兽骨上的甲骨文峻奇瘦削，结体不大严整；铸刻在钟鼎彝器上的金文字体凝重浑厚，呈块面结构；而到了小篆，汉字的风格大变，原先峭直或浑重的线条变得圆匀齐整，繁复与凌乱被严整对称所取代，字形大小也趋于一致，跟早期古文字相比，有了显著的不同。

小篆的形体变化是在战国文字的基础上进行的。由战国文字变为小篆，这是一场重大的汉字改革活动。许慎《说文解字叙》说："其后诸侯力政，不统于王，恶礼乐之害己，皆去其典籍。分为七国，田畴异亩，车涂异轨，律令异法，衣冠异制，言语异声，文字异形。秦始皇帝初兼天下，丞相李斯乃奏同之，罢其不与秦文合者。斯作《仓颉篇》，中车府令赵高作《爰历篇》，太史令胡毋敬作《博学篇》，皆取史籀大篆，或颇省改，所谓小篆者也。"这番记载，谈到了互相联系的三个方面：

一、战国时代，存在着文字使用上的混乱现象。战国文字分为西方秦系文字与东方六国文字两个系统，包括铜器铭文、石刻文字、玉简文字、竹简文字、帛书文字、符节文字、玺印文字、陶器文字及货币文字等。这个时期，文字使用的范围和掌握文字的社会人群都比以往广泛，加上各地方音的差异和各国政治割据等原因，出现了许多新体字，其中有些是新生的简体字，以致繁体、简体并存。也有些由于结构规范的原因，各自选用不同的形符或声符。也有些字具有文饰性的衍羡笔画。总之，异体字五花八门，蜂起并出，滥用通假的现象也很严重，于是造成了汉字使用上的极大混乱。很明显，文字作为记录语言的符号，它所传递的信息必须符合简约性、规范性、明确性的要求，才能被人们普遍认同，从而进入交际领域。这样，纠正战国文字的混乱现象，统一汉字形体结构，就成为不可避免的历史趋势。

二、秦人创制小篆，是顺应历史潮流的重大举措。小篆的制订并非一蹴而就，也不是下一道行政命令即告完成的。小篆的前身是春秋战国时期的秦国文字，即《说文解字叙》所指的“秦文”。同六国文字相比，“秦国文字对西周晚期文字所作的改变最小”①，在这个意义上，可以说秦国文字是西周文字的直接传承者，但它本身也是不断调整变化的。秦始皇登基未久，就命李斯等人“书同文字”，的确具有政治家的眼光和气魄。李斯等人对古文、籀文采取了一种实事求是的态度，不是完全废止，而是批判性地加以扬弃和吸收，“罢其不与秦文合者”，“或颇省改”，通过改造和加工，对秦国文字加以充实、补充、定型和规范，从而向全国推出了一种新的字体：小篆。“秦代小篆的出现，是对大篆字形的一种改革……是当时具有进步意义的文字改革。”②实行汉字统一，是把汉字当作推行政治的工具，贯通古今、传播学术文化的载体，更好地发挥文字的作用；推行汉字改革，又实行一套比较合理的方法，这时对文字的性质已有初步的认识，都表明了小篆的制定者具有一种积极的进步的文字观。不仅如此，小篆的颁行，也“可以说是华夏民族共同语言统一和稳定的标志”③，从而为华夏民

① 裘锡圭《文字学概要》，商务印书馆，1988 年，第 51 页。

② 张舜徽《〈说文解字〉在古文字研究中的地位和作用》，见《许慎与〈说文〉研究论集》，河南人民出版社，1991 年。

③ 徐杰舜《汉民族发展史》，四川民族出版社，1992 年，第 199 页。

族的统一和汉民族的形成发展作出了重大的贡献。

三、小篆是与早期古文字一脉相承的。小篆的前身是秦国文字“籀文”。在此基础上进行整理，“或省其繁重，或改其奇怪”[①]，从而形成小篆。史籀大篆直接脱胎于钟鼎金文，秦陇一带为周秦故地，语言文字自然有着共同的历史渊源和授受关系。今天保存在《说文解字》中的九千多个小篆，有许多字形与甲骨文、钟鼎文字形相同，说明小篆与早期古文字的确脉息相通，即使省改了古籀，也能通过小篆所附的古籀重文加以对照比较，以通其流变。事实上，小篆不仅是古文字不可缺少的组成部分，而且成了直接连接早期古文字与今文字的重要桥梁，历来研治甲骨文、金文乃至战国文字，都要以小篆（通过《说文》）为基础，原因即在于此。那种借口小篆有时代局限而贬低其重要性的做法是不公正的。

那么，对古籀的省改是根据什么原则进行的？省改的内容是哪些？从省改中可以观察到秦人有哪些思维趋向？这些问题，今日仍有讨论的必要。种种事实表明，小篆省改古籀并非随意为之、简单删削而已，而是有着通盘考虑、精心安排，其取舍删削之间，蕴含着秦人的美学思想与思维趋向。

所谓“省”，主要表现为以下三个方面：

一、去掉古籀中庞杂臃肿的部分，体现出简约性原则。例如：登，早期古文字上部为一双脚，下面是祭器“豆”，像捧物进献形，意义已明。籀文又加“廾”字，表示双手捧，表义是实在了一些，但传递给人们的是一种赘余的信息，因而小篆省去了“廾”。喜，由“鼓”的初文加“口”合成，把鼓敲起来，笑口常开，表示喜庆，表义也很清晰；古文另加“欠”字，表示出气欢呼，也显得多余，小篆把“欠”也省去了。系，早期古文字本像一只手抓住两串或三串丝，小篆把手省成了一撇，两串或三串丝省成了一串。省略后的字形更显得简明利索，富有象征寓意，使文字的符号性得以加强，既便于书写，又方便交际。

二、把相同的部件删去，只保留一个以显示事物的特征，体现出

① 胡朴安《中国文字学史》，北京市中国书店，1983年，第25页。

经济性原则。如“车”，金文和战国文字中常有两三个车厢形，小篆只保留了一个，俯视像车厢、车轴、两轮形，足以表现车的特征。败，甲骨文象一只手拿着棍棒击打宝贵的鼎。金文把鼎省改成“贝”，但籀文从两个贝，小篆只保留了一个。副，从刀，畐声，籀文本作两个“畐”，小篆则省去了一个。

三、省去一些文饰性的符号，体现出明确性原则。如“中”，本象一根旗杆，上面迎风飘着长条的旗帜，旗杆正插在一个圆圈的中间，表示“中间”“中央”。早期古文字旗帜上都有飘带，小篆把这些文饰性的符号都省掉了。与，表示给予，信阳出土战国楚墓竹简有“口”字作文饰，小篆省略了。相，本义是仔细看，战国文字常在“目”下加一横，这属于文饰性的成分，小篆未予保留。又如“人”字、“女”字在甲骨文、金文中都是象形字，腿部并无特别的标志，战国文字常在字的下部加一半圆形的框表示“足”，不仅显得多余，而且影响表达的明确性，小篆都删去了。

小篆对古籀的省改，似乎向我们透露出一个信息：尽管史籀大篆是秦人长期使用的一种文字，但秦朝统治者并不恪守“祖宗家法”，并非死抱着前人遗物不敢越雷池一步，而是适我所需，勇于变革。这同秦国统治者所实行的以商鞅变法为代表的政治改革总体精神是吻合的，表明初登政治舞台的新兴地主阶级所具有的革新意识，这种革新意识对于巩固和强化其阶级统治非常必要。秦人对古籀去其繁重，加以省改，也与秦人质朴淳厚、不尚扬厉、反对虚饰的民俗民风相一致，同时也表明，小篆的制定者对于文字作为交际工具传递信息的作用已有所认识。

小篆对古籀的“改”表现在以下方面：

一、给原无形符的字添加形符。在早期古文字和战国文字里，后代成为汉字部首的那些形符显得缺乏，有些字没有明显的形符标志。小篆的创制者们似乎有着强烈的形符意识，他们给不少原无形符的字加上了形符。如：得，古文字本象手拾贝的形象，表示有所得。小篆加上“彳”旁，表示在路上拾到了宝贝。侯，《说文》“春飨所射侯”，本义是箭靶，字原象箭矢射向山崖的形象，古文无“人”旁，小篆添加

“人”旁。陷，甲骨文原无“阜”旁，象一个人掉进了陷阱。《睡虎地秦墓竹简》：“皆臽中类斧。”也没有偏旁，小篆加上了“阜”旁。又如“肤”字，籀文从胃虍声，小篆加上了“肉”旁，改从“卢”声。古文“终”与“冬”同字，小篆为了区别，加上了“糸”旁。古文“其”，簸箕，小篆加“竹”旁。新添形符的结果，或者突出了动作行为产生的环境，如“得”与“陷”；或者显示了事物的性质和材料，如“肤”与“箕”，使字的结构增加了新的理据，表意更加明晰准确。

二、调整了一批汉字的形符。肬，甲骨文本从“黑”，小篆改从“肉”。胗，籀文本从“疒”，小篆改从“肉”。古文“脣”从页，辰声，小篆改从“肉”，辰声。宇，籀文本从“宀”，禹声，小篆改作“宇”。家，古文从“冖”，宅，古文从“广”，小篆都改从“宀”。粒，古文从“食”，小篆改从“米”旁。这类例子还有：首——页，如“颜、颊”，籀文都从“首”，小篆改从“页”。口——言，如“谋、信”，古文都从口，小篆改从言。足——止，如“正、企”，古文都从足，小篆改从止。鸟——隹，如“雕、雏、鸡”，籀文都从鸟，小篆改从隹。调整了一批字的形符，可以使事物的分类更加准确合理，如“肬、胗”改从“肉”旁，表明属于人体的特点；“宇、家”改从“宀”旁，表义更为清楚。

三、改换了一些字的声符。如：庙，宗庙，古文从广苗声，小篆改从朝声。玕，琅玕，玉名，古文旱声，小篆改从干声。线，缕也，古文泉声，小篆戋声。谯，责备，古文肖声，小篆改为焦声。顶，头顶，籀文本从鼎声，小篆改从丁声。仿，相似，籀文丙声，小篆改从方声。勳，“能成王功也”，古文员声，小篆改从熏声。换用不同的声旁，有的为了字形省简，有的则反映了方音的差异。

四、改变了一批字的六书结构。如：嶽，东岱，古文从“丘山”会意，小篆从山狱声。雲，云气，古文为象形字，小篆改从“雨云”会意。邦，国，古文“从止从田”会意，小篆改为从邑，丰声。姦，“私也”，古文从心旱声，为形声字，小篆从三个“女”会意。歸，女子出嫁，籀文“从止从帚”会意，小篆改为“从止从婦，省声”。野，郊外，早期古文字都“从林从土”会意，古文从林从土，予声；小篆从里，予声。从另一个角度说，这一条与第一条也有紧密的联系。

五、使一批汉字的形体固定下来。早期古文字由于处于初创期，其各构成部分的位置常不固定，如可左可右、可上可下、可内可外，形体流动不居。到战国文字时期，这种情况依然存在。如"任"，《尊古斋古玺集林》战国文字"人"在右旁。姓，战国诅楚文将"女"置右边。播，信阳长台关战国楚墓出土竹简将"手"置于右边。昧，战国印文为上下结构，小篆固定为左右结构，等等。由于汉字形体趋于固定，相对来讲，汉字的笔画数也就固定了下来，改变了战国时代笔画无定的状况。

从小篆对古籀的大量改动调整中可以发现，春秋战国以来社会的激烈动荡和发展，社会物质财富的积累，不断冲击着人们的头脑，推动着人们思维的发展，促使人们对世界万物的认识逐渐全面深刻起来，于是他们按照自己的观察和理解，对世上万物重新进行统计和分类，并对事物的本质和起源作出新的解释和描写。他们给原先没有形旁的字加上形旁，为原先属于其他形旁的字更换新的形旁等，就是这种愿望的反映。就语言与文字的关系来说，实质上是要求文字能更加准确地记录语言，使用更加明晰的符号，以服务于社会人群。经过小篆的省改调整，新的形声字大批出现，文字形体得到了规范与统一，这就给后人以很大的启迪，为传统文字学理论"六书说"在汉代的正式形成起到了催生作用，也为许慎划时代文字学著作《说文解字》的写作与 540 部首的创立准备了必要的前提条件。

小篆对古籀的省改与调整还反映出以下现象：

一、体现了生产的发展、社会分工与进步对文字的影响。如获，早期古文字作"隻"，字形象一只手抓住鸟，本义是"捕获"，这是为记录狩猎生活而造的字。后来由于农业生产的发展，要表达"收谷物"这样一个概念(词)，于是小篆就分化出两个字，加"犬"旁表示捕猎禽兽，加"禾"旁表示农业收获。钮，《说文》"印鼻也"，指印章上端的雕饰，可以用各种材料制作。古文从"玉"，说明战国时代有玉制的印鼻，小篆改从"金"，说明有金制或铜制的印鼻。又如"槃"，《说文》"承槃"，即盛物的托盘。古文从金，籀文从皿，证明战国及战国之前或是金属制作，或是陶土制作，而战国改从"木"旁，表明其质料发生了变化。凡此种种，都是社会发展、事物变化通过文字得以记录之例。

二、体现了社会习俗和观念的转变对文字的影响。如吉，早期古文字里像是神座上摆着举行隆重仪式时用的礼器“圭”，表示有喜庆的事。这是上古时代人们崇拜超自然力量的反映。后来字形转变，小篆变为从士、从口。《说文》：“吉，善也。从士口。”战国时代，出于政治斗争的需要，士的阶层非常活跃。士是有知识、有才智的特殊阶层，在社会上享有一定的威望，所以“士口为吉”就是可以理解的了。士，在早期古文字里有不同的解释，一说象男性性器，一说象人端拱而坐之形。到了小篆，析为“从一从十”的会意字，表示善于做事情，从一开始到十结束，本义是“能胜任工作的男子”。《白虎通·爵》：“士者，事也，任事之称也。”又如“贵”，在甲骨文里本象双手捧土的形象。土地能够生长万物，在上古农业社会是最宝贵的东西。《左传·僖公二十三年》记载了晋公子重耳流亡时向农夫乞食，“野人予之块”的史实，块就是土块，象征着土地，可见土地受到当时人们的高度重视。到了小篆时代，货币已成为财富的象征，小篆于是改从“贝”字，以顺应时代观念的改变。

三、表现了秦人对字词所赋予的特定意义。汉字的来源并不是单一的，对汉字的解释只要是合乎理据的，应当允许不同意见的存在。如“亡”字，人们根据甲骨文字形，或释为“刀的锋芒”，或释为“一把刀的刃被折断了”，见仁见智，莫衷一是。小篆根据先秦古书的大量用例，释为“人隐藏起来”，表示“逃亡”，这是符合理据的解释，至今得到学术界的认可。又如“东”，甲骨文释为“两头被绳扎好的口袋”，可备一说。小篆释为“太阳从树旁升起来”，表示正东方向，这是秦时人们认可的一种说法，我们似不可简单地斥为“荒谬”了事。另外，在秦人的心目中，有些形旁常常通用不分，如：址，《说文》土、阜二部互见。场，《说文》土、田二部互见。盎，《说文》皿、瓦二部互见。裙、裳，《说文》衣、巾二部互见。絮、褔，《说文》糸、衣二部互见。这反映了秦人对事物相互联系的一种认识。类似的情况甲骨文、金文同样也有，如甲骨文中“艸、木”相通，“春”字或从四“屮”，或从四“木”。“女、人”相通，“毓”字或从女，或从人。不烦赘举。承认客观，实事求是，我们都不能苛责古人。

（本文与孙建波合写）

（原载《徐州师范学院学报》1994 年第 5 期）

“亲自”的语用范围与误用

“亲自”是个常用词。《现代汉语词典》:“亲自:自己(做)。”《汉语大词典》:“亲自:自己亲身。”“亲自”的语义是明确的,但在语言交际中却常出现误用,这是由于对其语用特点未仔细分析而造成的。“亲自”的语用范围可分为以下几个方面:

一、在涉及当事人应遵守的规章、契约及其他别人不能代替的事情时,为了表示郑重和负责,强调必须本人去做,可使用“亲自”。如:

> 老师捎来口信,请小芳爸爸下午亲自到学校去一趟。

衣食住行等行为,正常情况总是由当事人本人完成,无须别人代劳,自然不必使用“亲自”,如“亲自吃饭”“亲自上班”等。

二、某些事情既可由当事人本人去做,也可请别人代劳,存在着两种选择,如表示重视或负责,由当事人本人去做的,可使用“亲自”。如:

> 回国的日子到了,三位姑娘的家长热情地设宴欢送;姑娘们亲自驾车把张菊臣送到机场。(《上海老年报》1995年1月27日)

三位法国姑娘本可以请司机开车送行,但为了表示对帮助过她们的中国老人的敬爱之情,就自己开车为老人送行。如果事情必须本人去做,别人无法代替,不存在两种选择,使用“亲自”就不合情理。

三、某些事情与当事人并无直接关系,本来可以不做,但为了表示关心或负责,由当事人本人去做的,也可以使用“亲自”。如:

我厂70多岁的离休干部李悦英同志不慎跌倒，致使右腿骨折……一辆吉普车由南向北驶来，在场的职工将车拦下，车上下来一位50岁左右的男司机……二话没说将老人抬上车，并火速驾车将其送往医院。到医院后，他又不辞劳苦地亲自将老人送到急诊室。（《徐州日报》1994年4月20日）

这种类型"亲自"的误用常常表现为：当事人明明对某事负有直接责任，无法请人代劳，不存在两种选择，但说话人误以为当事人没有直接责任，因而用"亲自"以突出其行为，于是造成了误用。如：

工作队员针对乡镇企业管理粗放、人员素质差的情况，进行了细致的调查研究，有的帮助企业建立和完善了各项规章制度，有的因地制宜制定了强化管理的各项措施，有的亲自编写讲义，举办各种知识、技术培训班。（《徐州日报》1994年9月21日）

举办知识、技术培训班，必须有讲义。如有现成合用的讲义，工作队员就不会另起炉灶自己编写。现在因为没有现成合用的讲义，讲课人只有自己动手编写，以保证授课的需要。这是唯一的选择，别人无法代劳。因而此处"亲自"二字多余，应删去。

四、当事人是领导干部，某些事情本可以由下属工作人员处理，但为了表示重视，当事人自己做了，可以使用"亲自"。这类例子很多，如：

梁广大……当了市长后，整个城市就是他的大花园了。马路中间种些什么花草，搭配一些什么树木，他都要亲自过问。（《大公报》1994年9月10日）

市长亲自过问城市绿化的具体问题，这里"亲自"用得很贴切。这种类型"亲自"的误用比较多见。有些当事人身为基层干部，处理具体工作本属其正常的职责范围。如：

去年初，孟庆龙又来到新安乡税务所，分管全乡国有、集体和乡办企业的税收工作。经常深入每个企业进行税前辅导、税后检查。企业的每一份申请表、每一本发票、每一笔税款，他都亲自过目。(《徐州日报》1994 年 5 月 17 日)

孟庆龙是乡级基层税务干部，分管具体的业务工作。既然说他深入企业做检查，那么审核报表、发票、税款就是他应尽之责，他不“亲自过目”，又请谁过目？如果让他人过目，还谈得上什么“检查”？“亲自”二字纯属画蛇添足。如果实有必要，可改用“逐件”二字。

(原载《新闻出版报》1995 年 8 月 2 日)

徐锴《系传》对词的本义的再阐释

东汉许慎的《说文解字》对一万多个小篆、古籀等古文字的形体进行分析，从先秦文献的大量用例中归纳、分析语言材料，通过互训、推源、义界等方式，着力于对词的本义的阐释，取得了突出的学术成就。

由南唐入宋的徐锴著述《说文解字系传》（简称《系传》）四十卷，能以今语俗言证《说文》，兼明引申、假借之义，因声探求字义，据《说文》训释古书，开始了对《说文》的全面研究；《系传》成为"《说文》问世七八百年以后第一部系统的研究之作"，徐锴也"堪称文字学史上全面系统研究《说文》的第一位学者"①。

由于时代演变，语言发展，加之表达方式上有时失之简古，许慎所阐释的某些词的本义后人已难以明了，因而徐锴《系传》很注意对词的本义进行再阐释。徐锴的再阐释，既不限于古今语言形式的对等转换，也不限于征引古书用例以佐证训释，而是多角度地对词的本义所表达的内容进行新的开拓和阐发。虽然只加一字或数字，而胜义迭出。

徐锴所做的再阐释内容包括：

一、说明事物的特征

1. 偭　《说文》："乡也。从人，面声。"《系传》："乡谓微向，非正乡也。故《史记》本纪曰：项籍谓吕马童曰：'卿非我故人乎？'马童面之。

---

① 黄德宽、陈秉新《汉语文字学史》，安徽教育出版社，1990年，第111页。

注云：面谓微背之也。”（卷一五）

“偭”的本义是“向，面向”。《礼记·少仪》：“尊壶者偭其鼻。”孔颖达疏：“尊与壶悉有面，面有鼻，鼻宜向于尊者，故言面其鼻也。”“面向”是一个相对模糊的概念，可以是正向，也可以侧面相向。侧面相向，其身体的一部分必然不是相向而是相背于客观对象，这就与“微背之”所描述的实为同一种对象，是从不同角度对同一现象所作的说明。徐锴所引《史记·项羽本纪》、孔疏释“偭”为“微背之”，指的就是侧面相向，它指出“偭”有时具有“微向”的特征。正由于“偭”具有“微向”亦即“微背”的特征，又引申出“背，违背”义。如《楚辞·离骚》：“固时俗之工巧兮，偭规矩而改错。”王逸注：“偭，背也。”《广雅·释诂二》：“偭，背也。”

2. 悠 《说文》：“痛声也。从心，依声。《孝经》曰：‘哭不悠。’”《系传》：“声之曲引也。今《孝经》作‘偯’。”

痛声即哀痛之声，概括了“悠”的最本质的属性，但表述稍嫌宽泛，未能显示“悠”作为“痛声”的特异之处。徐锴指出“悠”的特征是哭声曲引，即人有意控制、拖长声音的那种哭声，并不是难以控制的悲痛欲绝。《礼记·间传》：“斩衰之哭，若往而不反；齐衰之哭，若往而反；大功之哭，三曲而偯。”注：“偯，一举声而三折也，偯声余从容。”郑玄注《孝经》“哭不偯”是“气竭而息，声不委曲”。而“偯”与此正相反。这都说到了“悠（偯）”的显著特征。段玉裁说：“许云痛声者，委曲自见，其痛于声，非痛之至者也。”他对“悠”的特征也表示了认同。不过他又说“痛声”应读为“痛于声”，认为许慎的说解实际上已涉及“悠”的特征。此说难以令人信服。《说文》中涉及“声”的说解多见，如：号（痛声），呱（小儿啼声），哇（谄声），啸（吹声），呶（欢声），唬（嗁声），殿（击声）等。细看这些说解，一概采用了“定心”式结构，即用前面的语词修饰或限定“声”字，都不能解释为述补式结构。如：哭不能解作“哭于声”，哇不能解作“谄于声”，呶也不能解释为“欢于声”；如果说唯独“悠”应解作“痛于声”，是述补式的表述方式，证据似嫌不足。《集韵》云：“悠，哀痛声。”显然是表示哀痛之声。可见许慎的说解并未说明“悠”具有“曲引”的特征，因而徐锴要指明这一特征。

二、指明行为的方式

1. 叫 《说文》:“呼也。从口，丩声。”《系传》:“直声呼也。”(卷三)

“呼”是个多义词,本义是“出气”。《说文》:“呼,外息也。”引申为“召,唤”。《左传·哀公十一年》:“武叔呼而问战焉。”引申为“称道”。《荀子·儒效》:“呼先王以欺愚者而求衣食焉。”又引申为“喊”。如《诗·大雅·荡》:“式号式呼,俾昼作夜。”《左传·襄公三十年》:“或叫于宋大庙。”杨伯峻注:“叫,大呼。”既然“呼”的义项这样多,那么以“呼”释“叫”就不足以表现“叫”的特殊方式,传递给读者的语言信息也就不是很清晰。为此,徐锴加上了“直声”的修饰语。《中文大辞典》:“直声,谓因痛极骇极而呼叫之声。”“直声”表明了“呼”的方式是高声呼喊,“叫”的语义特点被凸显出来,显得明确而形象。上文《左传·襄公三十年》引用杨伯峻注本说:“叫,大呼”,冠以“大”字,也是注意了“叫”的特点。

2. 看 《说文》:“睎也,从手下目。”《系传》:“以手翳目而望之。宋玉赋曰:‘若姣姬扬袂障目而望所思。’此会意。”(卷七)

古汉语中表示“观看”的同义词很多,如“视”是一般地看,又特指近看;“望”是远看;“观”是有目的地看;“察”是仔细看,都具有自己独特的方式。“看”与“望”本义相近,都表示“远看”。“看”字的形体构成和许慎的说解已含有“以手势助观望”的内涵,只是未能点透。徐锴不仅明确点出“看”字的构字理据“以手翳目而望”的具体方式,而且引用了宋玉赋的实例,说明这种远望的方式。对此段玉裁给予了充分的肯定。他在《说文解字注》中转引徐锴的话说:“锴曰:‘宋玉所谓扬袂障目而望所思夜。’”朱骏声也指出:“凡有所望者,常以手加目上障日聚光也。”“看”表示远望,从后代一些双音词里仍透露出一些讯息。如“看月”即赏月。唐王建《醉后忆山中故人》诗:“遇晴须看月,闲健且登楼。”“看楼”,供瞭望的高楼。《辽史·地理志》:“大东丹同新建南京,分南北市,中为看楼。”至于“看”用为泛义的“观看”,如“看书”,那是词义引申的结果,应作别论。

三、标示事物的类属

1. 蓄 《说文》:“积也。从艸,畜声。”《系传》:“蓄谷米刍茭蔬菜以为备也。《诗》曰:‘我有旨蓄。’蓄,菜也。”(卷二)

“蓄”表示积聚、储藏,《说文》概括为“积”,这是“蓄”在辞书中的储存义。在古代文献里,可以积蓄的事物种类广泛,具体的、抽象的都有。如蓄火(《淮南子·说山》)、蓄力(《国语·鲁语四》)、蓄怨(《晏子春秋·问·上》)、蓄念(班固《西都赋》),还有不含确定对象的蓄家(有积蓄的人家)、蓄贾(有积蓄的商人)、蓄殖等。许慎依据丰富的文献资料,把“蓄”的本义概括为“积”,应说是很准确的。与此同时,在部分古文献用例中,“蓄”也可以具体指积蓄蔬菜而言。《诗·邶风·谷风》:“我有旨蓄,亦以御冬。”郑玄笺:“蓄积美菜者。”高亨《诗经今注》:“蓄,积藏的菜蔬,如干菜、咸菜、泡菜等。”①《吕氏春秋·仲秋》:“乃命有司趣民收敛,务蓄菜,多积聚。”高诱注:“蓄菜,干苴之属也。”《文选·七启》:“芳蔬精粺,霜蓄露葵。”张铣注:“菜,菜名。此物与葵,宜于霜露之时。”上述材料表明,在一些具体文献里,“蓄”有时指积蓄蔬菜,有时则指干菜、蔬菜名,这都是“蓄”在具体文献中的使用义。徐锴引《诗》说明了这种具体使用义,表明“积蓄”的类属早期当为菜蔬谷米之类,这是很有意义的。

2. 铏 《说文》:“器也。从金,刑声。”《系传》:“羹器也。”(卷二七)

许慎释“铏”为“器”,讲了“铏”的种种概念,但未讲明其属概念,失之宽泛。古籍中“铏”表示“盛羹器”用例很多。《仪礼·公食大夫礼》:“宰夫设铏四于豆西。”注:“铏,菜和羹之器。”《周礼·秋官·掌客》:“铏四十有二。”郑玄注:“铏,羹器也。”《史记·李斯列传》:“饭土甂,啜土铏。”《玉篇》:“铏,羹器也。”清毛奇龄《辨定祭礼通俗谱》卷三:“铏则鼎之小者。……(今)铏直以磁盂为之,便盛羹,则曰羹碗而已。”徐锴依据大量古籍用例说明“铏”为“羹器”,属于器中的一种,词义更为精确。

① 高亨《诗经今注》,上海古籍出版社,1980年,第51页。

四、阐明事物的功用

1. 璜 《说文》:“半璧也。从玉,黄声。”《系传》:“璜亦所以为币。”(卷一)

“璜”是一种古玉器,形状象璧的一半,古代贵族朝聘、祭祀、丧葬、征召时的礼器,也可作为佩饰。许慎从璜的质料、形状着眼,通过与人们熟知的玉器“璧”的比较,把记录该事物的词义概括为“半璧”,可以说抓到了璜的最本质的属性,但他未能从璜的功用方面加以描述和说明。徐锴说“璜亦所以为币”,表明璜可以作为送礼用的玉器,这就说出了璜的一个社交功用。他的说法是有根据的。《诗·郑风·女曰鸡鸣》:“杂佩以赠之。”毛传:“杂佩者,珩璜琚瑀冲牙之类。”用作佩饰的玉器是可以作为礼物送人的,其中就包含了璜。《辞源》为“璜”所作的义界就是“半璧为璜。古贵族朝聘、祭祀、丧葬、征召的礼器。也作佩饰”。

2. 潘 《说文》:“淅米汁也。从米,番声。”《系传》:“按《左传》‘遗之潘沐’,潘可以沐也。”(卷二一)

“潘”的本义是淅米汁,即淘米水,古人认为淘米水可以用来洗沐。《礼记·内则》:“面垢,燂潘清醶。”郑玄注:“潘,米汁也。”陆德明《释文》:“潘,淅米汁。”这句是说,父母脸上如有污垢,做儿女的要用温热的淘米水为他们洗干净。《左传·哀公十四年》:“陈氏方睦,使疾,而遗之潘沐,备酒肉焉。”杜预注:“使诈病,因内潘沐,并得内酒肉。潘,米汁,可以沐头。”杨伯峻注:“潘即今淘米汁,古人热之以洗头洗面,谓可以去垢。”①《新唐书·礼乐志十》:“以盆盛潘及汁盘,升自西阶,授沐者,沐者执潘及盘入。”徐锴对“潘”的作用的补充说明,可以使读者对“潘”是淘米水留下更深、更全面的印象。

3. 圭 《说文》:“瑞玉也。上圜下方。公执桓圭,九寸;侯执信圭,伯执躬圭,皆七寸;子执谷璧,男执蒲璧,皆五寸。以封诸侯。从重土,楚爵有执圭。”《系传》:“《周礼》注:‘桓圭作双柱,或以为双䜌

① 杨伯峻《春秋左传注》,中华书局,1990年,第1683页。

形。信圭盖刻为人形，躬圭亦为人形。谷璧、蒲璧皆为谷、蒲形，所谓五玉亦曰王瑞，既分之土田，又以玉为信也。'"（卷二六）

段玉裁指出："天子以封诸侯，诸侯守之，以主其土田山川，故字从重土。"徐锴在《说文》说解的基础上，进一步解说了圭的各种形制，同时补充说："又以玉为信也"，即天子把圭作为分封诸侯土地的信物，使圭的作用显得更加明确完整。

五、 述说行动的方法

1. 莳 《说文》："更别种。从艸，时声。"《系传》："若秧稻也。"（卷二）

"莳"指移栽分种。《尚书·尧典》："播时百谷。"郑玄注："种莳五谷以救活之。"《齐民要术·种谷楮》："移栽者，二月莳之。"徐锴借用"若秧稻"的具体实例，说明了"更别种"的方法，使释义更为清晰。段玉裁又进一步作了补充："今江苏人移秧插田中曰莳秧。"

2. 鋻 《说文》："刚也。从金，臤声。"《系传》："淬刀剑刃使坚也。"（卷二七）

许慎以"刚"释"鋻"，是以二字双声关系为纽带所作的声训。"鋻"指刚铁（见《集韵》）。其具体的方法是"淬火"，即把铸件烧红，便浸入水中，使之坚硬。徐锴说"淬刀剑刃使坚"，就指明了形成"鋻"的具体方法。一说"鋻"指刀剑刃。

《说文系传》对词的本义的再阐释，与许慎对本义的诠释相互映衬，互为补充，使词的本义的阐释更为充实、完整，使《说文解字》更好地发挥了文字训诂著作的巨大作用。

（原载《古汉语研究》1995年第1期）

“伊余”非词说

在中古时期的一些诗文里，“伊余”一语多见。如：

（1）伊余小子，恃宠骄盈。（魏曹植《责躬》）[①]

（2）古壁丹青落，虚檐鸟雀驯。伊余求了义，羸马往来频。（唐姚合《过钦上人院》）

（3）只恐长江水，尽是儿女泪。伊余非此辈，送人空把臂。（晚唐贯休《古离别》）[②]

细玩文意，把“伊余”理解为“我”当无疑义，但“伊余”是不是一个词呢？遍查辞书，绝大多数均未收“伊余”，只有罗竹风先生主编的《汉语大词典》收进，指出：“伊余，自指，我。”认为“伊余”是一个词。

笔者认为“伊余”并非一个词，而是两个不同词性的词结合的常见格式。实际上，“伊余”中“我”的意义是由“余”表示的，“伊”只是一个陪衬。理由如下：

一、“伊”是个句首助词，而不是代词前缀

“伊”，古人称为发语词。《尔雅・释诂》：“伊，维也。”郭注：“发语词。”刘知幾《史通・浮词》：“伊、惟、夫、盖，发声之端也。”刘淇《助字辨略》：“在句端者，发语辞。”杨树达《词诠》指为“语首助词”。《古汉语虚词通释》称为“助词”。“伊”用于句首，可以起到加强句子的语气或感情色彩的作用，同时也便于凑足一个音节，从结构上帮助诗句达

---

① 《文选》作“伊余”，《曹植集校注》（人民文学出版社）作“伊尔”。

② 例（2）见《全唐诗》卷149，中华书局，1960年，第1544页。例（3）见《全唐诗》卷827，第9304页。

到合于标准的字数。《诗经》中已见使用。如《诗·郑风·溱洧》:“维士与女,伊其相谑,赠之以勺药。”《诗·豳风·东山》:“不可畏也,伊可怀也。”“伊”的后面也可以紧跟一个代词。如《诗·小雅·正月》:“有皇上帝,伊谁云憎!”《诗·小雅·何人斯》:“伊谁云从,惟暴之云。”《诗·大雅·瞻卬》:“岂曰不极,伊胡为慝?”这些诗句里的“伊”都是句首助词,与代词“谁”“胡”的联系只是一种随文安排,并未形成固定的格式。“伊”与“余”的结合一开始也是这样。《诗·邶风·谷风》:“不念昔者,伊余来塈。”助词“来”使宾语“余”置于动词“塈”之前。“余来塈”即“对我发怒”。“伊”相当于“唯”,在句中起到了加强语气、协助宾语前置的作用。同时,由于它的参与,完成了一个四言诗句。“伊”的上述用法,一般辞书称为助词,没有人认为它是代词的前缀。可以作代词前缀的,据吕叔湘《近代汉语指代词》和周法高《中国古代语法·称代编》,似乎只有一个“阿”字,如:“阿谁”(又作“兀谁”)、“阿堵”、“阿侬”等,中古习见,不烦举例。吕先生明确指出:“阿堵的阿是前缀。”[①]中古时“伊”又常用作第三人称代词或第二人称代词,但“伊余”中的“伊”显非代词。

二、“伊余”虽然出现次数不少,但具有其他同义替代形式,并非定型结构

“伊余”在唐诗中出现次数不少,如:

(1) 古树枳道傍,人烟杜陵下。伊余在羁束,且复随造化。(刘长卿《灞东晚晴简同行薛弃朱训》)[②]

(2) 行行方避梦,又到谢亭来。举世皆如此,伊余何处回?(姚合《游谢公亭》)

(3) 伊余超浮俗,尘虑久已闭。况复清夙心,萧然叶正契。(吴筠《缑山庙》)

(4) 伊余龙钟归海涯,千山万水情自怡。梦公别我还上国,江边

① 见吕叔湘著,江蓝生补《近代汉语指代词》,学林出版社,1985年,第241页。

② 自(1)至(6)例,分别见《全唐诗》卷149第1544页、卷500第5685页、卷853第9661页、卷828第9332页、卷829第9341页、卷43第534页。

惨执行迟迟。（贯休《送梦上人归京》）

（5）马病唯汤雪，门荒劣有人。伊余吟亦苦，为尔一眉嚬。（贯休《读刘得仁贾岛集》）

（6）伯喈迁塞北，亭伯之辽东。伊余何为客，独守云台中。（李百药《途中述怀》）

但是“伊余”也可以换用别的同义替代形式，如“伊我”“伊予”。

（7）胜情狎兰杜，雅韵锵金玉。伊我怀丘园，愿心从所欲。（李峤《和同府李祭酒休沐田居》）①

（8）长安米价高，伊我常渴饥。临岐歌送子，无声但陈词。（姚合《送李馀及第归蜀》）

（9）伊我获此途，游道回晚计。宗师信舍法，摈落文史艺。（宋之问《自衡阳至韶州谒能禅师》）

（10）举世都为名利醉，伊予独向道中醒。他时定是飞升去，冲破秋空一点青。（韩湘《答从叔愈》）

从“伊余”“伊我”“伊予”等表义完全相同的几种形式看，“伊”确是个比较活跃的句首助词，可用于不同的代词前，也可看出“伊余”只是其中的格式之一，并未凝成一个复合词。苏联语言学家斯米尔尼茨基指出：“一个词和别的同样的单位相结合就能构成句子和连贯的有意义的言语；在言语里，词以一定的方式构成语法形式，即是说，词具有‘语法的定形性’。”②作为一个词，应当具有自己固定的形式，在书面语中其形体也应是定型的。“伊余”并非词，只是两个词的搭配使用。《汉语大词典》虽认为“伊余”是词，但对于同样结构的“伊我”“伊予”却又不承认是词，这是难以解释的。笔者认为，它们都不是词。

三、“伊余”的句法功能呆滞，只能充当主语

古汉语第一人称代词句法功能比较灵活，“吾、我、余”都可以作主语、定语和宾语，如：

---

① 自(7)至(10)例，分别见《全唐诗》卷57第687页、卷496第5625页、卷51第622页、卷860第9723页。

② 见张永言《词汇学简论》，华中工学院出版社，1982年，第23页。

(1) 吾日三省吾身。(《论语·学而》)

(2) 居则曰:“不吾知也。”(《论语·先进》)

(3) 东野与吾书。(韩愈《祭十二郎文》)

(4) 我戮之不祥。(《左传·成公二年》)

(5) 三人行,必有我师焉。(《论语·述而》)

(6) 今者吾丧我。(《庄子·齐物论》)

(7) 余病矣。(《左传·成公二年》)

(8) 而矢贯余手及肘。(《左传·成公二年》)

(9) 名余曰正则兮,字余曰灵均。(《楚辞·离骚》)

(10) 朕又何知?(《庄子·在宥》)

(11) 朕皇考曰伯庸。(《楚辞·离骚》)

(12) 天忘朕邪?(《庄子·在宥》)

值得注意的是,“余”字主语、定语、宾语用法齐全。即使先秦使用较少的“朕”字,也具有多种用法,而含前缀“阿”的代词“阿谁”,也具有几种不同用法,如:先主谓曰:“向者之论,阿谁为失?”(《三国志·蜀书·庞统传》)“道逢乡里人,家中有阿谁?”(《乐府诗集·紫骝马歌辞》)“此时心在阿谁边?”(欧阳炯《浣溪沙》)“阿谁”分别作主语、宾语和定语。“阿侬”既可作定语,如《南史·茹法珍传》:“何世天子无要人,但阿侬货主恶耳。”又可作宾语,如《洛阳伽蓝记·景宁寺》:“吴人之鬼,住居建康,小作冠帽,制短衣裳,自呼阿侬,语则阿旁。”“唯独”“伊余”用法呆滞,只能出现在句首,从不出现在别的位置;只作主语,而不作别的句子成分。推测其原因:在专门需要“余”作主语的句子里,为了加强语气,也为了凑足一个音节,诗文的作者们往往借助于“伊”字。由于“伊”只是用在句首的助词,所以“伊余”的位置只能在句首。加上“余”一定要作主语,也决定了“伊余”只在句首出现。

综合上面的说法,“伊余”并不是一个词,因而许多辞书和吕叔湘《近代汉语指代词》诸书均未提到它。

(原载《中国语文》1996 年第 5 期)

“章”字臆解

关于“章”字的字源结构，历来存在不同的说法。许慎《说文解字》：“乐竟为一章。从音，从十。十，数之终也。”据我们对《诗经》《尚书》《左传》《论语》《孟子》等先秦古文献的考察，以“乐竟为一章”的用例罕见，许说颇为可疑。再从字形看，商周古文字如《乙亥簋》《竞卣》《颂簋》等分别作、、，并非“从音，从十”结构，因而古文字学家均不赞同许说。

“章”字的古文字构形理据究竟是什么，诸家说法歧出。如：

1. 林义光说：“（章）本义当为法，从辛。辛，罪也。以θ束之，以约束有罪也。”（《说文解字诂林》，第 1108 页）

2. 高田忠周：“十，甲、古文同形。”“章字从甲，未详何意。”“即古箕字……章之从箕，即是‘畢’省，‘畢’本训田网也……转为毕终义。”“《尔雅·释诂》：‘畢，尽也，竟也’者，与《说文》‘章’下‘乐曲尽为竟’之说合焉。”

3. 高鸿缙：“章，明也。从日，辛声。日与辛穿合。古作，后世借为乐章、文章等意，乃假彰为之。”

4. 朱芳圃：“（章）字象薪燃烧时光彩成环之形。《书·尧典》：‘平章百姓’，郑注：‘章，明也。’《易·丰·六五》：‘来章有庆’，虞注：‘章，显也。’《国语·周语》：‘其饰弥章’，韦注：‘章，著也。’是其义也。孳乳为‘彰’。”[①]

① 以上诸说，均引自周法高主编《金文诂林》“章”字条，香港中文大学出版社，1975 年。

5. 黄锡全《汗简注释》:“(章)从辛,从日。”[1]

从字形考察,“章”字从“辛”当无疑义,但“⊖”字结构难明。林义光认为象束“辛”之物,从“⊖”,其中一画不好解释。且释“章”为“法”,从字形看与初义尚有距离,朱芳圃也说:“林说非也。”古文字中“甲”与“箕”明显不同,因而高田忠周之说也似缺乏证据。同时“畢”本义指打猎用的长柄网,而“尽,竟”为假借义,与汉字构形并无关涉。高鸿缙说“章”字“从日辛声”,但既然“日与辛穿合”,“日”字便不再是“日”字。检《说文》《古文字类编》等,不见“日”字被其他构件穿合分割之例。虽然“東”被许慎析为“从日在木中”,但其字本指囊橐之形,并不从“日”。同时“辛”既为声符,为什么又要与“日”穿合,参与表意,也是可疑之处。黄锡全改“辛声”为“从辛”,其说可信,但“从日”的理据仍不能解释。至于朱芳圃所说:“章”为“薪燃烧时光彩成环之形”。字形结构实难支持其说。

窃以为“章”象以辛刀刻画物体产生花纹之形。“辛”古代指刑刀。郭沫若《甲骨文字研究》:“辛、辛实本一字……字乃象形,由其形象以判之,当系古之剞劂。《说文》云:‘剞辛,曲刀出。’”这说明“辛”是曲刀,可以刻画物体。“章”字结构中“辛”字之外的部分,不是“日”字,而是被曲刀刻画出来的物象。古文字中类似“田”字形象,经常表示某种事物形象。如“果”,其上为果实形;“番”,下部象兽掌形;“雷”,下为闪电形。“章”字结构中“田”字向下伸展,从整体上仍然表现了以刀刻画产生花纹的文字构意。从另一角度看,“章”有“印章”义,印章也正是用刀刻出花纹(文字)。花纹具有区分不同事物的作用,而不同事物具有各自不同的纹理结构,因而显示了不同的“章法”。

再从先秦的古籍用例看,“章”字的本义当为“花纹”“文采”。如:《玉篇》:“章,彩也。”又如:

1.《诗·小雅·六月》:“织文鸟章,白旆央央。”郑玄笺:“章,鸟隼之文章。”高亨《诗经今注》:“章,文章,花纹。”[2]

---

① 黄锡全《汗简注释》,武汉大学出版社,1990年,第231页。

② 高亨《诗经今注》。

2.《诗·小雅·大东》:“虽则七襄,不成报章。”高亨注:“章,花纹。”

3.《诗·大雅·棫朴》:“倬彼云汉,为章于天。”郑玄笺:“云汉之在天,其为文章,譬犹天子为法度于天下。”高亨注:“章,花纹。此句言云汉为天的花纹。”

4.《论语·公冶长》:“吾党之小子狂简,斐然成章,不知所以裁之。”杨伯峻《论语词典》:“章,文彩。”①

5.《尚书·皋陶谟》:“天命有德,五服五章哉!”孔传上:“尊卑彩章各异。”

6.《左传·昭公二十五年》:“为九文、六采、五章,以奉五色。”注:“赤与白谓之章。”

7.《周礼·考工记·画缋》:“青与赤谓之文,赤与白谓之章。”

“章”由“花纹”“文采”义,还引申为“有花纹的纺织品”,如《古诗十九首·迢迢牵牛星》:“终日不成章,泣涕零如雨。”引申为“印章”,如陆机《汉高祖功臣颂》:“跨功逾德,祚尔辉章。”印章自然要刻上花纹(古汉字),引申指“标记,徽章”,《商君书·画策》:“行间之治,连以伍,辨之以章,束之以令。”引申为“旌旗”,《说苑·指武》引《太公兵法》:“分为五选,异其旗章,勿使冒乱。”显然都与“花纹”“文采”有关。由于“章”有“花纹”“文采”义,因而又进一步引申出“辨别,区别”“显露,显著”“条目”“法规,章程”等意义。至于“音乐的一曲为一章”,也指“诗、文的段落”,则是更远的引申之义了。

(本文与李荣刚合写)

(原载《绥化师专学报》1997 年第 4 期)

① 见杨伯峻《论语译注》附《论语词典》,中华书局,1980 年。

《太平广记》中的简、复式同义表达

《太平广记》，宋人李昉等辑录，搜罗古来轶闻琐事、僻笈遗文，是古代笔记小说之渊海。它反映的是中古到近代的汉语语料。

《太平广记》中，表达同一个意义，可同时使用复音词或相关的单音词，有时则使用词组或由其节缩的词语。前者（复音词、词组）可称为复式，后者（单音词、由词组节缩的词语）可称为简式。这又分为两种情况：一种是先有单音词，后孳乳产生出吸收该单音词作词素的复音词。如“列”有“陈述”义，后孳乳产生出“算命”“算寿”“寿算”。另一种是在复音词或词组的基础上，节缩出相应的单音词或语词。如，“佛法”节缩为“法”，“福业”节缩为“福”。本文所收集的单、复式词语，有不少尚未被现行辞书所收录，有的虽收录，但书证时代偏晚。笔者不揣谫陋，公诸同好，并为辞书编纂提供参考。

【泊　棲泊　栖泊　憩泊】

“棲泊”又作“栖泊”，指“居留；栖止”，近代多用。如唐陈子昂《古意》诗：“闻君太平世，棲泊灵台侧。”《太平广记》卷八四《逸史・唐庆》：“寿州唐庆中棲泊京都，偶雇得月作人，颇致专谨，常不言钱。”①“棲泊”可简称为“泊”。《汉语大字典》《汉语大词典》在“泊”的“栖止；停留”义下首例均引用北魏郦道元《水经注・赣水》“西有鸾冈，洪崖先生乘鸾所憩泊也”。“憩泊”同义连用，显示出“泊”字当时独立性还不强，但在《太平广记》中，“泊”已能独立使用。如卷三五《集异

① （宋）李昉等《太平广记》，人民文学出版社，1959年，第547页。

记·王四郎》:"琚又曰:'尔今泊在何处?'对越:'中桥逆旅席氏之家。'"[①]卷八四《补录记传·俞叟》:"叟曰:'我亦困者,无以赒吾子之急,今夕可泊我宇下,展宿食之敬,'吕诺之。"[②]

【算 算命 算寿 寿算】

算,本义指"计算"。《说文·竹部》:"算,数也。"引申指"数目;数额"。中古时期"算"产生了"寿命"义。《三国志·吴志·赵达传》:"吾算讫尽某年月日,其终矣。"这种用法在《太平广记》中相当常见。如卷四一《仙传拾遗·刘无名》:"三年之外,服者延年益算,发白反黑。"[③]卷七三《奇事记·王常》:"珍重我术,珍重我言,如不然,天夺尔算。"[④]卷一五七《录异记·李生》:"人生用水,不过日用三五升,过此必有减福折算,切宜慎之。"[⑤]《太平广记》中"寿命"义可以用双音词"算命"表示。如卷四四《仙传拾遗·田先生》:"勘云:'李氏妻算命尚有三十二年,合生二男三女。'"[⑥]"算命"的这种用法诸家辞书均未收录。此外,《太平广记》还以"算寿""寿算"表示人的寿命。如卷二六《纪闻·邢和璞》:"唐开元二十年至都,朝贵候之,其门如市,能增人算寿,又能活其死者。"[⑦]卷六七《少玄本传·崔少玄》:"少玄之父,寿算止于二月十七日。"[⑧]"算寿""寿算"表示寿命,《汉语大词典》已收入,分别引用唐谷神子《博异志·郑洁》和唐牛僧孺《玄怪录·齐推女》各一例,此处则各增一条以广其例。

【恩 恩赦】

古代帝王遇登极等大庆典时,下诏赦免罪犯称为"恩赦"。如韩

---

① 《太平广记》,第 224 页。
② 《太平广记》,第 543 页。
③ 《太平广记》,第 261 页。
④ 《太平广记》,第 456 页。
⑤ 《太平广记》,第 132 页。
⑥ 《太平广记》,第 274 页。
⑦ 《太平广记》,第 174 页。
⑧ 《太平广记》,第 415 页。

愈《赴江陵途中》诗："前日遇恩赦，私心喜还忧。"《太平广记》卷二八三《定命录·曾勤》："会十一月二十二日，巡陵恩赦，遂得无事。"[①]"恩赦"有时省称为"恩"，如卷一二一《朝野佥载·李召德》："唐凤阁侍郎李昭德，威权在己，宣出一敕云：'自今以后，公坐徒，私坐流，经恩百日不首，依法科罪……'后万荣据营州反，货求事败，频经恩赦，以百日不首，准赃断绞。"[②]卷二四九《本事诗·沈佺期》："唐沈佺期以罪谪，遇恩复官秩而未还朱衣。"[③]此处第一例尤具启发性。百日不首必治罪，前为"经恩"，后为"频经恩赦"，正相呼应，可知"恩"即"恩赦"的省减说法。"恩"的这一义项辞书均未收，可据以补入。

【法　佛法】

"法"此指佛教语，梵语 dharma 的意译，指事物及其现象，也特指佛法。《太平广记》卷一一三《冥祥记·马处伯》："暹等皆如期而亡，辽益惧，奉法山居。"[④]卷一一四《冥祥记·何昙远》："何昙远，庐江人。父万寿，御史中丞。昙远奉法持菩萨戒。"[⑤]卷一六二《宣验记·郑鲜》："鲜因奉法，遂获长年。"[⑥]此义《太平广记》中多用"佛法"表示。卷一一二《法苑珠林·董雄》："董雄，河南人，贞观中为大理寺。幼奉佛法，蔬食多年。"[⑦]卷一一三《法苑珠林·王懿》："晋王懿，字仲德，太原人。为车骑将军，世奉佛法。"[⑧]用"法"表示佛法，是一种简略说法。

【福　福业】

佛教中称布施行善、慈悲利生等造福的功德为"福业"。《太平广记》卷一〇二《法苑珠林·赵文昌》："王问曰：'汝一生已来，作何福

① 《太平广记》，第 2257 页。
② 《太平广记》，第 85 页。
③ 《太平广记》，第 1930 页。
④ 《太平广记》，第 787 页。
⑤ 《太平广记》，第 790 页。
⑥ 《太平广记》，第 1168 页。
⑦ 《太平广记》，第 774 页。
⑧ 《太平广记》，第 783 页。

业?’”[①]卷一〇四《广异记·田民》:“吏乃怪之,复引见王,具以实白。王问在生作何福业,田民云:‘初以畋猎为事。’”[②]卷一〇九《冥报记·李山龙》:“王问汝平生作何福业,山龙对曰:‘乡人每设斋,恒请施物助之。’”[③]“福业”又可简称为“福”。卷一〇〇《纪闻·屈突仲任》:“判官谓曰:‘既见报应,努力修福。若刺血写《一切经》,此罪当报。’”[④]“《广异记·孙明》:王问汝有何福,答云:‘持《金刚经》已二十年。’王言:‘此大福也。’”“福”的这一义项未见于各家辞书、字书。《法苑珠林》为唐人道业所著,《冥报记》为唐人唐临所著。《汉语大词典》释“福业”所举三例,《景德传灯录》等均为宋人作品,时代偏晚,可据《太平广记》将书证时代提前。

【列　列言　陈列】

《太平广记》中,表示“陈述;禀告”有“列言”一词,不见于诸家辞书。卷十五《神仙感遇传·道士王纂》:“道君曰:‘子悯念生民,形于章真,刳心投血,感动幽冥。地司列言,吾得鉴躬于子矣。’”[⑤]又有“陈列”一词,表示“列叙”“陈述”。卷一一六《冥祥记·僧道志》:“始问,犹讳而不言,将尽二三日,乃具自陈列,泣涕请救。”[⑥]

此说亦不见于诸辞书。上述义项的简略说法是“列”。“列”表示“陈述”古已有之。如《史记·报任安书》:“拳拳之忠,终不能自列。因为诬上,卒从吏议。”《太平广记》中也不乏其例。如卷二六《集异记·叶法善》:“及旦,则有内官驰马前至,督备舟楫,舟人则以昨日之所见列焉。”[⑦]卷一三〇《三水小牍·绿翘》:“府吏诘之辞状,而朝士多为言者,府乃表列上,至秋竟戮之。”[⑧]

---

① 《太平广记》,第 685 页。
② 《太平广记》,第 706 页。
③ 《太平广记》,第 744 页。
④ 《太平广记》,第 669 页。
⑤ 《太平广记》,第 103 页。
⑥ 《太平广记》,第 807 页。
⑦ 《太平广记》,第 174 页。
⑧ 《太平广记》,第 923 页。

【醵 率 率醵 醵率 率钱】

率,《说文》:"捕鸟毕也。"本指捕鸟的网。其一常见义为"聚集;积聚",用于钱财则引申指"聚敛;征收"。《旧唐书·德宗纪上》:"自艰难以来,征赋名目颇多,今后除两税外,辄率一钱,以枉法论。"在《太平广记》中,众人凑钱办事称为"率钱",已凝固为双音词。

卷八四《酉阳杂俎·义宁坊狂人》:"五娘因发襥,有衣三事,乃衣之而舞……夕而死,其坊率钱葬之。"①卷一八六《唐续会要·杨国忠》:"选人郑愻附会其旨,与二十余人率钱于勤政楼设斋。"②众人凑集钱财又称"率醵"。卷一二四《北梦琐言·裴垣》:"伪蜀宁江节度使王宗黯生日,部下属县,皆率醵财货,以为贺礼。"③这个意义也可简称为"醵"。卷一〇一《续玄怪录·延州妇人》:"昔延州有妇女,白皙颇有姿貌……数年而殁,州人莫不悲惜,共醵丧具为之葬焉。"④卷二〇四《逸史·李谟》:"时州客举进士者十人,皆有资业,乃醵二千文同会镜湖。"⑤在"醵"的"聚敛;集资"义下,《汉语大词典》所收为《旧五代史·晋书·郑阮传》的例句,《汉语大字典》例同,而《续玄怪录》作者高仲武为唐人,可将书证时代提前。

【愧 愧荷 愧谢】

近代汉语"愧荷"一词表示"受惠承情而感愧不安"之义。如唐裴铏《传奇·孙恪》:"(女)指青衣谓恪曰:'少有所须,但告此辈。'恪愧荷而已。"《太平广记》卷五〇《传奇·裴航》:"航愧荷珍重,果获杵臼。"⑥五一《宣室志·侯道华》:"愧荷深珍重,珍重邓天师。"⑦(按:一本作"惭愧",又作"愧谢")《太平广记钞》卷一〇《幽闲鼓吹·苗晋

① 《太平广记》,第 541 页。
② 《太平广记》,第 1393 页。
③ 《太平广记》,第 881 页。
④ 《太平广记》,第 682 页。
⑤ 《太平广记》,第 1553 页。
⑥④ 《太平广记》,第 314 页。
⑦ 《太平广记》,第 316 页。

卿》："愧谢曰：'郎君萦悒邪，宁要知前事否？'"[1]这个义项《太平广记》中可简称为"愧"，如卷五〇《传奇·裴航》："妪曰：'裴郎自是清冷真人子孙，业当出世，不足深愧老妪也。'"[4] 卷二五一《嘉话录·刘禹锡》："曾有老妪山行，见大虫羸然跬步而不进，……乃有芒刺在掌，因为拔之，(虎)俄奋迅阚吼而愧其恩。"[5]"愧"的这种用法在现行辞书如《汉语大字典》《汉语大词典》《辞源》《辞海》中均未收录；蒋礼鸿先生《敦煌变文字义通释》"愧，媿，愧惭"条业已揭示，当据以补入。

【骨籙　仙籙天骨】

古代称人可载入仙人名籍为"仙风道骨"或"仙籙天骨"。《太平广记》卷二十七《仙传拾遗·刘白云》："忽在江都，遇一道士，自称为乐子长，家寓海陵，曰：'子有仙籙天骨，而流浪尘土中，何也？'"[6]"仙籙天骨"又可以简称为"骨籙"。卷一七《仙传拾遗·薛肇》："月余，肇复来曰：'子有骨籙，值吾此药，不难愈疾，兼可得道矣。'"[7]卷六一《集仙录·庞女》："谓曰：'汝有骨籙，当为上真。'"[8]《汉语大词典》"骨绿"条后字作"绿"。其实其本字应当为"籙"，《广韵·烛韵》："籙，图籙。"指上天赐予帝王的符命文书。字又作"箓"，《说文》列为"簏"之古文。《管子·轻重丁》："州通之师执折箓曰：'君且使使者。'"郭沫若等集校引张佩纶曰："箓，即簿録。《说文》：'録，金色也。'假借为簿録字。"可知作"録"是"籙"的假借。

（原载《古汉语研究》2002 年第 2 期）

---

① （明）冯梦龙《太平广记钞》，中州书画社，1982 年，第 305 页。

⑤ 《太平广记》，第 1946 页。

⑥ 《太平广记》，第 180 页。

⑦ 《太平广记》，第 120 页。

⑧ 《太平广记》，第 381 页。

《望山楚简》札记

近年读《望山楚简》，对某些问题略有所见，现不揣谫陋，公诸同好，谨请方家指正。

一、释“𢦏郢”

《望山楚简》《包山楚简》和《鄂侯启节》中“𢦏郢”一语多见，学者对此有不同的解释。“𢦏”字在望山简中有“𢦏”“𢦏”“𢦏”诸形，朱德熙、裘锡圭、李家浩等先生隶定为“𢦏”，并认为“𢦏郢疑指江陵之都”；中山大学古文字研究室诸先生读“𢦏”为“哉”，认为“哉郢即首郢、初郢”的意思①。汤余惠先生亦读为“哉”，指出“哉郢，指楚文王始都之郢城（今湖北江陵纪南城）”②刘信芳先生读为“𢦏”，认为是一种祭名，所谓“𢦏郢”就是在郢都附近举行柴祭的处所③。此字也有人读作“茂”“戚”等④。《包山楚简》注释为“栽”，但未陈述其理由⑤。既然学界对这一问题看法歧出，因此今天似仍有讨论之必要。我们认为此字可隶定作“𢦏”，读为“栽”，“栽”含有“初始”之义，“𢦏郢”指郢都，即今湖北江陵的纪南城。现详述如下：

（一）从字形看，上揭“𢦏”字诸体，望山一号墓8号简作“𢦏”，其字与《说文》正篆的“栽”字极为接近，实为同字。高明先生《古文字类

① 中山大学中文系古文字研究室《江陵昭固墓若干问题的探讨》，《中山大学学报》1977年第2期。

② 汤余惠《战国铭文选》，吉林大学出版社，1993年。

③④ 刘信芳《释郢》，《江汉考古》1987年第1期。

⑤ 湖北省荆沙铁路考古队编《包山楚简》，文物出版社，1991年10月，第41页。

编》所收"栽"即录自望山一号墓竹简，可知其余几字应是"栽"的异文。《望山楚简》隶定为"[illegible]"，《古文字类编》隶定为"[illegible]"。"[illegible]"字亦见于《鄂侯启节》，汤余惠先生释作"哉"。就其字下面部分看，释"哉"应无太大问题。"哉"字"禹鼎"作"𢦏"。"好哉泉范"作"𢦏"，均无"口"字，不过望山简和《鄂侯启节》上揭诸字多有"艸"头，因而"[illegible]"字实应为"𦲝"字，注云："生殖也。或作𦲝。"司马光等《类篇》："𦲝，将来切，生殖也。"音义均同"栽"。古文字中从"木"与从"艸"常常通作。如"莫"，甲骨文《前》四・九・二作"[illegible]"，而"粹"六八二作"[illegible]"。又如"椒"，异体作"茮"。椵，异体作"葭"。杬，异体作"芫"①。所以"栽"字与从"艸"的"𦲝"可视为同字。"栽"本指种植，又有"幼苗"之义。《论衡・初禀》："草木生于实核，出土为栽蘖。"《正字通・木部》："栽，稚曰栽，长曰树。""幼苗"义转用于时间方面，引而申之，其有"初始"之义应是合乎情理的。

（二）从历史事实看，楚国在历史上曾经多次迁都。春秋战国时期，楚国为了向北扩张势力，与强大的中原大国相抗衡，曾在沿北部边疆地带建立过许多别都，如：鄂，俗称"鄂王城"，位于今湖北大冶城关西南一带；鄢，又作"郾"，在今湖北宜城市西南九里；析，原名白羽，故城在今河南省西峡县东北莲花冈上；武城，在今河南省南阳市北50千米处；陈，今河南省淮阳县城关一带；蔡，今河南上蔡县城关一带②。据《史记・楚世家》记载，周成王"封熊绎于楚蛮……姓华氏，居丹阳。"正义云："楚居丹阳，今枝江县故城是。"至楚文王时，定都于郢，又称郢都。《汉书・地理志上》："江陵，故楚郢都，楚文王自丹阳徙此。"郢在今湖北江陵县纪南城。后人又称为"纪郢"。《乐府诗集・杂曲歌辞・纪南歌》："楚之先僻处荆山，后迁纪郢，即纪南城也。"郢又称"南郢"。详见《公羊传・定公四年》。楚昭王十年（前506），吴师入郢，二年后昭王迁都于鄀。《史记・吴太伯世家》："楚恐而去郢迁鄀。"鄀地在今湖北省宜城市东南。楚惠王（前488年即位）

① 摘自《汉语大字典・异体字表》。

② 马世之《关于楚之别都》，《江汉考古》1985年第2期。

初年，曾迁都于鄢。顾祖禹《读史方舆纪要》：“鄢城在宜城县西南九里，古鄢子国，楚为鄢县……鄢，楚之别都。”通谓之“鄢郢”。如《史记·礼书》：“秦师至鄢郢，举若振槁。”但楚迁都于鄢郢时间不长，又迁回纪郢。在战国时期，楚国拥有不少别都。据《包山楚简》，当时楚都有蓝郢、鄩郢、偲郢等①。顷襄王二十一年（前 278）纪郢失陷，迁都陈；考烈王十年（前 253）迁都巨（距）阳，二十二年（前 241）又迁都寿春，据《史记·楚世家》寿春也称为“郢”。

从上列记述可以看出，由于楚国历史上频繁迁都，且迁都之处往往以“郢”相称，极易发生混淆。为了避免对楚都的理解造成误会，后人对楚文王始都的郢城，尚以“纪郢”“南郢”加以称说，以便与鄢郢、寿春及其他冠以“郢”字的楚都相区别；那么，生活在当时的楚国人，对于自己的国都自然也需要加以区分。据专家考察，望山一号墓主悼（或释为昭）固可能是楚悼王的曾孙，他的活动时间大致在楚宣王至楚怀王前期。“他的死年应晚于威王，似以定在怀王前期为最合适。”②这个时期，正是楚人为躲避吴师入侵，把国都以纪郢迁到鄢郢，最后又迁回纪郢的时期。对于这两个都以“郢”命名的国都，楚人认为有必要加以区分。由于纪郢建都较早，因而楚人称之为“莪郢”，意即“原先的”“初始的”郢，似乎是顺理成章的事情。“莪郢”的称说直至楚怀王前期还在流行。《鄂侯启节》里也有提及“莪郢”的句子：“大司马邵（昭）鄗（阳）败晋币（师）于襄陵之戢（岁）……王尻（居）于莪郢之游宫。”据史书记载，这年为楚怀王六年（前 323）。包山 2 号楚简有“东周之客許経至（致）作（胙）于莪郢之戢（岁）”的句子，《包山楚简》注指出这一年的绝对年代为公元前 317 年，亦即楚怀王十二年③。这时既为怀王前期，估计悼固尚在世。汤余惠先生《战国铭文选·鄂侯启节》注：“莪，通哉；哉郢，指楚文王始都之郢城。”与我们的看法基本上一致。但读为哉，则与我们不同。“哉”也具有“初始”之义，如《尔雅·释诂》：“初、哉、首、基……始也。”不过古书中“栽”“哉”少见通

① 《包山楚简》，第 41 页。

② 见《望山楚简》附录《从望山一号墓的简文看悼固的身份和时代》。

③ 《包山楚简》，第 15 页。

用，故仍以释“栽”文意为安。

从现有出土的楚文献材料看，“𢦏郢”的称说流行时间并不长久，似乎限于楚昭王后期至楚怀王前期一二百年间，而且除楚人使用这一称说外，当时及其后的其他典籍均未见过这种称说，恰恰在此期间楚国发生过由别都鄢郢迁回故都郢城之事，因此这似乎也可以反证当时楚人为区分二都而称郢城为𢦏郢的确然性。不过𢦏郢即初始的郢，提法毕竟笼统而含混，缺乏指称事物所必需的准确性。同时，楚国真正“初始”的国都应是熊绎始都之丹阳，并不是文王始都之郢城，因而战国之后，人们就放弃了“𢦏郢”之说，而改以表明地点方位的“纪郢”“南郢”这些更明确的称呼取而代之。推测起来，这或许是“𢦏郢”之说只在战国流行了一段时间而后即销声匿迹的原因。

前文已经提到，有的先生释莪为𢦏，认为是一种祭名，“𢦏郢”为“在郢都附近举行柴祭的处所”[①]，窃以为此说不妥，其理由是：

（一）就现有“莪郢”的用例看，《望山楚简》简1为“齐客张果瘏（问）王于莪郢之戠（岁）”，简5为“郙客困刍瘏（问）王于莪郢之戠（岁）”。简7、简8文例与简5相近。《鄂君启节·舟节》为“大司马卲（昭）鄒（阳）败晋帀（师）于襄陵之戠（岁），夏层之月，乙亥之日。王凥（居）于莪郢之游宫”。“车节”文例实同。《江陵天星观一号楚墓》：“齐客公孙紻问王于莪郢之戠（岁）。”《包山楚简》“莪郢”者凡二十例。从这些文例看，“莪郢”已是个固定的正式的地名用语，而“在郢都附近举行柴祭的处所”则表述含混模糊，似乎不能成为一个正规的处所名称。上引《鄂侯启节·舟节》云：“王凥（居）于莪郢之游宫。”《包山楚简》则有“王廷于蓝郢之游宫”之语，两句文例相同，蓝郢既是正式的地名用语，则“莪郢”也很难不是一个正式的地名用语。再从前文说及的鄢郢、蓝郢、𨛭郢、𠑇郢及后人常用的“纪郢”“南郢”等名称看，楚人及后人似乎均习惯于使用这种偏正式的结构以称说郢城。如蓝郢，《左传·定公五年》记有“蓝尹”，《包山楚简》注认为“可能是蓝县

① 刘信芳《释郢》，《江汉考古》1987年第1期。

之尹”①。“纪郢”指纪南城之郢，“南郢”即指南方之郢；而如释莪为柴祭，则形成动补结构，似不符合古人称呼郢地的惯例。

（二）从古人称呼祭所的惯例看，古人称呼祭祀的处所，往往有一些习惯说法，如：1. 祖祠：祠奉先祖的祠堂。《盐铁论·散不足》：“古者庶人鲁菽之祭，春秋时修其祖祠。”2. 祖庙：先祖之庙。《礼记·郊特牲》：“卜郊受命于祖庙。”3. 神社：祭神之处所。《墨子·明鬼》：“乃使二人供一羊，盟齐之神社。”4. 神宫：祭神的宫殿。《十六国春秋》：“珠玑锁饰，焕如神宫。”此外，以“神”为名的祭祀处所还有“神幄”“神祠”“神庐”等说法。5. 祠城：祠神之所。《史记·封禅书》：“从东方来，集于祠城。”以“祠”为名的祭祀处所，尚有“祠庙”“祠宇”“祠屋”等名称。祭祀有固定的处所，西周时代就已如此。相传为周穆王时期的《剌鼎》有云：“唯五月，王才（在）莪。辰才（在）丁卯。王啻（禘），用牡于大室，啻（禘）邵王。”郭沫若先生说：“此穆王禘祭其父也。”②大室即太庙之室，为祭祀之所。战国时代也是如此。《韩非子·十过》：“此秦王之所以庙祠而求也，其为楚害必矣。”《韩非子·外储说右下》谈及百姓为秦襄王病愈而杀牛塞祷，也有“杀牛而祠社”之说。这两条分别谈到祭所“庙”与“社”。另外古人祭天一般实行燔柴仪式，也有明确的地点。如《礼记·祭法》：“燔柴于泰坛，祭天也。”祭天又称为“郊”，而郊祭往往在畤里举行。《汉书·郊祀志》：“上初至雍，郊见五畤。”郊祭也设立宫殿，称“郊宫”。《汉书·王莽传》：“建郊宫，定祧庙。”又称“郊庙”，见《礼记·月令》。我们以为，纪郢长期作为楚国国都，举行郊祭祭天，又是一件十分隆重的祭典，很难想象楚国不专建一个固定的宫殿坛台以举行祭天仪式，而把莪郢释为“在郢都附近举行柴祭的处所”，却是一个非宫非庙、非祠非社、非坛非台，没有特定地点和明确称说的模糊概念，因而是难以令人信服的。

二、释祭名

《望山楚简》中常见的祭祷有遯祷、赛祷、馈祭和罷祭四种，此外还

---

① 《包山楚简》，第 54 页。

② 见郭沫若《两周金文辞大系图录考释》。

偶尔提到了“月馈”和“祟(尝)祭”。简文所记的祭祷，主要是为墓主悼固治病祛祟而举行的。祭祷的对象有柬大王(楚简王)、圣王(楚声王)、悼王(楚悼王)等楚国先王，还有墓主的先君东宅公、王孙喿等人，并有后土、司命、大水(即大江之神)、山川祭、祆等鬼神。祭祷所用的物品，主要有佩玉、酒食、白犬、牛、羊、马、猪等物。下面对简文中常见的祭名加以考察。

1. 遯祷

遯祷在简文中共出现4次。另有一种“罿祷”，简文中共出现7次。《望山楚简》注释：“罿祷之语，简文屡见。遯亦作罿，其义待考。”古文字从“辵”之字与从“止”之字往往通作，遯、罿同字，在字源结构上是靠得住的。从祭祀的内容看，二者也很相似。遯祷中有祭夭的内容(简54)，罿祷中则有“罿祷于祆一环”之说(简56)。夭又作祆(简55，56，79)、父夭(简78)。古文字中鬼神名加“示”或不加“示”所指实同的例子并不鲜见，如神，“克鼎”作“申”；祖，甲骨文多作“且”；鬼，“陈肪簋”加“示”旁等，故“夭”“祆”所指应是同一个鬼神。

遯祷或罿祷之说并不见于传世典籍，那么它到底是一种什么样的祭祀？《包山楚简》注释在谈及罿祷时已指出其为“举祷”，文曰：“罿祷即举祷。《周礼·天官·膳夫》：‘王日一举。’郑注：‘杀牲盛馔曰举。’举祷就是杀牲盛馔举行祭祀。举祷的对象有先祖、父母、兄弟以及山川和各种神祇。”[①]今按：其说近是。《望山楚简》本身就可以找到“罿”即“举”字的证据。望山简[②]：“既痓，目(以)心瘜肰(然)不可目(以)達(动)，思罿身。”此言患者因心跳过速不能活动，却又想“罿身”，即活动一下身子，应是说得通的。古籍中“举手”“举目”“举头”“举踵”等说法很多。“罿身”即抬一下身子或挺一下身子。《史记·梁孝王世家》：“窦太后谓帝曰：‘安车大驾，用孝王为寄。’景帝跪席举身曰：‘诺。’”可知“举身”之说可以成立，则“罿”即“举”字，“遯祷”即“举祷”。《左传·庄公二十年》：“夫司寇行戮，君为之不举，而况敢乐祸

① 《包山楚简》，第54页。

② 见郭沫若《两周金文辞大系图录考释》。

乎?"《国语·楚语下》:"祀加于举。天子举以大牢,祀以会;诸侯举以特牛,祀以大牢;卿举以少牢,祀以特牛;大夫举以特牲,祀以少牢;士食鱼炙,祀以特牲;庶人食菜,祀以鱼。"杨伯峻先生《春秋左传注》:"古代王、后一日三餐,而以早餐为最重,《周礼·天官·膳夫》所谓'王日一举'是也……惟斋戒之日每餐皆杀牲,膳夫'王齐(斋)日三举'是也。举为盛馔,以乐助食。举者兼食与乐而言之。"[①]望山简文中罷祷有用"肥豬"(豢,简116)"白犬"(简119),罷祷中有用"豜"(简125)的,可知举祷为"杀牲盛馔"基本精神是对的。因而在《包山楚简》中,"举祷"又写作"獂祷",字从犬,似表明举祷与杀牲祭祀密切相关[②]。从包山简看,举祷均与用牲有关,无一例外,但望山简的情况则有所不同。如简54"遇祷𠂹莆(佩)玉一环",简56"罷祷𠂹莆(佩)玉一环,句(后)土,司命☐"。举祷所用物品,已不属用牲范围,是否表明当时举祷的形式可以有一些灵活的变化?值得注意。

2. 赛祷

赛祷是望山简中常见的祭祀之一,共出现10次。如简88"圣王、恕王既赛祷",简108"赛祷于柬大(王)"。赛祷是对神灵赐予的福佑予以回报。《史记·封禅书》:"冬赛祷祠。"索隐:"赛,谓报神福也。"即酬报,行祭礼以酬神。《玉篇》:"赛,报也。"王念孙《读书杂志》:"赛本作塞。"《正字通》:"今俗报祭曰赛愿。"

从望山简的情况看,其赛祷的特点表现在两个方面:一是举行祭祷以酬谢神灵,这一点与传世文献的陈述相同。如简52:"遬☐亓(其)胸,祷之,遬瘧(瘥),赛(祷)。"遬字《望山楚简》据文义释为"速",近是。此例言墓主胸内有病,经过祈祷,很快痊愈了。为答谢神灵庇佑,而举行了赛祷。简134:"公既祷未赛。"此例"祷""赛"对举,显示"祷"是表达心事的祈求神灵,而"赛"为报答神灵之福佑。类似的例子还有,简116:"遬瘧瘥,赛之。"简150:"述瘦(瘥),遬赛之。"述,疑读为"速"。又如简61,又(有)祱祟,"㠯(以)亓(其)古(故)敓之,赛

① 杨伯峻《春秋左传注》,第215页。

② 《包山楚简》,第33页。

偶尔提到了“月馈”和“祟(尝)祭”。简文所记的祭祷,主要是为墓主悼固治病祛祟而举行的。祭祷的对象有柬大王(楚简王)、圣王(楚声王)、悼王(楚悼王)等楚国先王,还有墓主的先君东宅公、王孙喿等人,并有后土、司命、大水(即大江之神)、山川𥛚、⿰礻火等鬼神。祭祷所用的物品,主要有佩玉、酒食、白犬、牛、羊、马、猪等物。下面对简文中常见的祭名加以考察。

1. 遯祷

遯祷在简文中共出现 4 次。另有一种“𨀣祷”,简文中共出现 7 次。《望山楚简》注释:“𨀣祷之语,简文屡见。遯亦作𨀣,其义待考。”古文字从“辵”之字与从“止”之字往往通作,遯、𨀣同字,在字源结构上是靠得住的。从祭祀的内容看,二者也很相似。遯祷中有祭火的内容(简 54),𨀣祷中则有“𨀣祷于⿰礻火一环”之说(简 56)。火又作⿰礻火(简 55,56,79)、父火(简 78)。古文字中鬼神名加“示”或不加“示”所指实同的例子并不鲜见,如神,“克鼎”作“申”;祖,甲骨文多作“且”;鬼,“陈昉簋”加“示”旁等,故“火”“⿰礻火”所指应是同一个鬼神。

遯祷或𨀣祷之说并不见于传世典籍,那么它到底是一种什么样的祭祀?《包山楚简》注释在谈及𨀣祷时已指出其为“举祷”,文曰:“𨀣祷即举祷。《周礼·天官·膳夫》:‘王日一举。’郑注:‘杀牲盛馔曰举。’举祷就是杀牲盛馔举行祭祀。举祷的对象有先祖、父母、兄弟以及山川和各种神祇。”[1]今按:其说近是。《望山楚简》本身就可以找到“𨀣”即“举”字的证据。望山简[2]:“既痤,目(以)心瘜肰(然)不可目(以)達(动),思𨀣身。”此言患者因心跳过速不能活动,却又想“𨀣身”,即活动一下身子,应是说得通的。古籍中“举手”“举目”“举头”“举踵”等说法很多。“𨀣身”即抬一下身子或挺一下身子。《史记·梁孝王世家》:“窦太后谓帝曰:‘安车大驾,用孝王为寄。’景帝跪席举身曰:‘诺。’”可知“举身”之说可以成立,则“𨀣”即“举”字,“遯祷”即“举祷”。《左传·庄公二十年》:“夫司寇行戮,君为之不举,而况敢乐祸

① 《包山楚简》,第 54 页。

② 见郭沫若《两周金文辞大系图录考释》。

乎？"《国语·楚语下》："祀加于举。天子举以大牢，祀以会；诸侯举以特牛，祀以大牢；卿举以少牢，祀以特牛；大夫举以特牲，祀以少牢；士食鱼炙，祀以特牲；庶人食菜，祀以鱼。"杨伯峻先生《春秋左传注》："古代王、后一日三餐，而以早餐为最重，《周礼·天官·膳夫》所谓'王日一举'是也……惟斋戒之日每餐皆杀牲，膳夫'王齐(斋)日三举'是也。举为盛馔，以乐助食。举者兼食与乐而言之。"[①]望山简文中罷祷有用"肥狱"(豢，简116)"白犬"(简119)，罷祷中有用"戠"(简125)的，可知举祷为"杀牲盛馔"基本精神是对的。因而在《包山楚简》中，"举祷"又写作"獂祷"，字从犬，似表明举祷与杀牲祭祀密切相关[②]。从包山简看，举祷均与用牲有关，无一例外，但望山简的情况则有所不同。如简54"遚祷⺊보(佩)玉一环"，简56"罷祷⺊보(佩)玉一环，句(后)土，司命☐"。举祷所用物品，已不属用牲范围，是否表明当时举祷的形式可以有一些灵活的变化？值得注意。

2. 赛祷

赛祷是望山简中常见的祭祀之一，共出现10次。如简88"圣王、恕王既赛祷"，简108"赛祷于柬大(王)"。赛祷是对神灵赐予的福佑予以回报。《史记·封禅书》："冬赛祷祠。"索隐："赛，谓报神福也。"即酬报，行祭礼以酬神。《玉篇》："赛，报也。"王念孙《读书杂志》："赛本作塞。"《正字通》："今俗报祭曰赛愿。"

从望山简的情况看，其赛祷的特点表现在两个方面：一是举行祭祷以酬谢神灵，这一点与传世文献的陈述相同。如简52："遳☐亓(其)胸，祷之，遳瘧(痤)，赛(祷)。"遳字《望山楚简》据文义释为"速"，近是。此例言墓主胸内有病，经过祈祷，很快痊愈了。为答谢神灵庇佑，而举行了赛祷。简134："公既祷未赛。"此例"祷""赛"对举，显示"祷"是表达心事的祈求神灵，而"赛"为报答神灵之福佑。类似的例子还有，简116："遳瘧瘥，赛之。"简150："述瘻(瘥)，遳赛之。"述，疑读为"速"。又如简61，又(有)祱祟，"㠯(以)亓(其)古(故)敚之，赛

① 杨伯峻《春秋左传注》，第215页。

② 《包山楚简》，第33页。

（祷）”。“敓之”，谓将其事向鬼神陈说以求解脱，估计墓主这次疾病得以痊愈，故举行赛祷以酬谢鬼神。

望山简赛祷的第二个特点是：其他诸祭祷如遡祷、馈祭等一概标出祭祀用品，包山楚简中所有的赛祷也都一一标明了祭品，如：“赛祷东陵连嚣豜豕、酉飤（食），蒿之”，“赛祷新母戠猎，馈之”，等等[①]。《韩非子·外储说右下》：“秦襄王病，百姓为之祷，病愈，杀牛赛祷。”也标明了祭品。但《望山楚简》赛祷 10 例，竟无一例标明祭祷用品者。推其原因，一是由于简文残缺，有可能脱漏祭品名称。如简 90“赛先☐”，简 61“目（以）亓（其）古（故）敓之，赛祷☐”。二是简文作者原本就未考虑写进赛祷用品，如简 134“☐公既祷未赛”，“祷”“赛”只是说明祭祀行为，无须标明祭品；简 116“逃瘻（瘥），赛之”，只是说明赛祷行为，亦不标明祭品。这是否意味着，“赛祷”既然是酬报神灵，那么，进奉牺牲乃题中应有之义，故可略而不谈呢？这个问题尚待进一步考察。要之，望山简中举行赛祷而不标明祭品的做法，与包山简形成了一个明显的对照。

3. 馈祭

馈祭在《望山楚简》中共出现 6 次，如简 112：“☐折（哲）王各戠牛，馈之。”简 142：“□既馈☐。”馈，本作“餽”。《说文》：“餽，吴人谓祭曰餽。”又指食物。《战国策·中山策》：“饮食餔餽”，高诱注：“吴谓食为餽，祭鬼亦为餽。”餽又通“馈”。馈本指进食于人。《说文》：“馈，饷也。”《周礼·天官·膳夫》：“凡王之馈，食用六谷，膳用六牲。”郑玄注：“进物于尊者曰馈。”馈也用为祭祀。《仪礼·士虞礼》“特豕馈食”，注：“馈犹归也，以物与神及人皆曰馈。”《包山楚简》中“馈之”之例甚夥，但该书整理者在“概述”中对祭祷的种类只限于“罷祷”“舉祷”“赛祷”三种，馈祭不在其内。我们以为馈祭应属祭名之一种：第一个理由，已见上引诸例；第二个理由，见望山简 110：“☐圣王、恕东□王各戠牛，馈祭之。”此处明文写上“馈祭”二字，足以表明“馈”为祭名。从简 110、112 看，馈祭所用物品有“戠牛”，但馈祭似不限于六牲。古

---

① 《包山楚简》，第 34 页。

籍中“馈”常通作“归”，段玉裁“馈”字注：“馈之言归也，故馈多假‘归’为之。”[①]在望山简里，“归”字又写作“逼”。如简28：“亯（享）逼（归）緋（佩）玉一环柬大王”；简106：“逼（归）玉柬大王”；简107：“聒（闻）逼（归）玉于柬（大王）。”此三例的“逼”即“归”之异文。《说文》中“归”字籀文从“止”、从“帚”。古文字从止、从辵的多通用。“归”有“餽送”义。从上述三简看，“归”亦即“馈”之通假字。所说是向故去的柬大王（楚简王）行馈礼，所用祭品为佩玉。由此可以知道。《望山楚简》中的馈祭，对象是楚先王或墓主的祖先，所用祭品则有戠牛或佩玉。《包山楚简》中也有“逼祭”的记录，如：“赛祷祭一白犬，逼（归）冗（冠）绁于二夫人。”注：“归，读如餽。”则馈祷可用冠绁，也不限于用牲。

《望山楚简》中尚可见到“月馈”的祭名。如简113：“▨之日，月馈东尼公。”“月馈”之名未见于其他典籍。推测起来，馈祭是平时常用的祭祷活动，而月馈当是每月一次较为隆重盛大的馈祭。究竟如何，尚待研究。至于“罷祭”之“罷”，则有读“能”、读“盈”、读“嗣”诸说，目前尚无令人满意的结论。

（原载《徐州师范大学学报》1998年第2期）

---

① 见（清）段玉裁《说文解字注》“馈”字注。

楚简遣策车类字词考释

战国楚简遣策中车类字词甚夥，令人目不暇接，且多与传世典籍所载车类不合，使人转生疑惑。细究其原因，除一部分是战国时代楚地专有的名称之外，其余或为异名别称，或为文字异构、通假所致。正确释读这些字词，对于了解战国楚文字，探究楚国名物、文化，都具有重要意义。

本文所据楚简主要有：长沙仰天湖楚简、江陵望山二号墓楚简、江陵天星观一号墓楚简、荆门包山二号墓楚简、信阳一号墓楚简、曾侯乙墓简等。

一、车名

传世文献中，载人的车名主要有：路(辂)车、栈车、辎軿车、辒辌车、轺车、辎车、轞车、安车等。兵车方面，据《周礼·春官·车仆》记载，主要有戎车、广车、阙车、革车、轻车五种，合称“五戎”；又有轈车、軘车等[①]。

见诸楚简的车名，主要有：安车、政车、罶车、羊车、敏(未找到)车、逄车、僮车、轩、王车、乘车、屒车、墨车、游车、乘鞘、女乘、广车、甬车、韦车等。与传世文献相比，显然有很大的不同。下面择其要者加以考索，其作用相类者合为一组。

1. 安车　女乘

“安车”见于曾侯乙墓 48 号简、164 号简、165 号简，是古代常见

---

① 何九盈等《汉字文化大观》，北京大学出版社，1995 年，第 318 页。

的一种车辆。据《周礼·春官·巾车》,安车属王后之五路,“皆有容盖”,郑玄注:“安车,坐乘车。凡妇人车皆坐乘。”郑玄注引郑司农云:“容谓幨车,山东谓之裳帏,或曰潼容。”据清末孙诒让考证,安车上有盖,幨帏从盖弓四旁悬垂而下。安车可供大夫和女性乘坐,又称“容车”。《释名·释车》:“容车,妇人所乘坐小车也。其盖施帷,所以隐蔽其形容也。”

望山二号墓1号简和信阳2—4号简所说的“女乘”,其所载有轩反(軓)、韦(帏)、屋(车盖),形制与安车十分接近。但女乘只是“女性所乘车”之义,应非这种车的专名。有的学者认为“很可能就是女性所乘较小安车的别名”①,其说可从。

2. 轩　圆轩　鱼轩

轩,见于包山267号简:“一乘轩。”圆轩、鱼轩(又作园轩)之名多见于曾侯乙墓。如4号简、45号简“园轩”,203号简“圆轩”,174号简“鱼轩”,172号简“陏轩”,54号简“王鱼轩”,等等。轩是古代常见的车,《左传·闵公二年》:“卫懿共好鹤,鹤有乘轩者。”晋杜预注:“轩,大夫车。”《说文·车部》:“轩,曲辀藩车。”唐孔颖达疏引服虔曰:“车有藩曰轩。”杨伯峻先生《春秋左传注》据以概括说:“轩,曲辀(辕也)而有藩蔽之车,大夫以上乘之。”②其实轩车还必须拥有车盖,古代车盖即称为“轩盖”,古籍常见。可见轩车的特点是“曲辀上扬,车厢两侧有屏蔽,上与盖相联”③。

圆(园)轩,载籍未见,曾侯乙墓203号简“𪊨君之圆轩”,为两马驾车,上载“圆轩,紫锦之表,□里,貂定之𩍐。”45号简:“园轩,纺襮,紫里,貂定之𩍐”,可见圆轩有表有里,有动物皮子为饰,此外车上还蒙着织物的车盖。

鱼轩之名,见于《左传·闵公二年》“归夫人鱼轩”,杜预注:“鱼轩,夫人车,以鱼皮为饰。”《左传·定公九年》有“犀轩”一语,杨伯峻

---

① 李守奎《出土简帛中的“轩”和“圆轩”考》,《古文字研究》第二十二辑,中华书局,2000年,第197页。

② 杨伯峻《春秋左传注》,中华书局,1981年,第265页。

③ 李守奎《出土简帛中的“轩”和“圆轩”考》,《古文字研究》第二十二辑,第195页。

推定"以犀皮輓之者"[1]。可知轩车常以动物皮毛为饰。此外，曾侯乙墓简之"王鱼轩"，似指王所乘坐的鱼轩。至于"陷轩"，似指带有轩盖的陷车，待考。

3. 逧车　遊车

路车又作"辂车"，古籍常见。古代天子、诸侯所乘车曰路，卿大夫接受天子、诸侯所赐之车亦曰路。《诗·小雅·采薇》："彼路斯何？君子之车。"据《尚书·顾命》等，路分大路、先路、次路三等，而"王之五路"则有玉路、金路、象路、革路、木路五类。楚简遣策中不见"路(辂)车"之称，但有"逧车"之名，曾侯乙墓 115 号、117 号、119 号及 194 号诸简均有"L 车"之称，天星观简有"大逧"之语。其实，"L"即"路"之异体字。古文字从辵从足，例相通用。楚文字中"路"即作"L"，滕壬生《楚系简帛文字编》多有收录。L 车即路车，权贵所乘。曾侯乙墓 117 号简："三乘 L 车……丌(其)一乘，白金之弼。"可见其车之豪华；195 号简："旅阳公之 L 车三乘"，可证路车为权贵所乘。

曾侯乙墓 120 号简："遊车九乘。"遊车与戎车相对，是出行外游的车，装有圆轩，乘坐舒适。遊又写作"游""斿"。《国语·齐语》"戎车待游车之裂"，韦昭注："游车，游猎之车也。"《周礼·春官·司常》"斿车载旌"，郑玄注："斿车，木路也，王以田以鄙。"这里明确指出也属于路车一类，应为卿大夫等权贵们所乘坐。

4. 兵车类

楚简中涉及的兵车类型较多，但其名称多与传世文献不合，尤为引人注目。如：

畊车，曾侯乙墓 63 号简有"一乘畊车"语。"畊"字《说文》及传世字书所无。楚简中"畊尸之月"之语常见。望山一号墓 13 号简"畊之月"下朱德熙、裘锡圭先生指出："畊尸，即秦简的'刑尸'，刑尸之月为夏历正月。"说明"畊车"无法讲通。

今观"畊"字，从田，刑声。刑又从"井"声。古书中"井""巠"二声之字音近通用。如《荀子·非十二子》的宋钘，《孟子·告子下》作"宋

[1] 杨伯峻《春秋左传注》，第 1575 页。

軖”。(钘本从“井”声)。曾侯乙墓简注释根据二者的音韵联系,推测“畱车”当读为“轻车”。这一推测有一定的合理性,不妨从别的角度加以推断:第一,在曾侯乙墓简中,畱车排列在畋车、僮车、阩车等各种兵车和田猎用车之间,故其亦当属兵车或田猎车之类。兵车又称五戎,其中的戎路、广车、革车,在楚简中都可见到,因而轻车也理当有其位置。第二,“轻”字在楚简系统中目前仅在天星观遣策中见到两例,其余尚未见到。郭店楚简《五行》中有“思不能翋”一语,“翋”字释为“轻”。说明楚人富有想象力。以“羽”为形符,表明羽毛是轻的。楚人能从事物性状角度造出“翋”字,也能从事物功能角度造出“畱”字。汉字中从“田”之字有些与狩猎有关,如畋、甸、田均有“狩猎”义。轻是古代兵车中最为轻便的一种。《周礼·春官·车仆》:“轻车,所用驰敌致师之车也。”孙诒让正义:“轻车在五戎中是最为便利,宜于驰骤,故用为驰敌致师之车,又兼用之田猎也。”此处最后一句话颇值得注意。楚简中表狩猎的有“田车”(天星观简)、“畋车”(望山简)、“敏车”(曾侯乙简),因而楚人造“畱”字,表示这种车具有“田猎”功能,也不是不合乎逻辑的。

殿车,又作“屄”“大屄”。曾侯乙墓13号简“王所驭大屄”。22号简:“裘定所取左屄。”32号简:“左彤屄。”字又作“輾”。曾侯乙墓简中有大屄、左屄、右屄,与大旆、左旆、右旆相对。“屄”当读为殿后的兵车之“殿”。《广韵·散韵》:“军在前曰启,后曰殿。”《左传·襄公二十三年》:“大殿,商子游御夏之御寇,崔如为右。”杜预注:“大殿:后军。”张衡《东京赋》:“殿未出乎城阙,旆已反乎郊畛。”薛综注:“殿,后军也。”古籍中“殿”作“兵车”讲的用例尚未见,但曾侯乙简中“屄”显系兵车名。

敏车,又作“畋车”“田车”。曾侯乙墓67号简:“所驭坪夜君之敏车。”70号简:“所御鼾尹之敏车。”65号简:“一乘田车。”天星观遣策:“一乘田车。”望山二号墓:“畋车一乘。”古代“田车”一词常见,指打猎用的车子。《诗·小雅·车攻》:“田车既好,四牡孔阜。”朱熹集传:“田车,田猎之车。”《周礼·考工记序》:“故兵车之轮六尺有六寸,田车之轮六尺有三寸。”敏,从攴,甸声,即“畋”字之异体。故敏车又作畋车、田车。其实古书中“甸”也通“畋”“田”。《周礼·春官·司服》：“凡甸，冠弁服。”郑玄注：“甸，田猎也。”

乘车，见于曾侯乙简。其车配备有弓、箭、戟、戈等兵器。杨伯峻认为其为“平日所乘之战车”①，又作“旆”。《左传·哀公二年》：“以兵车之旆与罕、驷兵车先阵。”杜预注：“旆，先驱车也。”此车见于曾侯乙简。广车亦见于曾侯乙简，似是指旆、殿等兵车。此外，楚简中还有政车，当即“征车”。“墨乘”，即墨车。羊车，羊读为“祥”，祥车，指丧车。

二、车器

1. □哩之樸，白金之勿

望山二号墓38号简：“□哩之樸，白金之勿。”“樸”字原注未释，今疑“樸”通“轐”。上古音“樸”滂母屋韵，“轐”並母沃韵，声同类，韵相近。“菐”声字常可相互通假，朱骏声《说文通训定声》“菐”声符即有“仆”通“菐”、“扑”通“樸”“菐”之例，兹不具引。《说文》：“轐，车伏兔也。”伏兔即车箱底板下两个扣住横轴的装置，因形状似兔，故有此称。其状又似木屐，因而又名“车屐”。刘熙《释名》：“屐，似人屐也。又曰伏兔，在轴上，似之也。”“轐”又称“輹”，徐灏《说文注笺》：“轐即伏兔之合声，轐与輹音义同。”王念孙《广雅疏证》：“轐，伏也，伏于轴上也。”又称“钩心”，《广雅疏证》：“钩心，从舆心下钩轴也。”由上可知，由于轐的形状和作用独特，古人给它起了好几个形象化的名称。

“伏兔”一词，出自《周礼》。《周礼·考工记·辀人》：“良辀环灂，自伏兔不至轨七寸。”但战国时代仍以称“轐”“輹”为多，“伏兔”之称似乎尚未广为流传。唐人贾公彦的话可为佐证。《周礼·考工记·总序》：“轵崇三尺又三寸，加轸与轐焉，四尺也。”郑玄注引郑司农曰：“轐，谓伏兔也。”贾公彦疏：“云伏兔也者，汉时名，今人谓之车屐是也。”他强调汉人称伏兔而唐人称车屐，而将上古排除在外，足见战国时代“伏兔”“车屐”均非轐的典型称呼，从现知战国文献看，情况

① 杨伯峻《春秋左传注》，第1092页。

也确乎如此。但战国时,轐或许还有其他说法,也未可知。

现在再看“哩”字。《望山楚简》中此字作,原注释隶定为“哩”,左旁作未识字处理。今观此字左旁实为“鼠”字。包山简二・四二号简末字左旁作。望山二号墓 6 号简“狸莫之冢”,“狸”字左旁,天星观遣策“豻韔”之“豻”,左旁均与此字形体相近。楚文字中“豸”“鼠”形体极为接近。如果上述推断不误,则“哩”字似可隶定为“貍”或“鼆”。从现有楚简资料看,“狸莫”一词多见,如望山二号墓 8 号简的“狸莫之韔”,曾侯乙墓 29 号简“狸莫之聂”等。此处“□里之樸”,首字漫漶莫辨,从其余三字看,应是一个偏正词组,其义似指“像狸猫似的车轐”。推测起来,大概战国时代的楚人对轐尚未作“伏兔”之联想,而视之为近似伏兔的狸猫。由此可见,战国时代伏兔作为车器名称并不统一和固定。我们只要看古人把轐时而比作“伏兔”,时而比作“屐”,又因其“伏”姿称其为“輹”,就不必惊异比轐为狸的大胆想象了。在动物世界里,狸猫也确实具有善伏的形态特点。《说文》:“貍,伏兽,似貙。”段玉裁注:“谓善伏之兽,即俗所谓野猫。”古称蛰伏之虫为“狸虫”。《周礼・秋官・赤发氏》:“凡隙屋,除其狸虫。”贾公彦疏:“隙谓孔穴也。埋藏之虫,在屋孔穴之中。”上述不同时代的学者对“狸”形态特点的一致认识,实非偶然。由此看来,楚人视轐为狸,正是抓住了轐的外部特征“伏”,而这与汉代人称之为“伏兔”的心理认知是共通的。

下文“白金之勿”的“勿”,疑当读为“軏”。上古音“勿”明母物韵,“軏”疑母月韵,声母同为鼻音,韵部也相近,故可通假。軏指古代车上置于辕的前端与车横木衔接处的销钉,字亦作“杌”。《说文・车部》:“軏,辕耑持衡者。”段玉裁注:“持衡者曰軏。则衡与辕耑相接之关键也。”戴震《释车》:“辀端持衡,其关键曰軏,辀辕所以引车,必施輗軏然后行。”凌焕《古今车制图考》:“軏之用与辖同,辖为键,軏亦为键。”“活销”也罢,“关键”也罢,其为金属制品或金饰木制品,当在情理之中。古代贵族的车部件常装饰有金属物质,一求其美观,二求其牢固。如饰金的马嚼子古称“金镳”,铜制的缰绳上的装饰品古称“鋚勒”。车箱两旁板上供凭倚的金饰龙形横木古称“金较”等。因而此简“白金之勿”似指铜制或镀铜的轪。轪与輮均是起连接作用的关键车具，因而简文在此一并加以记载。孙机先生《汉代物质文化资料图说》“车Ⅵ”部分指出：“满城1号西汉墓出土的鎏金铜轪，作龙首形，口衔銎管以贯衡，是在独辀车上用的(28－4)。定县43号东汉墓出土的一对龙首铜轪，则是在双辕车上使用的(28－5)。”可知汉代的轪，尚常为铜制品。包山楚简21273号简有“白金之金釱”，21276号简有“白金之金釱，赤金之铚”，也均指饰金(或铜)的车器，可为旁证。

2. □

望山二号墓2号简：“女乘：龙杭，齿□。翟轮。”□，原注释为“寽”，并说“所指未详”。今按：此字当释为“爰”。罗福颐主编的《古玺文编》作“爰”，滕壬生《楚系简帛文字编》此字亦释为“爰”。原著据鄂君启节“爰”字作□，认为“□”字不宜释“爰”，其实此二字只是繁体与简体之别。“爰”字，虢季子白盘作□，散盘作□，亦与简文此字形体相近。

“爰”即车辕之“辕”的古字。《说文》：“爰，籀文以为车辕字。”段玉裁注：“此说假借也。辕所以引车，故籀文车辕字只用‘爰’。”简文中的“齿”，古书中也常指象牙。《尚书·禹贡》：“齿革，羽毛。”伪孔传：“齿，象牙。”《周礼·天官·内府》：“凡四方之币献之金玉、齿革、兵器，凡良货贿人焉。”“齿”亦指象牙。《荀子·王制》：“南海则有羽翮齿革……”，杨倞注：“齿，象齿。”《周礼·春官·巾车》记王之五路有“象路”。《楚辞·离骚》：“杂瑶象以为车。”王逸注：“象，象牙也。”从上可知古人有以象牙饰车。“爰”即古“辕”字，“齿爰”指用象牙装饰的车辕。此简上下文联系起来，是在描写女乘的奢华：有龙纹的楯栏，象牙装饰的车辕，以及用野鸡毛装饰的车轮。三件相关之物，都是车上显明重要的部件。

3. 并櫺

望山二号墓2号简：“亓(其)并櫺，丹厚绒之□。黄□组之□卅(三十)。”原注：“‘并’似当读为屏蔽之‘屏’。櫺即栏杆的孔格。古书又有‘轜’字，亦作‘车軨，专指车上的栏杆，是櫺的分化字。屏櫺疑即汉代人所谓的屏星，是车前屏蔽之物。”

说屏櫺是车屏蔽之物，当无疑义，但它是否仅设在车前，与屏星是否就是一回事，尚可讨论。

檽或軨是车栏杆的统称。它处于车内轼与輢下面。车厢前面供立乘者凭扶的横木叫轼，车箱两侧人可凭倚的木板叫輢。作为车栏杆的统称，軨由轵和轛构成。轵指的是车箱两侧輢下的栏杆，轛指的是车箱前面正与乘车人相对的“轼”下的栏杆①。由此看来，所谓“檽”，既包括车箱前面的栏杆，又包括车箱两侧的栏杆，则屏檽理应屏蔽这三侧的栏杆，而不仅仅是“车前屏蔽之物”。事实上，在楚简中，车子屏蔽之具多为“弼”或“𣦵”字。包山简 21268 号简记车器时有“紫𣦵”之语，注云：“𣦵，读如弼，字也作蔽。《尔雅·释器》‘舆竹后谓之蔽。’《周礼·春官·巾车》‘木车蒲蔽’，郑玄注：‘车旁御风尘者。’蔽即车后御风尘的围屏。”曾侯乙墓简 1 正则有“艧轮，弼”之语，弼也是车子的遮蔽物。“弼(蔽)”的位置，郑玄说在“车旁”，包山楚简注说在“车后”，实际的位置可能更多。《汉语大词典》：“蔽，古时车舆前后或左右遮挡风尘的帘子。”这是否可以旁证，屏檽的方位并不限于车前。

屏星，《汉语大词典》：“车前用以蔽尘的车挡。”又称屏泥，亦设于车轼前。《汉书·黄霸传》：“别驾主簿车，缇油屏泥于轼前，以章有德。”汉服虔《通俗文》：“车当谓之屏星。”台北版《中文大辞典》：“车当，车上竹席障泥者。”说明屏星往往以竹席为之。《广雅·释器》写作“箳星”，其字加“竹”亦透露出此中消息。《周礼·春官·巾车》“漆车藩蔽”，郑玄注：“藩，今时小车藩，漆席以为之縢。”亦用竹席。而此简的“屏檽”所用材料较华美，有丹厚緂之，且有黄[illegible]组之縢三十支连缀其上，有较强的美饰作用，与一般竹席有所不同。再从所在位置看，如上推测，屏檽当从车前及两侧起遮蔽作用，与屏星只在车前遮蔽风尘也不相同。

（原载《徐州师范大学学报》2001 年第 2 期）

① 何九盈等《汉字文化大观》，第 319 页。

楚简遣策丝织品字词考辨

楚国的丝织业有着悠久的历史，至少在春秋早期后叶，楚国已有了丝织业。《管子·小匡》说："（齐桓公）伐楚，使贡丝于周。"《史记·滑稽列传》记楚庄王曾将马"衣以文绣"。文绣，当为绣有精美图纹的丝织品。到了战国时期，楚国以丝织业为主的纺织业得到了空前发展。综合考古发现和文献记载，"楚国丝织品的种类主要有纱、罗、绢、绨、组、绮、锦、絛、纨、缟、缣等"①，有的学者指出还有纱、紃、綷等②。从楚简遣策看，由于楚文字形体歧出，有的织物字词尚不易辨识。笔者不揣谫陋，选择其中部分字词予以考辨，以期对厘清楚简名物、深化楚文化的研究有所助益。

緧

緧是楚简遣策中一种常见的丝织品，其字作。从糸，声符是"秋"字。包山简、望山简中均有"秋"字，与此字声符形体相同。有的学者读此字为"纆"③，但楚简"穆"字右旁下例作三撇（见包山二·四九，雨台山二一·一），不像"秋"字只作两撇者；况且"纆"作为丝织品名至为罕见，不仅在现知的楚国丝织品材料中未曾见到，甚至在古代典籍中"缪"（按："纆"之或体）也无用作丝织品的例子。即使在睡虎地秦简《封诊式》中偶有用例，也只是"可用于衣服的缘和殿（纯）"④，用途太过狭窄，这与楚简中"緧"字的用途广泛大相径庭（详下）。因

① 彭浩《楚人的纺织与服饰》，湖北教育出版社，1996年。

② 刘玉堂《楚国经济史》，湖北教育出版社，1996年。

③④ 刘钊《释楚简中的纆（缪）字》，《江汉考古》1999年第1期。

此我们仍倾向于释此字为“綊”。

“綊”字多见于望山二号楚简，也见于信阳简和马山一号墓楚简。望山二号墓简，朱德熙、裘锡圭先生注：“綊，此墓简文中最常见的织物名，疑当读为‘紬’，即后代的‘绸’。”信阳仰天湖简也读此字为“綊”。信阳简二·〇七“绘綊之衣”，郭若愚先生注云：“綊，《集韵》：‘緎’或作縶，绉文也。”认为是一种细的葛布。但从“绘”“綊”并用的情况看，绘即锦，为丝织品；綊若是葛布，则与绘锦非同类织物，二者并列的可能性很小。因而我们倾向于同意裘锡圭等先生的意见，推定綊即后代写作“紬”的绸。紬即粗绸，《急就篇》卷二“绛缇絓紬丝絮绵”，颜师古注：“抽引粗茧绪，纺而织之曰紬。”“绸”字楚简中较少见到，主要出现在曾侯乙墓简，如简 123 之“一绸”，简 125 之“一革绸”；包山简牍一有“一绸椱”之语，似指一支卷绸的轴。“绸”字在楚简时代尚未成为楚人普遍使用的典型用字。

在楚简中，綊的使用相当普遍，如“一綊衣”（马山一·一），“一两綊缕”（信阳二·〇二），“锦綊之衣”（信阳二·〇七）。在望山二号墓遣中，红色的厚綊（丹厚綊）用途广泛，可以用来制作衣服的镶边、衬里，仪仗中使用的旗子等。如：丹厚綊之纯，丹厚綊之里，丹厚綊之口童等。此外，红綊之室（铜镜的套子），红綊之纯，丹綊之里，丹綊之因（车垫），也于简可寻，足证綊是当时楚地十分常见的丝织品。马山一号墓的綊衣，其“主体乃由红棕绢制成”[①]，也正好旁证“綊”即绸，实与绢为相类织品。

在楚简中有从糸、肙(肙、肙、胄)声的字，见包山简二·二六七、二六八、二七一、二七五、二七七诸号简。此字包山简释文皆隶而未释。张桂光《楚简文字考释二则》[②]认为其右旁当释为“胄”，则从糸之字当释为“糸胄”，滕壬生《楚系简帛文字编》[③]也读为縎。我们不赞同这样隶定。因为《说文》中虽有“从肉，由声”的“胄”字，但早已与从冃、由声的胄字混同。冃音 mào，指小儿、蛮夷等少数民族头上的便帽。

① 刘钊《释楚简中的緫(缪)字》，《江汉考古》1999 年第 1 期。

② 张桂光《楚系文字考释二则》，《江汉考古》1994 年第 3 期。

③ 滕壬生《楚系简帛文字编》，湖北教育出版社，1995 年。

冃、帽实同字。金文胄字上部作□、□，下从目，并不从肉①。丁佛言《古籀补补》分析字形，认为“今所谓兜鍪也。古兜鍪皆兼面具施之，故只露目”。这些字形与上举肙所从“占”等诸形绝不相同。由此可见，“肙”上部非帽形，下部非肉形，释“胄”之说难以成立。

我们以为楚简遣策中的“肙”可释为“肙”，因之从糸之字当释为“绢”。李运富教授也持这种意见，并有详细考辨②。《说文·肉部》：“肙，小虫也。从肉，口声。”林义光《文源》：“按：口非声，肙象头身尾之形，即蜎之古文。”口，当音“圆”，为“圆”之初文。《说文·贝部》：“员，物数也。从贝，口声。”林义光《文源》：“口，鼎口也。鼎口，圆象。”“员”是方圆之“圆”的本字。甲骨文中“员”字作□（佚一一），表示鼎口是圆形的，也是一个有力的佐证。上古音“囗”（圆）“肙”都属元韵，又同为喉音，因而“肙”的声符可以用音近的“○”承担。从肉○声的“肙”作声符的形声字，在信阳简中有“绢”，“肙”上的○已演变成口。推测其原因，“大概由于‘○’已不单用，其音转晦，而其形又与口相混同，所以楚文字因其口形置换成与○音近之占，另造了从肉占（占卤）声的异构字肙、肙，也可能是○讹变为口，而口与甘古文字常混同……故又换用与甘音近的占。”③如果上述推断不误，则肙即“肙”，加“糸”即为“绢”。望山楚简此字虽有加“糸”与否之别，所指实同一物。

楚简中常见“絓绢之纯”（末字或作“綅”“纹”、緟、锦）一类的表述。絓绢即生绢，楚简中絓、生二字混用，前字多见于包山简，望山简、天星观简则作“生”。生之作絓，乃汉字类化的结果。这种现象，在汉字演进过程中是一种常见现象，毋庸赘述。楚简“糸”部即有“丹”类化为“纼”的例子。其实，将包山简常见的“絓……之×”与天星观简的“生绘”两相对照，其语法结构完全一致，反映的事物性质极其相近，便可推知“生”“絓”的密切关系。

丝织物分作熟丝织物和生丝织物两大类。熟丝织物一般称作

① 容庚《金文编》，中华书局，1985 年。

② 李运富《楚国简帛文字构形系统研究》，岳麓书社，1997 年。

③ 李运富《楚国简帛文字构形系统研究》，第 113 页。

"练"。没有经过煮练的丝织物则称"生"。"生丝织物在古籍中有不同的名称,如:素、缟、绡、绢等。"①生丝织物是素色的,一般都是平纹组织。"绢属质地细薄的平纹织物,经纬密度相差较大。《急就篇》颜师古注:'绢,生白缯,似缣而疏者也。'这种织物在考古发现中最为常见。是当时丝织物的主要品类。"②生绢是未经染练的缯丝。楚地盛产生绢,常用以织物缝物,或用作装饰,如长沙子弹库战国楚帛书就是用内粘生绢的竹笈盛装的③。生绢之纯,就是用生绢编织的衣服饰边。望山二号墓八号简又有"生紶之里"的说法,当与包山简"絟紶之纯"同例。紶天星观简又写作"絠",右旁显系"肙"的省略。楚简中这类省体字相当多见,如"齿"省去"止","其"省作"亓","羽"省去一半,"贞",省去下面两点。生紶,也即生绢。望山简注释疑读为"纤",似不确。

望山简中还有"肙(绢)緅联縢"之类用语。望山简注八"'肙緅联縢'之语简文屡见,似是一种织物的名称。"此说似可加以补正。肙緅,如前文所析,当即绢绸;縢,简文作縢,滕壬生《楚系简帛文字编》隶定作"絭","絭",望山简隶定为縢,均为绳索或衣带之义。《礼记·少仪》:"甲不组縢。"郑玄注:"组縢,以组饰之及紟带也。"曾侯乙墓简43"三吴甲,屯紫縢。"注:"下面B类简常见'紫组之縢'。"也引用了《少仪》及郑注,可知此处"縢"应作绳带讲。望山简二"黄𫃶组之縢"及注题解有启发性;其注云:"(𫄧)在此疑读为'縢'。黄缏组之縢,当是用黄色的丝织物编织成的绳或带。"据此类推,"肙緅联縢",则应是用绢绸等织物纺织而成的绳或带,是一种混合织物。

需　光

望山二号墓1号简文:"䌷,需光之纯。黄𫃶且(组)之縢八。"(𫃶,下作"缏")注释四六:"'需光'疑是某种织物之名,简文屡见。"8号简:

① 彭浩《楚人的纺织与服饰》,第41页。

② 刘玉堂《楚国经济史》,第227页。

③ 李零《长沙楚帛书的再认识》,《中国文化》第十期,1994年。

“黄緟组之繻，组縢。”“繻”字无释。

简文常见的这种“需光”究竟是什么织物？它与“繻光”是否就是同一种织物？值得探讨。

请看望山楚简与包山楚简中“需光”的用例：

需光之纯（望山二号墓10号简）

需光之童（望山二号墓12号、13号简，包山276号简）

需光之中干（望山二号墓13号简）

需光之结帩（包山272、276号简）

需光之绣（包山262号简）

需光之纀（包山270号简）

需光之组（包山268号简）

上述用例中，“需光”一概用作定语，来修饰后面的中心语，从被修饰的中心语来看，纯是一种边饰，一般表示织物的边缘，如信阳长台关楚简的“羊绵之纯”（二・〇八）。《尔雅・释器》：“缘谓之纯。”注：“衣缘饰也。”童，借为“幢”，指一种旗子。中干，“干”原注疑读为罕旗之“罕”。结帩，“帩”形制不详，字书中有一相近之字“幁”，义为结发的巾。绣，刺绣制品。纀，字同“幞”《集韵・烛韵》：“幞，帕也。一曰裳削幅。”组，是一种宽而薄的丝带，古人常用以作绶带。如长沙仰天湖“红组之绥”。《说文・糸部》：“组，绶属，其小者以为冕缨。”上述各中心语有一个共同特点，就是全都要求用色彩鲜明艳丽的织物做材料。由此可知，需光必是一种质地优异、色彩鲜丽的丝织品。已如前文所述，战国时楚国丝织业发达，织物品类丰盛，如史树青先生《长沙仰天湖出土楚简研究》一文考证，仰天湖二五号墓出土遣策中有关丝织物就有纕、罗、缛等二十余种；刘玉堂先生则列出纱、绢、绨、组、绮、锦、绦、纨、缟缣等十多种①。望山楚简、包山楚简则又有緅、纺、组、纀等十余种，加上这种“需光”和“繻”。

综观上述材料可以发现，有一种我们常见的丝织品“绫”没有被提及。绫是一种薄而细，纹如冰凌、光如镜面的丝织品。《说文・糸

① 刘玉堂《楚国经济史》。

部》:“绫,东齐谓布帛之细曰绫。”《正字通·糸部》:“绫,织素为文者曰绮,光如镜,有花卉状者曰绫。”上古“霝”“绫”音近,均属来母,霝为耕韵,绫为蒸韵,韵相通转。“霝”为“靈”的声符,楚文字中每每通假,如江陵天星观楚墓的卜贝白霝、驳霝,“霝”均读为“靈”(灵)。据我国的传统,神异的人或物常被称为“靈”。《诗·商颂·殷武》:“赫赫厥声,濯濯厥靈。”此句言宋武公名声赫赫,神灵昭昭。《水经注·渭水上》:“出五色鱼,俗以为灵而莫敢采捕。”神异的光彩、神异的事物可称为“灵光”。如东汉王充《论衡·宣汉》:“明年祭后土,灵光复至。”“灵”又表示“善;好”。《广雅·释诂一》:“灵,善也。”至今湖北方言中“灵”字仍有“神异”“灵活”“漂亮”之类含义。如秭归乐里的役牛不用牵鼻绳,犁田时掌犁人只喊“哇上”“哇下”,就可来回拐弯,因其灵异,被人们称为“灵牛”。测字人用来占卜吉凶的灵异的鹦哥、画眉称为“灵雀”。“灵醒”指“漂亮;灵敏”。“不呆板”叫“灵光”,如:这汽车质量好,开起来很灵光。这些都说明“灵”的意义古今是一脉相承的。推测起来,当“霝光”这种织物刚被创制出来时,楚人因其光洁精细而惊叹不已,遂以“灵光”称之。“霝光”这个名称,既表现出楚人对这个新创织品的喜爱与赞赏,也反映了初始阶段人们尚来不及依照丝织品单字命名的惯例,为它取一个单名的事实。于后则单称它为“霝”,又繁化加上义符“糸”,造出“纒”,疑即后代的“绫”。

霝光与纒,在楚简中似指同一种丝织品。不过纒似含有一种较为固定的含义。

黄缏组之纒(望山二号墓 8 号简)

缏组之纒(望山二号墓 10 号简)

組组之纒(包山 268 号简)

试比较:

黄缏组之縢(望山二号墓 2 号简、23 号简)

黄缏组之縢(望山二号墓 10 号简)

组之绥(包山 270 号简)

组之绥(包山 277 号简)

組以上都是绳或带。如“黄缏组之縢”是指用黄色丝织物编织成的绳或带;“绥”为上车时人所攀援的绳索;“湲”即缨,也是一种丝带。由以上的类比可以发现,前述黄缏组之繻(需)、綅组之繻似乎也是一种较宽的丝带。这也许表明,常用作丝带者称为“繻”,与用途更为广泛的“需光”当有所不同。

紃

鞁楚简中有字,滕壬生《楚系简帛文字编》释为“紃”。“川”字又可省去一笔。楚简中紃字用例多见,如包山二·二六八简“紃约”,二·二六八、二·二七一“紃绛”;信阳简二·一一“纯雒之紃紃”;曾侯乙墓七号简“鞁绅紃”等。

紃,字书有两个不同的义项。《急就篇》第二章:“履舄鞜裒绒緞紃。”颜师古注:“紃,缘履之圆绦也。”指饰履的圆形绦带。《荀子·富国》:“布衣紃屦之士诚是,则虽在穷阎漏屋,而王公不能与之争名。”杨倞注:“紃,绦也,谓编麻为之粗绳之屦也。”《礼记·杂记下》:“紃以五采。”郑玄注:“紃,施诸缝中若今时绦也。”紃又指圆形饰带。《说文·糸部》:“紃,圜采也。”段玉裁注:“圜采,以采线辫之,其体圜也。”《汉语大字典》据此认为“圆形饰带”为“紃”的后起义,且均引用唐宋时的语料,今按其说非是。

在楚文字中,“圆形饰带”应为“紃”的常见义。包山二·二六八号简“紃约”注:“紃,《礼记·内则》‘织纴组紃’,注:‘绦也。’疏:‘薄阔为组,似绳者为紃。’据考古发现,紃即彩色丝绳绦带。《左传·哀公十一年》‘人寻约,吴发短’,杜注:‘约,绳也。’紃约,是以绦为绳。”包山简此节集中描述遣车的设施、饰物,“紃约”前记写“紫蔽”,指车后御风尘有紫色的围屏;“紃约”后紧写“紫鞎”,指车厢前面有紫色的屏挡,显然都与饰履无关。此简又有“紃绛”,一说,注曰:“即以绦带镶嵌于鞎上。”望山六号简的“紃奉”,亦即紃绛,读为“缝”,原注:“指在皮革或织物的缝合处嵌绦条为饰。”此简也是集中描述车辆的设施与饰物的,如衡轭、骨珓等,自然也与履饰无关。望山三一号简“五囱之紃”,疑指用五彩组成的圆绦带。革紃即“革沙紃”,沙,郭沫若先生读“绥”,指帽带鞋结子的下垂部分。《礼记·内则》:“冠绥缨。”孔颖达疏:“结缨颔下以固冠,结之余者,散而下垂,谓之绥。”此简“绥紃”连言,应都指绳绦一类事物,与履饰也相去甚远。至于曾侯乙墓七号简的“绅紃”,也是记写车器的饰物;信阳长台关简所记之“紃绦”,郭若愚先生释紃为“谓二坛并有组绦及鞋之装饰”,也皆与履饰无关。

综上,我们认为“紃”之释义仍应以《说文》“圜采”即圆形饰带为本义,而“饰履”只是其一种具体的运用,并非紃之初义。《汉语大词典》释为“紃,绦子,用丝绳编织成的圆形细带,可以镶衣、枕等物之边”,此说举例虽然偏窄,但基本上可以接受。

(原载《徐州师范大学学报》2002 年第 2 期)

《说文》委婉释义刍议

明确性是辞书释义的重要原则之一，它要求辞书的撰写者运用准确明晰的语言，将所释事物或概念的确切信息，明白无误地传递给每一个阅读者。这里不允许含混和模糊。但是这一原则也不是绝对的。撰写中如果遇到不能明说或不便明说的事物时，那么辞书释义的明确性原则就会受到挑战，就会迫使撰写者在明确与模糊之间作出艰苦的两难选择。

以《说文解字》为例。这是一部产生于东汉时代的权威的传统字书和辞书，千百年来它释义的明确可信常常为人们所称道。但是另一方面，由于作者许慎难以挣脱封建时代意识形态的制约，一旦遇到他不便明言的事物时，出于避讳的目的，或者避而不谈，“王顾左右而言他”，或者运用委婉或暗示等手段，尽量有意把话说得模糊一些，留给读者自己去思索和猜测。我们把这种现象称为“委婉释义”。

《说文》中的委婉释义现象，主要表现在以下三个方面：

一、为尊者讳

“为尊者讳”是中国文化的一种传统做法，是一种人人遵从、不可逾越的规矩。比如皇上或尊长的名字，就是必须避忌的。许慎生活在东汉时代，按照当时的习惯，东汉皇帝的名字就不能提及，更不用说作出解释了。但是《说文》恰恰是一部以解说汉字为宗旨的书籍，收字相当广泛，一些重要的汉字根本无法绕开，于是二者就产生了矛盾。对于这样的棘手问题，许慎采取了一种折中的办法，即有关的汉字一定要收入《说文》，但只说是“上讳”，对于字形和意义就不再加以解释。例如：

《艸部》莊，《说文》："上讳。"

《火部》炟，《说文》："上讳。"

《戈部》肈，《说文》："上讳。"

依照《说文》全书的体例，每一个字都必须先解说本义，然后再进行字形结构分析。但是由于上述各字都是东汉皇帝的名字，许慎无法进行本义和字形的解说，于是只好说是"上讳"，告诉读者这个字是皇帝的名字。而人名对本义而言只是一种假借用法。况且是哪个皇帝的名讳，他也不加说明。这就是避而不谈。比如："庄"（莊）是汉明帝的名字，许慎不敢也不能说。而实际上，莊字从艸（艹），壯（壮）声。段玉裁注："其说解当曰：'艸大也。'""炟"在"火"部，其字从火，旦声，本义应是"火起"（《唐韵》）；它是汉孝章帝的名字。段玉裁注："次于此者，尊上也。""肈"在"戈"部，其字从戈，肁声；它是汉和帝的名字。徐铉引李舟《切韵》："肈，击也。"这些地方，帝王的无上权威和"为尊者讳"的至上戒律，无情地冲破了《说文》全书的体例。面对封建王朝的政治威严，许慎只好委曲求全，在辞书的明确性上作出让步。

与此相关，汉代皇帝的姓也是一个棘手的问题。查遍《说文》全书，找不到"劉"字（以下省作"刘"）。但"刘"作为形声字的声旁，分明出现在"浏""懰"等字结构中；而且此字在先秦古籍中早已使用，如《尚书・盘庚上》："重我民，无尽刘。"《左传・成公十三年》："芟夷我农功，虔刘我边陲。"这些事实说明，许慎明明看到了"刘"字，却又不能收进《说文》，真是进退维谷。原因就在于，"刘"的本义为"杀"，是个凶险字，而汉代皇帝恰恰姓"刘"，所以许慎万万不敢收入，只好拿"金"部的一个"鐂"字来顶替。徐锴《说文系传》："鐂，《说文》无'刘'字，偏旁有之；此字又史传所不见。疑此即刘字也。"可谓一语道破天机。以"鐂"代替"刘"也应看作委婉释义。

"死"在《说文》释义中一般并不加以避讳，因为如果不涉及尊长，"死"只不过说出一个客观事实，毋须讳言。因而仅《说文・歺部》说解部分就出现了 13 个"死"字，甚至把"殚"字直接说解为"大夫之死"，也不加以避忌。但是在释"薨"时，许慎就不说是"公侯之死"，而说成是“公侯殚也”；改用“殚”而不直接说“死”，正是考虑到公侯之尊，因而需要委婉释义。

二、 回避性事

在封建时代，男女性行为被看作污秽羞耻之事，不能加以谈说。如迫不得已，也要用“云雨”“为人”之类的词语加以暗示。统观《说文》全书，涉及男女性行为的字，未见许氏明白说出，一个“媾”字，也只是“重婚也”（重叠交互为婚），对性事退避三舍。这里讨论两个字：“甚”和“尼”。

《甘部》：“甚，尤安乐也。从甘，从匹耦也。”“甚”是“异常安乐”之义，由“甘”和“匹耦”之匹会意。值得注意的是，依《说文》说解会意字的体例，说“从甘，从匹”就可以了，为什么要点出“匹耦”之匹？这就是许慎委婉释义之妙：点而不破，含而不露，任君领会。古代“匹耦”一词，常指雌雄中的一方。《诗・齐风・南山》“雄狐绥绥”，汉郑玄笺：“雄狐行求匹耦于南山之上。”《左传・成公十一年》“已不能庇其伉俪而亡之”，唐孔颖达疏：“伉俪者，言是相敌之匹耦。”后又多指夫妻、配偶。这里许慎把“尤安乐”与“匹耦”有意识地加以搭配，其蕴含之义不言自明。这一层意思，后代解《说文》者多能从不同角度加以揭示。如徐锴《说文系传》：“《礼》曰：子甚宜其妻。”段玉裁注：“人情所尤安乐者，必在所溺爱也。”徐灏《段注匡谬》：“笺曰：甚、媅古今字。女部‘媅，乐也’。通作耽、湛。《卫风・氓》篇‘无与士耽’；《小雅・常棣》篇‘和乐且湛’，皆甚字之本义。从甘、匹会意，暱其匹耦也。”朱骏声《说文通训定声》：“按：甘者饮食，匹者男女，人之大欲存焉，故训安乐之大。”又引《老子》“去甚”注：“谓贪淫声色。”由此来看，在“甚”字的说解中，许慎暗示男女性行为应是不争之事实。

《尸部》：“尼，从后近至也。从尸，匕声。”“匕声”不确。林义光《文源》已指出应从尸从匕，匕是“人”字的变体。“尼”表示二人亲昵。徐锴：“尼犹昵也。”段玉裁注：“尼训近，故古以为亲昵字。”历来解释“尼”为“昵”的初文，但都忽略了许慎“从后近之”的说解。据我们考察，《说文》中“后”字有时有“肛门”或“臀部”之义（详下文）。这里许慎是用“从后近之”暗示人们：“尼”是一个人对另一个人的臀部作出亲昵动作。至于“尼”是描摹两个男子的同性恋，还是借此暗示男女之间的性活动，虽然难以确知，但它所传递的性行为信息却不难解读。再从“尼”的后起字“昵”在古书中的使用情况看，“昵”在表示“亲昵；亲近”的同时，常含有“过分亲密”“暧昧关系”等附加意义，于是就带有贬义色彩。一系列含“昵”的贬义双音词如“昵比”“昵倖”“昵嬖”“昵狎”等的出现与使用足以为证。如《尚书·泰誓中》：“播弃犁老，昵比罪人”，“昵比”指不正当地同罪人亲近勾结；《旧唐书·周智光传》：“宦官鱼朝恩为观军容使，镇陕州，与之昵狎。”“昵狎”指过分亲近，形近猥亵。据现有资料，上述词语所涉及的人物绝大多数都是男性。由此联系“尼”字的字形构造和造字本义，我们似不难悟出两者之间的微妙联系。

《说文》回避性行为的事例说明，当辞书的明确性原则与封建道德标准产生抵牾时，前者要“自觉”让位于后者，这是确定无疑的。

三、 回避敏感部位

男女性器古人称“阴”，但这个字许慎也很少使用，例外只有不多的几例，如“也，女阴也。象形”“斀，去阴之刑也。从攴，蜀声”。遇到能够回避的，就尽量不用这个“阴”字。如：

《疒部》：“瘕，女病也。从疒，叚声。”

《女部》：“娗，女出病也。从女，廷声。”

《女部》：“婥，女病也。从女，卓声。”

瘕，汤可敬《说文解字今释》：“子宫肿瘤。”《灵枢经·水胀》：“石瘕生于胞中，寒气客于子门，子门闭塞，气不得通，恶血当写不写，衃以留止，日以益大，状如怀子，月事不以时下。”子宫属于泛义的“阴”事，故许慎不明言，只是含混地释以“女病”。娗，桂馥《说文解字义证》：“女妇下病，阴挺。”王筠《说文释例》：“盖谓女子下部病也，俗名下癅，亦谓之阴挺茄。娗之为言挺也，挺然而出也。”这里，后代的文字学家桂馥、王筠并不讳言“阴”“下部”“下”等字样，而许慎对此却讳莫如深，只用一个模棱两可的“女出”加以说明。婥，女人的一种疾病。张舜徽《说文约注》:“盖婥之言淖也,谓女人阴道漏出脓液,浊如淖泥也。即今语所称‘白带’。”许慎以“女病”为释,也避开了“阴”等不雅之词。

在《说文》中,“後”(下省作“后”)可讳称肛门或臀部。本来,“后”指“肛门”的用法东汉以前即已产生,如《战国策·韩策一》:“宁为鸡口,不为牛后。”西汉刘向《新序·杂事四》:“惠王之后蛭出,故其久病心腹之疾皆愈。”这个意义,许慎也加以沿用。如《疒部》:“痔,后病也。从疒,寺声。”张舜徽《说文约注》:“后谓肛门也。”但许慎作为一代训诂大师,并不拘泥于前人的用法,有时还将“后”的范围扩大至臀部。如:

《尸部》:“尾,微也。从到毛,在尸后。”

《兔部》:“兔,兽名。象踞,后其尾形。”

尾巴生长在动物的臀部(此处用“尸”表示),并不长在肛门上,如果执泥为“肛门”,反而不合于情理。这些都是许慎对“后”字意义的灵活运用。另外,《说文》中确有一个“肤”字是指肛门的,但许慎并不用“臀孔”这个明确却鄙俗的词语去解释它,只是笼统地用“孔也”加以说明。至于这“孔”的性质,则留给读者自己去理解,倒是段玉裁、徐灏却都能明确地说明“肤”为“臀孔”,这不能不使我们感受到许慎的良苦用心。

辞书释义的明确性与模糊性是一对矛盾体,在这对矛盾体中,明确性始终是矛盾的主要方面。这是因为:第一,明确性是辞书的性质和出版目的所决定的,对于撰写者而言是一种至高的自觉的要求;而模糊性尤其是委婉释义中的模糊性则只在不得已时才偶尔使用,是一种变通措施。第二,从释词总量来说,符合明确性要求的条目始终应占据绝大多数,而模糊性的条目数量十分有限。第三,即使是委婉释义,其模糊度也是很有限的,撰者和读者都不允许释义过于晦涩难懂,甚或造成歧义,对于明确性仍有一定的要求。比如“婥”字,“女病也”的说解确实是模糊的,具体病症无法知道;但另一方面,既然已点明其为“女病”,那么就把同男性患者相同的如心肺、五官、神经等所有病症一概排除,只限于妇科疾病,这就体现出它们仍有着相当程度的明确性。

(原载《辞书研究》2002年第2期)

传统礼俗的演进与汉字的适应性调整

我国是一个举时闻名的泱泱大国、礼仪之邦，拥有五千年的文明史。《周礼》《仪礼》《礼记》等典籍中记载“周公制礼作乐”，古有“吉、嘉、宾、凶、军”五礼，说明周公时礼仪制度已相当成熟与完备。其实礼仪的形成还可以追溯到更远的年代。礼仪与习俗的融合所形成的礼俗渗透到社会的方方面面，并融入人们的日常生活。作为语言的书写符号、中华文化的载体，汉字对于我国传统礼俗也多有反映和记录。例如在殷商甲骨文中，一个正面站立的人是“大”字，而一侧身站立的“人”形，就表现了古人拱手行礼的形象。甲骨文的“女”字，学者们曾为它是否反映了古代受屈辱的妇女形象而争论不休，其实据我们看，它只是对女性柔媚姿质的写实性素描，其敛手屈俯之形，正是女性侧身行礼（类似后世的“道万福”）的姿势。这些常见汉字表明，自踏进文明社会之后，中国人就不再是仅仅满足于饮食男女之欲的野蛮人，而是陶冶礼俗中的社会人，他们是中华文明的创造者和践行者。

礼俗在时代的递次推进中不断发展演变，这是礼俗发展的本质方面。这些变化，表现为观念的更新、制度的兴替、质料的改易、形式的递嬗，等等。面对这些变化，作为语言符号和文化载体的汉字尽管具有滞后性，不可能亦步亦趋地追随社会，但也适时地自我调整，运用古今字和异体字等形式，主要通过不同构意的设计、形符的添加或改换等手段，记录和展现社会礼俗的改变，从而充分显示了汉字与时俱进的可贵品性和巨大魅力。

观念的更新

礼俗因时而变，礼俗的改变首先表现为观念的更新。例如：

祭，起初并不是一种对于神灵和先人的普通的悼念活动，“祭字本训残杀”[①]，《礼记·月令》：“孟春之月，鱼上冰，獭祭鱼。……孟秋之月，鹰乃祭鸟，用始行戮。……仲秋之月，豺乃祭兽，戮禽。”“獭祭鱼”“鹰祭鸟”“豺祭兽”，三“祭”字都表示“杀戮”。《左传·昭公元年》：“周公杀管叔而蔡蔡叔。”“杀”“蔡”对文，蔡即是杀，“蔡即祭字”[②]。甲骨文中的祭最初写作，象手持血淋淋的肉块形，并无“示”旁。直到甲骨文中晚期，“示”旁才出现。另一方面，卜辞中的祭，本是一种具体的祭名，属于程式固定的五种祭祀之一，后代才发展成为祭祀的通称[③]。这表明祭作为真正意义上的祀神、供祖或以仪式追悼死者的活动的总称，经历过一个发展过程。添加“示”旁，是一种观念的提升，表明古人对于神祇、先祖、祭祀等活动产生了整体的较深入的认识。这一类例子很多，如“且”象神主之形，加“示”为“祖”，表示各种祖辈；土，本象封土之形，卜辞指土神或某一先祖神，加“示”成“社”，有了社宫的形制，土神的概念才更固定、明确；申本指闪电，古人惊异中视为神明，加“示”为“神”，成为一切神灵的总称。又如“豊”，高明《古文字类编》：“古豐（丰）、豊同字。”[④]王国维说：“（豊）象二玉在豆之形，古者行礼以玉。”[⑤]金文的“豊”下从“豆”。这表明初起的礼侧重于祭祀，强调祭品的丰盛，突出其物质方面：玉与豆。后来礼仪内涵发展，礼制更加完善，不再局限于祭祀范畴，于是至小篆而配加“示”旁。李孝定说：“豆实丰美，所以事神。以言事神之事则为豊，以言牺牲玉帛之腆美为丰。”[⑥]

我国传统文化以“玉”“贝”为珍贵物品。甲骨文“宝”字从宀，从

---

①② 陆宗达《说文解字通论》。

③ 赵诚《甲骨文简明词典》。

④ 高明《古文字类编》。

⑤ 王国维《观堂集林·卷六·释礼》。

⑥ 李孝定《甲骨文字集释》。

贝，从玉，屋子里有玉有贝就是宝。《穀梁传·隐公元年》所谓“贝玉曰含”，活人馈赠死者最好的礼物就是贝和玉。贝本是海中的大贝，先秦时代作为货币流通。玉及玉制品是用于朝聘、祭祀、交际诸多场合的贵重物品，它们都是财富的象征。古人对于珍爱之物，往往加“贝”“玉”以表示，反映了古人一以贯之的价值取向。如“贤”，《说文》：“多财也。”杨树达《小学述林·释贤》认为：“臤是坚的初文，人坚则贤。”“以臣为贤，据其德也；加臤以贝，则以财为义矣。”他明确指出：“盖治化渐进，则财富渐见重于人群。”贤由多财引申为多才多德，则又显示出古人价值观念的多重期待。保，甲骨文以成人怀抱幼儿构意，而金文“国差甔”中其字右上又加“玉”字，“邾叔钟”其字右下加“贝”，均突出了古人对于幼儿的特殊关爱和情感寄托。易，甲骨、金文表示“赏赐，赐予”。高明：“古易、赐同字。”[①]“易”字初义，象手持两器皿倾倒液体形，简体则象直接从器皿中倒出液体；“倾倒、倾注意味着将液体给予承受者；对施予者来说，相当于‘赐予；赏赐。’”[②]由于“殷时，玉与贝皆货币”[③]，它们往往作为赏赐或馈赠品赐予承受者，西周金文中此类记述数不胜数，而且赐予数目不断增加；又由于由“贝”所体现的价值远远超出普通的液体，具有更大的代表性，因而配加形旁的“赐”字取代了“易”，承担起“赐予；赏赐”等意义。

制度的兴替

随着社会的发展、时代的推进，与之相适应的社会政治、经济、文化等各种制度也会发生变化。以史官制度而论，周代王室有左史、右史，各司其职。《礼记·玉藻》有“左史记言，右史记事”的记载。上溯卜辞，情况则又不同。殷商时代史官制度也已建立。史在商代为官名，在商王身边，地位较高，或主持祭祀，或记事，或为君王之使节。商代的史官还有“尹”，该字从又(手)持笔会意，本也是以持笔记事为职责。尹在君王身边，帮助管理某些事务。两个以上的尹被称为“多

① 高明《古文字类编》。

② 陈年福《甲骨文动词词汇研究》。

③ 王国维《观堂集林·卷六·释礼》。

尹”。尹在战国时转为执政之官，如楚国有令尹，又分左尹、右尹。此外，商代史官还有“君”。章太炎《文始》：“春秋君氏亦作尹氏。《荀子》‘君畴’，《新序》作‘尹畴’，则尹、君一字也。”从甲骨文看，君字从又(手)持笔，与“史”“尹”以手秉笔构意相同，其“口”为文饰性符号。卜辞有“多君”(存一五〇七)，赵诚先生指出：(多君)在商王左右，其地位较尊，当属于史官之类①。但到了周代，“君”作为史官的制度已不复存在，“君”转而成为各级拥有土地的统治者的通称。《仪礼·丧服》：“君，至尊也。”郑玄注：“天子、诸侯及卿、大夫有地者皆曰君。”后来君又成为君主制国家元首之称。这时，古人对君的理解甚至“君”字的形体也发生了变化。《说文》：“君，尊也。从尹；发号，故从口。”已经成为时人的普遍认识。“君”字的战国古文字形，许慎解释说：“古文象君坐形。”其双手合抱，威严端坐之态，俨然一副“君临天下”的至尊模样，已不再是以右手执笔的史官角色了。

古代婚姻制度，也经历了漫长的发展演变过程。古代传说，太古时代，“其民聚生群处，知母不知父，无亲戚兄弟夫妻男女之别”(《吕氏春秋·恃君》)。当时实行的是杂乱婚制。随之而来的是群婚制，它“首先排除了祖辈和子孙之间，双亲和子女之间的婚配关系，形成了血缘群婚的局面”②。群婚的高级发展阶段是普那路亚婚，即外婚制。按照这种婚制，兄弟要到对方氏族里婚配，其在对方氏族所生之子，还要回到本族，因而称为“侄”或“姪”。段玉裁释“姪”中之“至”说：“从至者，谓虽适人而于母家情挚也。形声中有会意也。”另一方面，姐妹要与对方氏族到本族的兄弟婚配，所生之子要回到对方氏族，所以称为“出”。这种称呼一直流传了下来。《尔雅·释亲》：“男子谓姊妹之子为出。”《左传·庄公二十二年》：“陈厉公，蔡出也。”其中的“出”字，都是这类古老婚俗制的孑遗。为了与出入之“出”相区分，金文还专门另造了一个“出”加“人”旁的字，以反映这种社会现象。在婚礼举行的时间方面，我国历来有在黄昏时成婚的习俗。班

① 赵诚《甲骨文简明词典》。
② 晁福林《先秦民俗史》。

固《白虎通·嫁娶》:“婚姻者,何谓也？昏时行礼,故谓之婚也。妇人因夫而成,故曰姻。”这种礼仪的形成可能与我国古老民俗男女在黄昏约会、结为亲密的伴侣有关。如《诗·陈风·东方之杨》:“昏以为期,明星煌煌。”因此,在早期阶段,“昏”就是“婚”的代用字。《正字通·女部》:“婚,古作昏。”《左传·桓公六年》:“公之未昏于齐也,齐侯欲以文姜妻郑大子忽。”但“黄昏”义与“婚姻”义同用一个字来记录,不利于准确地表达婚姻这件人生大事,因此,战国时代“婚”字出现(见《诅楚文》),就把“婚姻”义从“昏”字中剥离出来,婚姻礼俗就通过汉字真正得以凸显。

质料的更换

一些与礼俗有关的物质有时随时代发展而产生质料的更换。汉字往往通过异体字形符的改换真实地记录上述社会现象。例如古代的玺印,最早很可能经历过用泥土制作的阶段,即陶印阶段。小篆作“壐”,应是对于这一阶段的确认。《说文》:“壐,王者印也,所以主土。从土,尔声。玺,籀文从玉。”朱骏声《说文通训定声》:“用印以泥,故从土。”到了周代,玉制作的玺印得以流行。桂馥《说文解字义证》引述卫宏的话说:“秦以前民皆以金玉为印,龙虎纽,惟其所好。自秦以来,惟天子之印独称玺,又独以印,君臣莫敢用也。”籀文“玺”从玉旁,是古代通行玉质玺印的明证。古文玺又作“鉨”,表明了金属质料玺印的存在。

市,古代的蔽膝。《说文》:“市,韠也。上古衣蔽前而已,市以象之。天子朱市,诸侯赤市,大夫葱衡。”蔽膝是上古时代遮掩在衣裳之前的布韦。段玉裁在解释其起源时认为:“古者佃渔而食之,衣其皮。先知蔽前,后知蔽后。后王易之以布帛而独存其蔽前者,不忘本也。”古人对于自身敏感部位与羞耻观念的联系是逐步展开的,开始只是遮掩身体的正面部位,而后来又遮掩身体的背面部位。“市”字从巾,“一”横象连系皮革带的样子,是一个象形字,从质料看,则有丝质、革质的不同。郭沫若《师克盨铭考释》:“市一般作芾,亦作绂或韍等。古之蔽膝,今之围腰,古人以为命服。”丝质、革质的市,古人都用相应的汉字“绂”“韨”等加以记录，这就比只画一张“市”的形象前进了一步。后来，我国刺绣工艺日趋精湛发达，市的质料更为考究。如湖北马山一号战国楚墓出土21件刺绣品。“图案主题虽相似，而花纹无一雷同”①，可见工艺之精。这时，刺有黑、青相间为序花纹的“市”出现了，这就是黼。字从黹，表示带上所刺图案之形。

形式的递嬗

同一种礼俗在历史演进中，由于人们观念的改变、认知角度的转换等因素，有时会产生形式的变化，例如：

巫，旧称以奉鬼神替人祈祷为业的人。女称巫，男称觋。《说文》：“巫，祝也。女能事无形，以舞降神者也。”在甲骨文中，巫字象两玉交错形。古代巫师以玉为灵物，因而以交错的玉形代表舞弄玉器以愉悦神灵的巫师。甲骨文“巫”字又有作两手捧玉之形，商承祚《〈说文〉中之古文考》引罗振玉说：“象巫在神幄中，而两手奉玉以事神。”②战国文字侯马盟书“巫”字下又加“口”，突出巫者通过祈祷与神灵沟通的功能。《汉简》“巫”字下加双手形，强化巫者双手操弄玉器舞蹈以降神的仪式。至《说文》古文则加双“口”、双手，其形式更加明晰完备。

舞，以经过组织和美化的人体动作来反映生活，表达思想感情的一门艺术。我国的歌舞艺术具有久远的历史。在五千年前的新石器时代的彩陶上就发现了原始社会舞蹈的历史遗物。1973年在青海大通县马家窑墓葬中，发现了一件原始社会时期的彩陶盆，内壁绘有五人连臂踏歌的图案，共三组十五个舞者，这是中华民族原始舞蹈迄今已知的最早记录。“舞”字甲骨文字作人手持羽毛舞蹈之形。《说文》所收古文作“翌”，从羽，亡声，突出的是舞蹈的道具；小篆“舞”字从舛，两足左右相对作舞蹈状，强调了舞蹈的动作特点；唐代《干禄字书》“舞”字又加“人”字旁，标明了舞蹈这种事物的社会性。

---

① 张正明《楚文化史》，上海人民出版社，1987年。

② 商承祚《〈说文〉中之古文考》。

丧葬也是古代一种重要的礼俗活动。掩埋尸体为“葬”。《说文·茻部》:“葬,藏也。”《礼记·檀弓上》:“葬也者,藏也;藏也者,欲人之弗得见也。”传说远古时代,人们还没有掩埋尸体入土的习俗,《易经·系辞下》:“古之葬者,厚衣之以薪,葬之中野,不封不树。”这种古老传说在《说文》所收小篆中得到追认。《说文》:“葬,藏也。从死,在茻中。一其中,所以荐之。”置之于茻草里,就是古人掩埋尸体的主要方式。而对这种方式加以改进,是用竹席裹尸置之野外,如今天云南佤族、独龙族仍保留这种古老的丧葬习俗。这种方式的缺陷是死者遗体容易受到野兽的侵害,于是人们又加以改进,使用工具将尸体掩埋土中,此谓“入土为安”。为了适应埋藏方式的改变,人们造出了“塟”字(《武威简服传》四八)。在保留草莽的同时,添加“土”字旁,确认掩埋死者这一变化了的事实。在《衡方碑》中,“葬”字被直接改为从死、从土,突出了将死者埋入土中的方式。从考古学角度看,开挖坑穴掩埋死者早在远古的山顶洞人时代就已产生;新石器时代文化遗址对此则有更多的发现。古人还发明了棺椁,如木棺、石棺、铜棺、陶棺等,以便更好地保护遗体。这些情况在“葬”字结构中难以一一表现。楷书“葬”字把茻字改为上从艸,下讹为廾,表示用双手把死者埋入草中,由于概括了埋葬的基本方式,因而从古至今“葬”字就成为丧葬的典型代表字。从这个角度看,汉字对礼俗演进的适应也具有稳定性的一面。

(本文与刘艳梅合写)

(原载《汉字文化》2003 年第 4 期)

郭店楚简字词札记

1993年于湖北荆门出土、1998年出版的《郭店楚墓竹简》，是一部以战国文字记载的重要文献。关于郭店楚简文字的释读解释，时彦已多有卓论。本文选择其中八个字词，略陈己见，以就教于方家。

一、亳　㦛

《语丛一》三三至三五号简："豊(礼)生于牂，乐生于亳。豊(礼)妻(齐)乐㦛则戚，乐𡗗豊霝则詅。"

这几句讲礼乐的原则及违背这些原则所产生的后果。头两句疑难字有"牂"和"亳"。牂，陈伟先生读"庄"，指庄重[①]，刘钊先生也读"庄"，指庄重、严肃、恭敬[②]，均持论有理，可以信从。亳，刘钊先生读为"度"，指法度，疑近是：一是二字均属铎韵，亳並纽，度定纽，古音相近；二是有古籍可证，《礼记·乐记》："百度得数而有常。"《吕氏春秋·大乐》："音乐之所由者远矣，生于度量，本于太一。"这些文献都清楚地阐明了乐与"度"的关系。陈伟先生读"亳"为"薄"，指"轻薄"，其说似可商。古人极重视礼、乐在治国安邦中的重要地位，它们的作用应是一致的而非分离的，关系应是和谐的而非对立的。《庄子·天下》："礼以道行，乐以道和。"《荀子·儒效》："礼言是其行也，乐言是其和也。"

《礼记·乐记》："礼乐刑政，其极一也。""礼乐皆得谓之有德。"上

---

① 陈伟《语丛一、三中有关礼的几条简文》，《郭店楚简国际学术研讨会论文集》，湖北人民出版社，2002年，第144页。

② 刘钊《读〈郭店楚简字词札记〉》，同上书，第84页。

述诸例都强调了礼乐作用的一致性和关系的和谐性，如果说礼产生于庄重、恭敬，而乐却产生于轻薄，这样二者的关系就会不协调，因而也就难以在治国安邦中共同发挥积极作用。

事实上，本简后二句正说明了礼乐背离协调原则时所产生的后果。这里，“妻”不必释为“庄重”而可按整理者的意见读为“齐”，指“齐备”。毒，释为“每”。陈伟、张光裕、刘钊诸先生读为“繁”或“烦”[1]，义相近；訡，汤余惠先生释为(万［丐］)[2]，陈伟、刘钊二先生均释为“謌”，读“慢”，指轻慢、无节制。但关键的“靊”解释有歧见。陈伟读“零”，指“零落，稀少”；刘钊读“灵”，指“美好”，在简文中释为“过度”。释为“零落，稀少”，似与简文指出的两种后果不相对应；“灵”表“美好”，但是否具有“过度”的引申义，也似可商。

我们主张释“靊”为“陵”，表示“超越”之义。《礼记·檀弓上》：“故丧事虽遽不陵节，吉事虽止不怠。”孔颖达疏：“丧事虽须促遽，不得陵越丧礼之节。”《礼记·学记》：“不陵节而施之为孙，相视而善之谓之摩。”“靊”来母耕韵，陵来母蒸韵，古音十分接近，具有通假的语音条件。同时古人一贯主张礼要庄重，乐要有法度，其实质都是要求适度，有所节制；其矛头所指，都是礼乐活动中超越限制的奢靡与铺张。《礼记·乐记》：“是故先王之制礼乐，人为之节。”“故礼主其减，乐主其盈。”但乐宜充盈而不奢靡。《吕氏春秋·适音》：“夫音亦有适，太钜则志荡……太小则志嫌。”《吕氏春秋·古乐》：“乐所由来尚矣，必不可废。有节有侈，有正有淫矣。”讲的都是要节制礼乐，使之合乎法度。因此，简文“豊(礼)妻(齐)乐靊则戚”是说，礼仪已经齐备，而音乐超越它，就会令人悲哀。《礼记·乐记》“乐极是忧，礼粗则偏矣”、《吕氏春秋·侈乐》“故乐愈侈，而民愈郁，国愈乱”，说的正是这个意思。简文“乐毒豊靁则訡”是说，音乐纷繁，礼仪超越它，就会显得轻慢。《礼记·乐记》“五音皆乱，迭相陵谓之慢”、《吕氏春秋·音初》“世浊则礼烦而乐淫”，说的也正是这个意思。

---

① 张光裕主编《郭店楚简研究·文字编》“绪言”，第12—13页。

② 汤余惠《包山楚简读后记》，《考古与文物》1993年第2期。

二、㓠 覝

《语丛二》四号简:“㓠生于耻,覝生于㓠。”

注:“裘按:此句第一字疑是‘兼’字之讹体,读为‘廉’。”裘先生这里所说的“覝”字,当读为“廉”,其说甚是。下面拟根据上下文义,对“㓠”“覝”二字及其句意加以推论。

㓠,《正字通·采部》:“㓠,同悡,俗省。”悡同黎。见《集韵·脂韵》。《说文·心部》:“黎,恨也。从心,黎声。”常用义为“遗憾,不满”,但也有“怨恨;仇恨”义。《广韵·恨韵》:“恨,怨也。”《荀子·尧问》:“处官久者士妒之,禄厚者民怨之,位尊者君恨之。”此处“妒、怨、恨”都是表义程度较重的心理动词,“怨”“恨”义近。简文“㓠生于耻”是说:怨恨产生于羞耻(受到羞辱)。上海博物馆藏战国竹书《孔子诗论》十七简“汤之水亓(其)忢(爱)妇㓠(黎)”,也有此字,注:“简文是说诗篇所言的爱,也是妇人之恨。”

覝,字形罕见。裘先生读“廉”,未释其义。我们以为“廉”在此非“廉洁”“清廉”之义,而当释为“方正;刚直”。《尚书·皋陶谟》“直而温,简而廉,刚而塞,强而义”,孔安国传释“廉”为“有廉隅”。廉隅,本谓棱角,用以比喻品行端方,有志节。《论语·阳货》:“古之矜也廉,今之矜也忿戾。”朱熹集注:“廉谓棱角峭厉。”《礼记·乐记》:“丝声哀,哀以立廉,廉以立志。”此言弦乐的声音哀惋,可以使人品性端方,品性端方,可以确立志节。战国《睡虎地秦墓竹简·语书》:“智(知)则弗敢论,是即不廉殹(也)。”注:“廉,刚直。”《韩非子·五蠹》:“今兄弟被侵,必攻者,廉也。”这句话是《语丛二》四号简句子的好注脚。当兄弟受人欺凌时,当事人必然产生怨怒、仇恨之心,一定要给对方以还击,这就是刚直的行为。中国人历来具有这样的文化心理传统,兄弟之间是天然骨肉亲情,即使因为产生纠纷而“阋于墙”,但一旦面临外敌入侵,就会停止冲突,一致对外,以“外御其务(侮)”,正如《礼记·曲礼上》所说,“父之仇弗与共戴天,兄弟之仇不反兵,交游之仇不同国”,都必须及时进行复仇。综上所述,此处“覝生于㓠”似可理解为:刚直的复仇行为产生于怨恨之心。

三、汤

《尊德义》一六号简："(教)以懽(权)㤅(谋)，则民汤远豊(礼)亡新(亲)㥤(仁)。"

此句原无注。李家浩先生释"汤"为"淫"，读为"惃"，合而表示"迷惑混乱"①，实不失为一种有意义的解释，学者多从之②。不过，由于上述二字写法怪异，字形尚可再讨论；释之为"迷惑混乱"似与"权谋"对应欠密。因此下面提出另一种解释，以供大家指正之。

前一字作，左水字旁；右旁与常见的"昜"写法稍有不同，其上部或为手书写讹，下部则为"勿"无疑。如包山简二・一八一"昜"作，其上部写法即与此字较为接近。《古玺文编》0099"场"字作，右旁也是"昜"字。因而我们倾向于原注释为"汤"。我原先认为汤通"荡"，表示"放纵，放荡"，但"汤"通"荡"的例证虽然较多，而释为"放纵，放荡"仍觉与"教以权谋"缺乏因果联系，因而现在放弃这种解释。吕浩先生读"汤"为"炀"，指"遮蔽，壅蔽"，似可从③。权谋者，随机应变之谋略也。《荀子・君道》："上好权谋，则臣下百吏诞诈之人乘是而后欺。"惯常权谋必然唯利是视，多行诡诈蒙骗。《荀子・天论》"权谋倾覆幽险而尽亡矣"，杨倞注："权谋多诈幽险，三者尽亡之道也。"可知权谋与多诈是紧密联系。而多诈又与遮蔽、欺骗等手段息息相关。

，原注未释。《六德》二八号简"为弟也"，裘锡圭先生释为"昆"，从上下文义看，释为"昆"是合理的。、形体相近，似可看作一字的变体。不过它是否就是"昆"的本字，它为什么不从"日"从"比"，而写成如此模样，一时难以回答。在现有楚简帛文字中，很难

① 李家浩《读郭店楚墓竹简琐议》，《中国哲学》第20辑，辽宁人民出版社，1999年，第344页。

② 陈伟《关于郭店楚简六德诸篇编连的调整》，出处同上书，见该书第70页；李零《郭店楚简校读记》释为"淫昏"，见《道家文化研究》第17辑，生活・读书・新知三联书店，1999年，第523页。

③ 吕浩《郭店楚墓竹简释文订补》，华东师范大学中国文字研究及应用中心主编《中国文字研究》(第2辑)，广西教育出版社，2001年。

看到“昆”字。古文字中，如昆疕王钟和古玺中的“昆”，上端都从“日”。李家浩先生文中所举《汗简》《古文四声韵》中四个“昆”或从“昆”之字，三个都从⊙，明显是“日”字，另一个○，应是“日”字之省。因此，或字的结构值得再作考虑。

检楚简帛文字，“日”和从“日”之字均作形[①]，尚无一例写作或形者，这似乎否定了两者之间存在着因承关系。而在楚简帛文字中，我们却发现后者与“革”字的构件存在着对应关系。

楚文字的“革”通常写作等，分别见包山简二·七四、天星观遣策、曾侯乙简四八、《郭店楚简·唐虞之道》。“革”字上端的部分有时可改写成，如：愅（包山简二·七四，二·一九一）䩞（信阳简二·〇一三；天星观简遣策，望山简遣策）。“䩞”字的释读不仅为上述诸楚简整理者所认同，收录于滕壬生《楚简帛文字编》，而且出现过一批讨论文章，如朱德熙、裘锡圭《信阳楚简考释（五篇）》，中山大学古文字研究室《战国楚简概述》，彭浩《信阳长台关楚简补释》，等等，均读为“䩞”字。可以说学界已达成共识[②]。而“愅”与“䩞”，声旁是相同的。据此，所谓似革非革的和，其实就是“革”字演变的结果，而《尊德义》中的“”则可释为“愅”。愅，改变。字同“諽”。《集韵·卖韵》：“諽，《说文》饰也。一曰谨也，更也。或从心。”《荀子·礼论》：“祭者，志意思慕之情也。愅诡唈僾，而不能无时至焉。”杨倞注：“愅，变也；诡，异也。”《尊德义》此简似谓：拿权谋教给老百姓，他们就会遮蔽蒙骗，二三其德，因而远离礼，不亲仁。

四、余

《尊德义》二三号简：“君民者，（治）民复豊（礼），民余憲智。”

“余”字郭店简作，包山简二·八五“黄为余”，“余”字作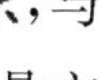，与之极为接近。《说文·八部》：“余，语之馀也。从八，舍省声。”钟鼎文初

① 滕壬生《楚简帛文字编》，湖北教育出版社，1995年。

② 朱德熙、裘锡圭《信阳楚简考释（五篇）》，《考古学报》1973年第1期；中山大学古文字研究室《战国楚简概述》，《中山大学学报》1978年第4期；彭浩《信阳长台关楚简补释》，《江汉考古》1984年第2期。

期无“八”字，如克鼎作，召伯簋作。春秋诸器始加“八”，如郳公华钟。此字还孳乳出加“口”的异体，如郭店楚简《老子（甲）》“将徐生”“将徐清”等，“徐”字皆作，也可以说是“从八，舍声不省”。此字郭店简整理者释“余”不误。

余，原无注。今按：似可读为“悇”。悇，贪欲。《说文・心部》：“悆，嘾也。”段玉裁注：“嘾者，含深也。含深者，欲之甚也。《淮南子・修务训》高注云：‘贪欲也。’……按：嘾、憛，悆、悇，皆古今字。”憲，裘锡圭先生读为“害”。本简此句似言：统治者治理老百姓，应使之回复于礼义；人们有了贪欲之心，就会损害理智。

陈伟先生将此句读为“君民者，治民复体民，除害知生”①，似与上下语境不合。《尊德义》从二〇至二五号简，不厌其详地强调“道（导）民”、尊礼之重要，如：“迪其民”，“尊仁。亲忠，敬庄，归豊（礼）”，“民可使道（导）也”，“为邦而不以豊（礼），犹质之亡口也”，“非豊（礼）而民兑（悦）之，忎此小人矣”，等等。从这样一个语境系统中，我们不难推出“君民者，治民复豊（礼）”的必然性。民不复礼，就会失去理智造成危害，正如简二二所说：“桀不谓其民必乱，而民又（有）为乱矣。”

五、簜

《尊德义》三四号简：“君子簜席之上，让而受幼，朝廷之立（位），让而处贱。”“受幼”二字整理者未释，李家浩先生已释读，可以信从。“簜”字，李家浩先生和陈伟先生均作不识之字处理②。李零先生读“衽”，但二字字形相差较远③。此字从竹，从支，昜声。我们以为此字可读为“篖”。昜，古音为余母阳韵；唐，古音为定母阳韵，读音十分接近，可以通假。篖义为竹席。《集韵》：“篖，笭篖，竹席，直文而粗者。”《方言》卷五：“笭篖，自关而东，周洛楚魏之间谓之倚佯；自关而西，谓之笭篖；南楚之外，谓之篖。”最后一句值得注意，因为南楚正是楚之

① 陈伟《关于郭店楚简六德诸篇编连的调整》；李零《郭店楚简校读记》释为“淫昏”。

② 李家浩《读郭店楚墓竹简琐议》；陈伟《关于郭店楚简六德诸篇编连的调整》；李零《郭店楚简校读记》释为“淫昏”。

③ 李零《郭店楚简校读记》。

故地。郭璞注："似籧篨，直文而粗，江东呼笪。"《本草纲目·服器部·簟》作"笍笪"。席，篖席，应即《礼记·坊记》所说的"衽席"。

（原载《庆祝〈中国语文〉创刊50周年学术论文集》，商务印书馆，2003年）

论清代“六书”学对宋元明“六书”说的传承与超越

“六书”是我国传统文字学理论的核心内容之一，王宁先生称之为“中国传统文字学的灵魂”①。“六书”说经过战国末至西汉时期的长期酝酿，到了东汉，由许慎确定名称、作出义界而告形成。魏晋南北朝时期，“六书”研究相对沉寂。南唐宋初徐铉、徐锴兄弟注述《说文》，“六书”说得以复兴。宋元明时代，以郑樵、戴侗为代表，一大批学者潜心于“六书”研究，作出了很大成绩。在此基础上，清代以戴震、段玉裁、王筠等为代表的文字学家继续努力，终于将“六书”研究推上巅峰。清代“六书”研究取得诸多成果，原因很多，而对于宋元明“六书”说的传承、借鉴与超越则是其中一个不可忽视的因素。本文拟选取“六书”说的几个方面，对清人传承并超越宋元明“六书”说加以论述，敬请方家是正。

六书体用说

清代学者提出了六书“四体二用”说，把六书区分为“体”和“用”两类，这是“六书”研究的新收获，也是对宋元明“六书”说的传承和超越。

“六书体用说”的关键，是把转注、假借这后二书看作是与象形等前四书性质、功用不同的东西，从而将六书区分为“体”和“用”两类。事实上，徐锴已经为体用说打下了基础，他的“六书三耦说”提出：“象形指事相类，象形实而指事虚；形声会意相类，形声实而会意虚。”“假

① 党怀兴《宋元明六书学研究》，中国社会科学出版社，2003年。

借则一字数用”，“转注则一义数文”。既然“一字数用”，“一义数文”，自然难以针对具体的字形作结构分析，因而徐锴似乎已将后二书视为另类而将其与前四书区隔开来，从中可以看出体用说的端倪。其后北宋的张有在《复古编》中称象形为“文之纯”，指事为“文之加”，会意为“字之纯”，谐声为“字之加”，而“假借者，因其声，借其义；转注者，转其声，注其义。文字之变化无穷矣”。他明确地把六书分为“文字”(前四书)和“文字之变”(后二书)两个层次，而后者是对文字“声、义”的运用，与形体结构无关。南宋郑樵在《通志·六书略》中指出象形指事为文，会意形声转注为字，而假借“文、字俱也”，即文、字都可以产生假借现象。他将假借从六书中分离，尽管未剥离转注是其不足，但仍然具有积极的意义。元人周伯琦《说文字原·叙》也说：“象形、指事者，文也；会意、谐声者，字也。转注、假借者，文字之变也。”他把后二书视作“文字”的补充，属于文字的变化运用。明人赵古则《六书本义纲领·六书总论》认为：转注、假借均为“文字之俱”，“侂夫四者之中者也”，更加明确后二书与前四书不同，无关乎字形结构分析[①]。上述学者的说法尽管并不完全符合古文字发展的实际(从甲骨文、金文看，在形声字大量产生之前，假借现象已经存在)，但无疑都对“四体二用”说起到了催生作用。此外，明人杨慎倡导“四经二纬”说，认为前四书“有象可见”，后二书“则隐于四象之中，而非别有字也”；吴元满提倡“六书体用”说，认为“六书形事意声，四者为体，假借转注，二者为用”[②]，“四体二用”说至此已经呼之欲出了。

在前人研究的基础上，清人戴震正式提出“四体二用”说。他认为：象形、指事、会意、形声“四者，书之体止此矣。由是之于用，数字共一用者……其义转相为注曰转注；一字具数用者……假此以施于彼曰假借。所以用文字者，斯其两大端也”[③]。其弟子段玉裁服膺其说，在所著《说文解字注》中指出：“戴先生曰：‘指事、象形、形声、会意

① 党怀兴《宋元明六书学研究》，第241—242页。
② 党怀兴《宋元明六书学研究》，第243—244页。
③ (清)戴震《戴震集》，上海古籍出版社，1980年。

四者，字之体也；转注、假借二者，字之用也。’圣人复起，不易斯言矣。”[①]他又进一步解释说：“六书者，文字声音义理之总汇也。有指事、象形、形声、会意，而字形尽于此矣；字各有音，而声音尽于次矣；有转注、假借，而字义尽于此矣。异字同义曰转注，异义同字曰假借。有转注而百字可一义也，有假借而一字可数义也。”他指出汉字是形音义的综合体，但前四书都有字形可以分析，而后二书并没有具体的字形可供分析，是借形寄义，或异字同义，是对文字的具体运用。其后朱骏声也说，(前四书)“四者，文字之体也。意之所通而转注起焉，声之所比而假借生焉。二者，文字之用也”。王筠则称“四者为经，造字之本也；转注假借为纬，用字之法也”“转注合数字为一义，假借分一字为数义”。他又说：“老从人毛匕，则会意也，考从老省丂声，则形声也。以此推之，凡转注字皆然，故知转注假借，即在形事意声四者之中，乃用字之例，非造字之本。”[②]“造字之本”“用字之法”经王筠正式提出，是对“六书体用”说的高度理论概括，这是清儒超越前人的有力证明；他关于转注假借的相关论述则与徐锴“六书三耦说”的相关表述如出一辙，因而其中的学术传承脉络也至为显明。

兼书说

兼书说是“六书”学的一个重要内容。由于单一的六书类型有时难以解释错综复杂的汉字结构，于是促成了兼书说的产生。《说文》中就有“从某，象某之形”之类的字形阐释，有人以为这种分析既非会意，又非象形，乃许慎自乱其例。其实许慎的做法似乎表明，他已经意识到一些复杂的汉字并非单纯的“象某某之形”或“从某，从某”所能分析，六书存在着变例，存在着基本类型之外的兼书现象。唐末林罕《说文字原偏旁小说·序》也已涉及兼书，认为六书“非止著一义而属一字，一字之内，有占六书二三四者”，不过他并未展开论述。

真正提出兼书说的是宋代的郑樵。他在《六书略·六书序》中对

---

① (清)段玉裁《说文解字注》，上海古籍出版社，1983 年，第 755 页。

② (清)王筠《说文释例》，武汉市古籍书店，1983 年，第 3—4 页。

象形、指事、谐声中的兼书现象都作了分析。象形字中正生共 10 类，侧生 6 类，兼生 2 类。兼生之中，列形兼声 50 文，形兼意 37 文。谐声字中，正生归本外有变生（稍有变化的特殊兼生），六类中列声兼意 373 文。指事字中，正生归本外有兼生，兼生中包括事兼声 6 文，事兼形 11 文，事兼意 12 文。其他三书则无兼书现象。郑樵论兼书，纲举目张，条分理贯，又列出专章，刊于《通志》，他的确是兼书说的创始者。其后戴侗、赵古则、吴元满、赵宧光也基本上继承了郑氏的兼书说观点。不过，由于兼书是一个复杂问题，郑樵又是草创，其失误之处也不少。如郑氏形兼意一门，收“来、皂、春、兵、具”等 50 文，应分属象形、指事或会意字，不必强以为形兼意。他论事兼声、事兼形、事兼意三项，清人吴颖芳多有批评，认为不必立。这说明宋元明兼书说多有不完善之处。

清代兼书说研究在前人的基础上有所发展。段玉裁就深明六书相兼之理，他在“吏”字注中说：“凡言亦声者，会意兼形声也。凡字有用六书之一者，有兼六书之二者。”[①]他在《说文・叙》“象形”部分的注中又指出：“有独体之象形，有合体之象形。”[②]合体象形字，从某而又象其形，如“眉、衰”等字。独体象形字附以不成字不可读的符号，以成合体象形，这就是形与形的相兼。他侧重论述声义相兼之旨，更形成“段注”的一大特色、一大贡献。清代文字学家王筠，则将兼书说研究推向高潮。王筠把兼书划分为 13 类，其“象形兼会意”“象形兼意与声”就与郑樵的“形兼意”“形兼声”基本相对应；“形声兼意”又与郑樵的“声兼意”大致对应。不过他的分类比郑氏更加细致，如指事字中兼书有 4 类：(1) 以会意定指事（秀、孕）；(2) 以会意定指事而小别（毌、欠）；(3) 指事兼形意与声（牵）；(4) 借形以指事而兼会意（高）。(3)(4)两项，郑氏亦无。又如会意字兼类，郑氏所无，王筠则列出会意兼象形（牢、枣）、会意兼指事（步、束、困）、会意兼形声共三类。由于声意两兼者，已在形声字部分论述过，故不再重列。王筠兼书说，

① （清）段玉裁《说文解字注》，第 1 页。
② （清）段玉裁《说文解字注》，第 755 页。

后人评价较高。何添认为:“王氏之说六书,虽能取证今文,而大旨仍本于《说文》,不敢逾越;然其分析文字,已能于正例之外别出变例;而变例之中分增、减、变、兼四门,不独能疏通小篆,亦有与古文契合,此则不得不谓王氏之卓识也。今证以古文字,以观王筠《说文释例》兼书之说,则字兼二书之例,于造字之时,确然存在,然不若王氏分类之繁琐耳。”①清代文字学家朱骏声在其《说文通训定声·说文六书爻列》中列指事 34 文,象形兼指事 69 文,会意兼指事 16 文,形声兼指事 6 文,计指事类共 125 文。象形 242 文,形声兼象形 5 文,会意兼象形 105 文,会意形声兼象形 12 文,计象形类共 364 文。会意 830 文,形声兼会意 337 文,计会意类共 1167 文。形声类 7697 文,转注类 7 文,假借 115 文。在各书下标出小类并列出统计数字的做法,虽始于郑樵,但朱氏更为全面,“其推衍形、事、意、声四声之相兼,可谓全矣。”②

兼书说反映了古代学者对汉字结构的一种深层思考,对汉字的构成体系和成字构件进行细致的剖分和研究,是对《说文》关于六书类型的功能性改进,有些问题如形兼声、意兼声等,已涉及汉字发展规律(声化趋势)的探讨。用兼书说去解释传统六书所难以说清的古文字构形问题,也能给人以启示。不过对于清人的兼书说,后人也有“失之烦琐”之讥。如何进一步完善兼书说,建立新的更有解释力的汉字构形理论,这是当代文字学界面临的一大课题。

假借与转注说

先谈假借。清代学者对假借有不少精辟论述,如段玉裁在《说文解字叙·注》中指出:“大抵假借之始,始于本无其字。及其后也,既有其字矣而多为假借。”他区分假借为“本无其字”和“本有其字”两类,为后来“通假”的分立打下了基础。关于假借的理论基础,他能运用语言学的观点加以分析,指出“假借以音为主”“假借异义同字,其源皆在音韵”(《六书音均表·三》)。指明了假借的实质。朱骏声在

① 何添《王筠〈说文〉六书相兼说研究》,吉林文史出版社,1996 年,第 275 页。

② 何添《王筠〈说文〉六书相兼说研究》,第 27 页。

《说文通训定声》中说：“假借者，本无其意，依声托字，朋、来是也。”他发现《说文》中假借的代表字“令、长”实为引申字例，所以改用“朋、来”加以替换。他的做法受到了后人的赞同。与此同时，他也指出了“本有其字”的假借。如《虞书》中“璪火粉米”，借“璪”为“藻”，《周礼》“大傀异灾”，借“傀”为“鬼”等。王筠在《说文释例》中还总结许慎标明假借的术语，指出：“今考诸部解语，有言故为、故以为、或以为者，凡以明夫此之可借为彼也。”①这些都是清代学者对假借的重要理论贡献。

段、朱、王关于假借的论述是对宋元明学者的师承。徐锴在“六书三耦说”中指出：“假借则一字数用。”其实已经点明假借为用字之法，是一个字借作几个字用。郑樵《六书略》将有义之假借分为四类，无义之假借分为八类。其分类固然失之细碎，而且有的与词义引申相混，但其中的“因借而借”，如“难”为鸟名，借为险难字；“借同音不借义”，如“尔”，花盛，借为尔汝字；“语词之借”，实词借为虚词等，都是真正的假借条例。戴侗以“假借者，义无所因，特借其声”为标准，首先看出“令、长”非假借字例，而以“韦、豆”代之，这比朱骏声以“朋、来”取代“令、长”要早了几百年。王筠认为虚词多假借，他在《文字蒙求》中说：“有实字，无虚字，后世之虚字，皆借实字而为之也。”而此前，郑樵在《六书略》中说：“凡语词，惟又、哉、乎、兮、于、只，乃有义，他并假借。”戴侗《六书故》也说：“凡虚而不可指象者多假借，人之辞气抑扬最虚，而无形与事可以指象，故假借者十八九。”从这里可以看出王筠与郑、戴等前辈的学术渊源关系。

再谈转注。转注是一个聚讼纷纭的问题。历来转注可分为主义说、主形说和主声说三大派。清代学者中三大派均有代表人物，他们与宋元明学者的传承关系也是相当清楚的。

戴震、段玉裁为主义说的代表人物。戴震《答江慎修先生论小学书》说：“转注之云，古人以其语言立为名类，通以今人语言犹云‘互训’云尔。转相为注，互相为训，古今语也。”“数字共一用者，如初、哉、首、基之皆为始，卬、吾、台、予之皆为我，其义转相为注曰转注。”

① (清)王筠《说文释例》，第192页。

段玉裁继承师说，认为“建类一首，谓分立其义之类”，“同意相受，谓无虑诸字意指略同，义可互受，相灌注而归于一首”。其后桂馥、洪亮吉、刘台拱、王筠也主此说。主义说若往上追溯，可见于徐锴的《说文解字系传》：“转注则形、事之别，然立字之始，类于形声，而训释之义与假借为对。假借则一字数用……转注则一字数文，借如老者直训老耳，分注则为耆，为耋，为耄，为寿焉。”他是以同部首而声符不同的同义词为转注。后来郑樵的“建类主义转注”则认为：“立类文母，从类为子，母主义，子主声。主义者，是以母为主而转其子；主声者，是以子为主而转其母。”可见徐、郑的转注说，侧重于具有共同形符的一组形声字，它们意义相同相关，可以转相注释。王筠《说文释例》说转注为“建类一首，文意相受，左右相注”，下面就引用了郑樵的上述论说。在徐锴、郑樵转注说的启发下，到了戴、段，则发展成为“互训”说。近代胡朴安论述为：“建类一首，谓同部也；同意相受，谓互训也。同部而互训者，为转注正例；不必建类一首，而同意可以相受，皆为转注变例。”①

清代主形说的代表人物是江声。其《六书说》认为：“立‘老’字以为部首，即所谓建类一首。考与老同意，故受老字而从老省，老字之外，如耆、耄、耇之类凡与老同意者，皆从老省而属老，是取一字之意以概数字，所谓同意相受。”夏炘《六书转注说》认为：“建类者即部分之类。”“一首者即每部之首，如元、天、丕、吏等为类，部首共属一字……同意相受者，谓每部同类之字，皆本此部首一字之意，递相授受也。”张行孚、钱砧也持此说。主形说也可追溯至徐锴。《说文解字系传》‘上’字注：“转注者，建类一首，同意相受，谓老之别名有耆、有耋、有寿、有耄……，一首者谓此等诸字皆取类于老，则皆从老。若松柏等皆木之别名，皆同意于木，故皆从木。”这种转注说也被称为“首字转注”说，有学者评论：“此说颇新奇，而失之泛滥，果如其说，则六书几无非转注矣。”②

清代主声说的代表人物是顾炎武。其《音论》认为：“凡上、去、入

---

① (清)王筠《说文释例》。

② 何添《王筠〈说文〉六书相兼说研究》，第156页。

之字各有二声或三声、四声，可逆转而上同以至于平，古人谓之转注。如恶为爱恶之恶则去声，为美恶之恶则入声。”从这例子可知，他视四声别义者即为转注关系。声转说可追溯至北宋张有，其《复古编》说：“转注者，展转其声，注释他字之用也，如其、无、少、长之类。”“转注者，转其声，注其义。”如“其”，古文象箕形，乃“箕”的本字，借为“其然”之“其”；“無”字古文表跳舞，为“舞”之本字，借为有无字。张有的声转说其实是假借用法，无关转注。但这种以声音“注释他字之用”的思路对于顾炎武等后代学者是有启发的。其后章太炎又提倡“声首”说，主张意义相同、声音相近的字为转注字，他以“建类一首”之“类”为声类。黄侃则认为“同声同义而异字，即转注也”。陆宗达对章黄之说加以发展，认为“为从某一语源派生的新词制造新字，这是汉字发展的一条重要法则，也就是转注”①，这种说法已经突破了“声转”说的局限，是对转注说的新发展。

子母相生说

宋代郑樵创汉字子母说，认为文字是母子相生的。其《六书略·六书叙》说：“字者，以母统子，则为谐声；子统子，母统母，则为会意。”其《六书略·论子母》又说：“立类为母，从类为子。母主形，子主声。”文有子母，以母统子，母能生、子不能生，这就是制字之旨。郑樵子母说已具有字源研究的性质。其后戴侗提出“父以联子，子以联孙”的文字孳乳系统，周伯琦《说文字原·序》说“字系于文，犹子之随母也”，吴元满、赵宧光也对子母说加以发挥。这些都对清人产生了一定的影响。如清人龙学泰论及“六书三耦”时说：“或从子母言，或从字体言，或从制字先后言。”他所使用的“母主义、子主声、正生、兼生”等术语概念，也都源自郑樵之说。近人吴心谷《许氏说文微》以14个汉字笔画为最基本公母而衍生出分母、分子等无穷的汉字，他的总公母（一、丨等）、公母（丿、等）、分母（540部中能生部首者）、分子（540部中不能生部首者）之说与郑樵、周伯琦之说相当接近。他们从隶楷

① 陆宗达《说文解字通论》，北京出版社，1981年，第59页。

入手，推演汉字的变化规律，结论固然不足信，但他们探讨汉字衍生系统的努力不可抹杀，对后人也不无启示。

在谐声研究中，宋元明时代产生了运用子母说、按谐声声符归纳谐声字的做法，如吴元满著《谐声指南》，用 1300 个谐声声符统领所有的形声字，为这类著作中的一部开山之作。其后赵宧光在吴氏的基础上制作《谐声通韵表》，明确地用谐声声符为所从字之祖并统属所从之字。他主张“形义，母也；音声，父也”。其《谐声表》以原始的声符为“韵之始祖”，而所从出字“皆其子孙也”。宋元明学者这些研究开启了清人相关研究的基础。钱塘著有《说文声系》一书，“取许氏之书离析合并，重立部首，系之以声”，这种以声为主，贯通字义训诂的做法相当可贵，惜其书今已不传。而段玉裁提出了“同谐声必同部”的著名论断，与此前的赵宧光遥相呼应。其后朱骏声《说文通训定声》用 1137 个声母统领《说文》所收字，按声母依次排列衍生之字，并考定其意义。陈立又著《说文谐声孳生述》，继踵前贤，“按古韵分部，以象形、指事、会意字为母文，计得声母字 1121 个，尽收同声符形声字，并按母、子、孙孳生系统排列，后出转精，井然有序”[①]。从制表的基本精神看，陈立《说文谐声孳生述》与赵宧光《谐声通韵表》及戴侗《六书故》“以母部领子部”都存在着较为明显的学术传承关系。

清代的“六书”学之所以能从宋元明“六书”说中汲取养分，实在不是偶然的。宋代是我国学术史上推求义理、提倡思辨的时代，相对宽松的社会环境、格物穷理的学术研究风尚，推动着文字学研究走向变革，人们重新审视许慎的学说，依据新材料、运用新方法、提出新见解，从而形成了文字学研究的新景观。唐兰说：“郑樵第一个撇开《说文》系统，专用六书来研究一切文字，这是文字学上的一个大进步。”[②]事实上宋元明“六书”说中有价值的东西很多。当然，宋元明学者也存在一些明显的缺点，如：或追求新奇，或失之烦琐，或流于空泛等，这是时代的局限使然，不应苛责于古人。到了清代尤其是乾嘉时期，

① 党怀兴《宋元明六书学研究》，第 326 页。

② 唐兰《中国文字学》，上海古籍出版社，1979 年，第 21 页。

学术空前繁荣，学者们以复兴汉学为己任，尊崇汉学，贬斥宋学，一方面从宋人那里传承了“六书”说并加以发展，另一方面却又鄙视宋儒，以为他们空疏不足道，这是一种非历史非客观的态度。何九盈认为："清代语言学的成就很突出，问题也很突出。首先，他们有严重的复古主义倾向。具体表现在：对汉以后的语言文字学没有采取分析的态度。"[①]这个批评是中肯的。我们应当充分肯定宋元明学者对“六书”学的贡献，同时也要看到他们的局限；我们更应当充分肯定清代学者对宋元明“六书”说的传承与超越，同时也要看到他们的局限和过分否定前人成就的缺失。只有这样，才能建立起科学信实的《说文》学史，从而把我国文字学研究推向深入。

（本文与李世新合写）

（原载《盐城师范学院学报》2006 年第 1 期）

① 何九盈《中国古代语言学史》，河南人民出版社，1985 年，第 203 页。

《唐人小说》词语释读

汪辟疆校《唐人小说》,上海古籍出版社 1988 年出版。笔者对在阅读中遇到的疑难词语作了一番梳理查证,兹不揣谫陋,公之于众,以求方家是正。

1. 更

"有一胡僧,行乞而至度家。弟勣出见之。觉其神采不俗,更邀入室,而为具食,坐语良久。"(第 6 页,《古镜记》)

王勣觉得行乞的胡僧神采不俗,产生了交流的想法,于是就让他进屋。此处的"更",当读 gèng,用作副词,意为"再;又",表示又进一层。类似的用例在唐诗中也可以见到。如《孟浩然集》卷一《早梅》诗:"园中有早梅,年例犯寒开。少妇争攀折,将归插镜台。犹言看不足,更欲剪刀裁。""犹言"与"更"相承,表示"刚才还说看不够,(一转眼)又想用剪刀去剪裁"。又如白居易《白氏长庆集》卷十七《送萧炼师步虚词十首卷后以二绝继之》之二:"试呈王母如堪唱,发遣双成更取来。""如堪唱"表示前提,"更取来"即"就取来",表示结果。再如崔峒《赠元秘书》诗:"幸有故人茅屋在,更将心(一作"闲")事问情亲。"

2. 已上

"又有守宫,大如人手,身披鳞甲,焕烂五色,头上有角,长可半寸,尾长五寸已上。"(第 10 页,《古镜记》)

已上,应是一个估量性的表述,与"以上"同义。古籍中多用"以上",表示品第、数量、级别、位置等在某一点之上。如《穀梁传·僖公二年》:"且夫玩好在耳目之前,而患在一国之后,此中知(智)以上乃能虑之。"《史记·商君列传》:"民有二男以上不分异者,倍其赋。"魏晋以后"已上"的用法开始出现。如:《北史·魏本纪》:"夏四月癸卯,车驾还宫,赐从者及留台郎吏已上生口各有差。"《魏书·帝纪第七·高祖纪上》:"冬十月,癸酉,宴京邑耆老七十已上于太华殿,赐以衣服。"唐张鷟《朝野佥载》卷一:"须臾有大蛇十围已上,张口向天,人或有斫射者。"《宋史·宋高宗纪二》:"壬寅,诏京官、知县两任已上实及六考,方许升诸州通判。"

3. 透至

"日晡,有物如匹练,自他山下,透至若飞,径入洞中。"(第19页,《补江总白猿传》)

"透至",跳,腾跃。也单说"透"。《说文》新附:"透,跳也。"南朝宋谢灵运《山居赋》:"飞泳骋透,胡可根源。"唐杜甫《泥功山》诗:"猿哀透却坠,死鹿力所穷。"唐韩愈《祭郴州李使君文》:"航北湖之空明,觑鳞介之惊透。"唐沈佺期《钓竿篇》:"人疑天上坐,鱼似镜中悬。避楫时惊透,猜钩每误牵。"

4. 汎滥

因顾诸女,汎滥者久。(第20页,《补江总白猿传》)

汎滥,也作"氾滥""泛滥"。本指"大水漫溢",引申指"波动""浮游""博览而沉浸其中"等(参见《汉语大词典》)。此处指大白猿在住有30名女子的房间里通宵流连,突然怆然发声:"吾已千岁,而无子。今有子,死期至矣。"然后"顾诸女,汎滥者久"。此处的"汎滥"似是对"博览而沉浸其中"义的引申,指白猿对诸女一一注视,依恋不舍。

5. 故故

故故将纤手,时时弄小弦。(第24页,《游仙窟》)

"故故"与"时时"相对,故"故故"也应是一个表示时间频率的叠音词。《汉语大词典》:"故故:屡屡;常常。"引唐杜甫《月》诗之三:"时时开暗室,故故满青天。"《唐五代语言词典》也释为"屡次,常常"①。这种用法在唐代相当多见。《游仙窟》下文就有"无情明月,故故临窗;多事春风,时时动帐"的用例。又如:唐白居易《题东楼前李使君

① 江蓝生、曹广顺编著《唐五代语言词典》,上海教育出版社,1997年,第143页。

所种樱桃花》诗:"惟留花向楼前著,故故抛愁与后人。"唐张窈窕《春思》诗:"双燕不知肠欲断,衔泥故故傍人飞。"唐韦庄《菩萨蛮》:"门前行乐客,白马嘶春色。故故坠金鞭,回头应眼穿。"

6. 饶剧

五嫂为人饶剧,掩口而笑曰:"娘子既是主人母,少府须作主人公。"(第28页,《游仙窟》)

饶剧,指"喜开玩笑"。《汉语大词典》仅此一条书证。此为偏正词组。"剧"在唐代有"嬉闹"之义。唐李白《长干行》之一:"妾发初覆额,折花门前剧。"李白《赠友人三首》之一:"谑浪万古贤,以为儿童剧。"唐王建《送韦处士老舅》诗:"常随童子游,多向外家剧。偷花入邻里,弄笔书墙壁。"《游仙窟》中也有用例,十娘曰:"五嫂时时漫语,浪与少府作消息。"下官起谢曰:"元来知剧,未敢承望。""饶"有"多"义。唐柳宗元《田家诗》之三:"古道饶蒺藜,萦回古城曲。"

7. 惬当

五嫂答曰:"奉命不敢,则从娘子;不是赋古诗云,断章取意,唯须得情。若不惬当,罪有科罚。"(第30页,《游仙窟》)

惬当,指"恰如其分;合乎情理"。北齐颜之推《颜氏家训·文章》:"一事惬当,一句清巧,神厉九霄,志凌千载,自吟自赏,不觉更有傍人。"唐代亦有用例。如唐杜甫《秋日夔府咏怀奉寄郑监李宾客一百韵》:"律比昆仑竹,音知燥湿弦。风流俱善价,惬当久忘筌。"唐刘知幾《史通·论赞》:"孟坚辞惟温雅,理多惬当。"也单说"惬"。《晋书·李重传》:"李重言因革之理,驳田产之制,词惬事当,盖亹亹可观。"后来文献中"惬当"使用减少,而多使用"恰当"。"惬""恰"双声,二者似存在相承关系。如明李贽《寒灯小话》:"禽兽、畜牲、强盗、奴狗既不足以骂人,则当以何者骂人乃为恰当?"闻一多《神话与诗·龙凤》:"因之把龙凤当作我们民族发祥和文化肇端的象征,可说是再恰当没有了。"

8. 儿(皃)

"十娘答曰:'自问少府,儿亦不知。'""十娘佯作色嗔曰:'少府关儿何事,五嫂频频相恼!'"(第31页,《游仙窟》)

儿，女子自称①。《朝野佥载》："简遂持棒，见真妹从厕上出来，遂击之，妹号叫曰：'是儿。'简不信，因击杀之。"《唐人小说》亦多有用例，如《游仙窟》："女子答曰：'儿家堂舍贱陋，供给单疏，只恐不堪，终无吝惜。'"（第23页）

9. 顿引

"五嫂曰：'娘子向来频盼少府，若非情想有所交通，何因眼脉朝来顿引。'"（第31页，《游仙窟》）

"引逗，传情"。所举例即此句。实际上"顿引"也指"猛然用力；使劲儿"。唐司马承祯《服气精义论》："气有缓急，宜自任性调息，必不得顿引，至极则气粗，粗则致损。""顿"也有"用力牵引；扣紧"义。宋王安石《材论》："一顿其辔而千里已至矣。"

10. 儿等

"桂心咥咥然低头而笑。十娘问曰：'笑何事?'桂心曰：'笑儿等能作音声。'"（第34页，《游仙窟》）

儿等，表示"你们"。文中指十娘、五娘、香儿分别弹乐舞蹈，为"能作音声"。唐人也称"你们"为"尔侬"。司空图《力疾山下吴村看杏花》诗："王老小儿吹笛看，我侬试舞尔侬看。"②"尔等"则是表示"你们"的常见用法，如《南史·徐勉传》："（孝嗣）又尝谓诸子曰：'此人师也，尔等则而行之。'"《水浒传》第八十三回："是时天威震怒，喝道：'……尔等尚自巧言令色，对朕支吾。'"

11. 可可

"十娘咏曰：'双燕子，可可事风流。即令人得伴，更亦不相求。'"（第35页，《游仙窟》）

可可，表示"恰恰，正好"③。又如王梵志诗二三三首："些些微取利，可可苦他家。"

12. 方便

"仆因咏曰：'双燕子，联翩几万回。强知人是客，方便恼他来。'"

---

①③ 江蓝生、曹广顺编著《唐五代语言词典》，第109页。

② 江蓝生、曹广顺编著《唐五代语言词典》，第110页。

(第 35 页,《游仙窟》)

唐代“方便”有多种含义。此指“设法,设计”,即燕子设法要弄人。《游仙窟》中还有“女人羞自嫁,方便待渠招”的用例。又如:《法苑珠林》:“汝虽合死,今方便放汝归家,宜为我持此书至坊州,访我家。”(见《广记》卷二二八)《伍子胥变文》:“子胥被认相辞谢,方便软言而贴写。”(见《变文集》卷一)

13. 平章

“素手曾经捉,纤腰又被将。即今输口子,余事可平章。”(第 38 页,《游仙窟》)

“平章”的常见义是“商量,议论”。唐代多有用例。如王梵志诗一六五首:“有事须相问,平章莫自专。和同相用语,莫取妇儿言。”陆贽《奉天论延访朝臣表》:“每召宰辅平章,必遣谏官俱入,小有颇失,随即箴规。”刘禹锡《唐宣武军节度副大使检校礼部尚书令狐公先庙碑铭》:“国之大柄,咨尔平章。”平章也特指“议婚”。《太平广记》卷二八一“樱桃青衣”:“遂访儿婚姻未。卢子曰:‘未。’姑曰:‘吾有一外甥女子姓郑,早孤,遗吾妹鞠养,甚有容质,颇有令淑,当为子平章,计必允遂。’”

14. 移节

“(生)移节汴州,领河南道采访使,征为京兆尹。”(第 45 页,《枕中记》)

节,指古代授给使臣作为凭证的信物。如“持节”,指古代使臣奉命出行,须执符节作为凭证。唐韩愈《送殷员外序》:“丞相其选宗室四品一人,持节往赐君长,告之朕意。”移,转移、迁移,表明官员所居地发生变化,故称为“移节”。《汉语大词典》:“旧称大吏转任或改变驻地。”所释合理,但所举例证偏晚:清陈康祺《郎潜纪闻》卷十一:“移节安徽,主江南试。”《枕中记》此条可使语料时代大为提前。实际上,“移节”一词自唐宋起就多见于文献。《旧唐书·温庭筠传》:“加太傅、邠国公。”注:“时公镇淮南,自西蜀移节。”《宋史·胡颖传》:“(颖)移节广西,寻迁京湖,总领财赋。”宋刘克庄《宋经略》:“公下条约,立期程,阅八月,决辟囚二百余,移节江西。”

15. 逼(偪)狭

“缅遂请居。任氏谬辞以偪狭，勤请而后许。”(第 56 页，《任氏传》)

“偪狭”表示“狭隘，不宽敞”。此例指居处狭窄，从而婉拒缅请借宿的要求。这个意义唐代之前已经出现。如《三国志·魏书·钟繇传》:“许昌偪狭，于城南以毡为殿，备设鱼龙曼延，民罢劳役。”北魏郦道元《水经注·榖水》:“昔周迁殷民于洛邑，城隍偪狭，卑陋之所耳。”“偪”亦作“逼”。如《晋书·成帝纪》:“有司屡陈朝会逼狭，遂作斯宫，子来之劳，不日而成。”《晋书·束皙传》:“二郡田地逼狭，谓可徙还西州，以充边土，赐其十年之复，以慰重迁之情。”此条《辞源》《辞海》《中文大辞典》均失收，《汉语大词典》书证时代还应提前。

16. 落托

“天宝中，昌黎韩翊有诗名，性颇落托，羁滞贫甚。”(第 62 页，《柳氏传》)

落托，文献中常作“落拓”。常见义有“贫困失意，景况凄凉”“冷落，寂寞”“放浪不羁”等，与人的性格相对应的应是“放浪不羁”。此义在唐代之前的文献中已经使用，如晋葛洪《抱朴子·疾谬》:“然落拓之子，无骨骾而好随俗者，以通此者为亲密，距此者为不泰。”《北史·杨素传》:“素字处道，少落拓有大志，不拘小节。”也作“落托”。唐吕岩《七言》诗之四二:“琴剑酒棋龙鹤虎，逍遥落托永无忧。”唐李渤《喜弟淑再至为长歌》诗:“长兄年少曾落托，拔剑沙场随卫霍。”成语则有“落拓不羁”“落魄不羁”等。

(2007 年 3 月)

唐五代宋初关于《说文解字》之刊定与著述论

一、 唐李阳冰刊定《说文》

《说文》自汉末开始流传，经过历代传抄，到了唐代，竟“篆形失真，说解之文脱舛讹误，几不可读”①。究其原因，一是隶楷等新的字体产生，篆书影响式微；二是《字林》《玉篇》等新的字书出现，使《说文》的影响受到冲击；三是《说文》的传写者多非其人，随意改易俗体，错乱遗脱甚多。徐铉在《上校定〈说文〉表》中说：“而隶书行之已久，习之益工，加以行、草、八分纷然间出，反以篆籀为奇怪之迹，不复经心。至于六籍旧文，相承传写，多求便俗，渐失本原。”徐锴在《说文解字系传·祛妄篇·序》中也指出：“自《切韵》《玉篇》之兴，《说文》之学湮废泯没，能省读者不能二三，弃本逐末，乃至于此。”都对《说文》在当时的厄运深表痛惜。

针对《说文》在唐代“错乱遗脱，不可尽究”的状况②，有历史责任感的学者为了继续保持《说文》在刊正文字、解读古籍上的权威性，决心对《说文》进行一番校理。唐人李阳冰首先承担了这项工作。

据《新唐书·宰相世系表》、唐窦息《述书赋》及宋《宣和画谱》记载，李阳冰字少温，赵郡(治今河北赵县)人。他出生于唐玄宗开元初年，唐肃宗乾元时任处州缙云令，宝应初迁当涂令，官至将作少监。

---

① 姚孝遂主编《中国文字学史》，吉林教育出版社，1995年，第151页。

② 徐铉《上校定〈说文〉表》。

其卒当在贞元之初，享年七十以上。李阳冰工于篆书，研习小篆近三十年，其书法得于秦李斯《峄山碑》。人们称赞他书篆不下于李斯，当时有“笔虎”之称。他针对《说文》篆形失真的状况，对其笔法加以修正，在此基础上又对某些汉字字形作出新的解释，这是一项十分有意义的工作，后人曾给予较高的评价。徐铉说：“唐大历中，李阳冰篆迹殊绝，独冠古今，自云‘斯翁之后，直到小生’，此言为不妄矣。于是刊定《说文》，修正笔法。学者师慕，篆籀中兴。”[①]徐铉在为其弟徐锴《说文解字篆韵谱》所作的序中进一步评价说：“往者李阳冰天纵其能，中兴斯学，赞明许氏，奂焉英发。”当代语言学家周祖谟先生也指出：“至于李阳冰，则一以秦篆为法，粹然纯正，自得籀篆之原，可谓有本之学矣。彼既著《笔记论》(见《墨池编》引)，复刊定《说文》，以正传写之失。”[②]可见李阳冰对《说文》学的复兴和昌明作出了有益的贡献。

在刊定《说文》的同时，针对某些汉字的结构和本义，李阳冰也能阐发己见，对《说文》加以补充或修正。他主要做了三项工作：“一为论定笔法，二是别立新解，三为刊正形声。”[③]现流传于世者有60余条。对此，后代学者一般采取了否定的态度。如徐锴认为李氏“颇排斥许氏，自为臆说”。“夫以师心之见，破先儒之祖述，岂圣人之意乎?”[④]元人熊朋来《经说》卷七《评篆》一则，于李阳冰之说也多加非难。近代学者也有人批评李阳冰“窜改”“擅改”《说文》[⑤]。徐锴《说文解字系传》有《祛妄篇》，对李阳冰新说提出诘难。不过其书中有时也正面征引李氏的见解，或佐成己见，或备为一说，并非一概采取排斥的态度。

以下参照徐铉、徐锴对李阳冰之说的评价，并吸收当代学者的意见，对李氏的汉字阐释试加分析：

(一)李阳冰析字正确之例

1. 隹　《说文·隹部》：“隹，鸟之短尾总名。”《系传》：“阳冰云：

① (宋)徐铉《上校定〈说文〉表》。

② 周祖谟《问学集》，中华书局，1961年，第809页。

③④ 周祖谟《问学集》，第810页。

⑤ 胡朴安《中国文字学史》，第105页。

‘鸟之总称尔。雅长尾而从隹,知非短尾之称。’”(《系传》卷三十六)

“鸟之短尾总名”有失全面准确,实际上汉字中从隹从鸟皆可通,如“雉”“难”“雎”等,古文字都有从鸟的例证。段玉裁说:“短尾名隹,别于长尾总名,云‘总名’者,取数多也。”罗振玉说:“盖隹、鸟古本一字,笔划有繁简耳。”

2. 王　大徐本《说文》:“王,李阳冰曰:‘中画近上,王者则天之义。’”

玉,大徐本《说文》:“玉,阳冰曰:‘三画正均,如贯玉也。’”

用金文、战国文字等加以验证,可知李阳冰修定笔法,辨析文字是正确的。

3. 需　《说文·雨部》:“需,䇓也。遇雨不进,立䇓也。从雨,而声。《易》曰‘云上于天,需也。’”徐铉:“案李阳冰据《易》‘云上于天’,云‘当从天’。然诸本及前所书皆从‘而’,无有从‘天’者。”

据《盂簋》《白公父簠》等金石铭文,“需”字均从“天”,似象人立雨中等待之状,“而”当为“天”字之讹。李阳冰判断不误。

4. 金　《说文·金部》:“金,五色金也……从土,左右注,象金在土中形。今声。”《系传》:“阳冰云‘当作[illegible],许慎金体非。’”(卷三十六)

据《矢令彝》《师簋》等古文字及《说文》古文等,“金”象土旁有矿之形。《金文诂林》卷十四引高田忠周《古籀篇》:“土旁两点,或三点四点者亦同原意矣。”饶炯《说文部首订》:“五色之金皆出于矿,矿生于地。地者,土也,文故从土,而以二注象矿指事,……后加‘今’声为本字。”由此可知小篆作“今声”,是“金”字初文演变的结果,并非构字初意。徐锴批评李阳冰“妄”,其实李氏之说反而更切合古文字构意。

5. 亥　《说文·亥部》:“亥,荄也。从二,二,古文上字。一人男,一人女也。从乙,象怀子咳咳之形。”《系传》:“阳冰曰:‘(古文)本象豕形,诸义穿凿之尔。亥古文,亥从亥。’阳冰曰:‘本象亥减一画尔。篆文乃从二首六身。’”(卷三十六)

吴其昌《金文名象疏证》:“亥字原始之初谊为豕之象形。”姚孝遂先生指出:“亥字‘本象豕减一画’,真正道破了‘亥’‘豕’两个形体之间的演化关系”,“说得很准确”。“在原有文字符号基础上增减笔画以构成新字，这是汉字形体孳生的重要方法”[①]。这在古文字中例证很多，李阳冰所说的“亥”字形体来源，可谓一语中的。

6. 笑　大徐本《说文》：“笑，此字本阙。臣铉等案，孙愐《唐韵》引《说文》云‘喜也，从竹从犬’，而不述其义，今俗皆从犬。又案李阳冰刊定《说文》‘从竹从夭’，义云‘竹得风，其体夭屈，如人之笑’，未知其审。”

“笑”字的结构难得确解，或云“哭”字从犬嚎，移以指人，故“笑”亦当从“犬”，古时汉字中也确有如此构形，见《玉篇》《广韵》《祖堂集》等。但从“竹”何义，难以说清。李阳冰云“竹得风，其体夭屈，如人之笑”，既能讲通，自有其合理之处，可备一说。

（二）李阳冰析字失误之例

1. 主　《说文·主部》：“主，镫中火主也。从𡈼象形，从丶，丶亦声。”《系传》：“阳冰云：‘凵象膏泽之气，土象土木为台，气主火之义，会意。’”（卷三十六）

主即火炷形。王筠《说文句读》：“从𡈼，后人增也，非字，不可言从，且是通体象形。丶象火炷，凵象灯盏，土象灯檠。”王筠的分析是正确的。林义光《文源》分析相同。甲骨文《殷虚文字乙编》八六一、《殷虚文字甲编》一五〇中“主”字下从木，乃象火把形。总之，“主”应为全体象形，并非“膏泽之气”，也不是会意字。

2. 尗　《说文·尗部》：“尗，豆也。象尗豆生之形也。”《系传》：“阳冰云：‘父之弟为叔，从上小，言其尊行后上而已小也。’”（卷三十六）

“尗”为“菽”的初文，为合体象形字。段玉裁说：“豆之生也，所种之豆必为两瓣而戴于茎之顶。故以一象地，下象其根，上象其戴生之形。”徐灏注笺：“古盖作尗，象形。钟鼎文作尗。《系传》云‘豆性引蔓’，钟鼎文盖象其蔓也。尗又作叔，从又者，采撷之意。因为伯叔字所专，故别作菽。”段玉裁、徐灏的说解十分精当，李阳冰用假借用法分析“尗”字形结构，显然是错误的。

3. 路　《说文·足部》：“路，道也。从足，各声。”《系传》：“阳冰

① 姚孝遂《许慎与〈说文解字〉》，中华书局，1983 年，第 51 页。

曰：‘非各声。从足，辂省。’臣今按《周礼》车辂字多借路字，然则先有‘路’字，后有‘辂’字，不得云路从辂省也。”（卷三十六）

路，大徐本释作“从足，从各”，段玉裁注本释作“从足，各声”。商承祚《〈说文〉中之古文考》在“簬”字下说：“辂虽兼路义，然不能古于路，故段氏疑此非古文也。”路、辂为古今字，徐锴及商承祚说法是正确的。张其昀认为：“辂本从‘各’得声，李说徒增折绕。”①

4. 血 《说文·血部》：“血，祭所荐牲血也。从皿，一象血形。”《系传》：“阳冰云‘从一声’。臣锴以为人身之血无可以象，故象血在此，但见于器；若言‘一声’，则惟有皿在此，但见器尔，岂关血乎？”（卷三十六）

关于“血”的六书类别，传统有“象形”“指事”两种不同的说法。甲骨文“血”中之“一”，有作“丨”形或“O”形者。商承祚《殷虚文字类编》：“从此 O 者，血在皿中，侧形之则为‘一’，俯视之则成 O 矣。”则皿上之符号均可代表实物。也有学者认为“一”为指事性符号。李阳冰“从一声”之说非是。徐灏认为“阳冰此义最谬”。

5. 豸 《说文·豸部》：“豸，兽长脊行豸豸也。”《系传》：“阳冰云‘从肉力’。臣锴以为此象长脊，阳冰以为猛兽，妄云‘肉力’。且无足之虫亦谓之豸，岂是力乎？”（卷三十六）

“豸”指长脊兽，如虎、猫之类。《正字通》：“魏校曰：‘豸，恶兽也，象高前广后，长尾张喙，贪而好杀也。’”今观甲骨文、金文等，“豸”字正是仿猛兽之形。小篆上部讹为“肉”，而下象兽体，非“力”字之形。阳冰之说非是。

6. 么 《说文·么部》：“么，小也。象子初生之形。”《系传》：“阳冰云：‘么，不公也。重厶为么，蒙昧之象也。会意，非象形。’”（卷三十六）

“么”本义当为“小，细小”。字象细丝之形，并非许慎所说“象子初生之形”。朱骏声《说文通训定声》：“此字当从半纟。纟者，丝之半；么者，纟之半，细小幽隐之谊”，“许君盖从‘幼’字生训，然‘幼’会

① 张其昀《〈说文〉学源流考略》，贵州人民出版社，1998 年，第 80 页。

细小义不必子也，据文实无子初生形”。李孝定《甲骨文字集释》认为：“许书之‘幺’乃由‘纟’之古文所孳衍，形体不异而音义已殊。惟‘幺’训‘小也’，犹为纟之本义‘细丝也’一义所引申。”①“幺”乃细丝，是“纟”的变体。李阳冰据后起的楷书形体把“幺”拆分为两个“厶”，古鉨、小篆公厶字皆作，重厶与“幺”形不合，“蒙昧”之义无从寄托。

由上述例证可知，李阳冰在《说文》之学需要复兴的历史时刻，能够“修正笔法”，“中兴斯学”，他对《说文》的某些结论提出质疑，表明自己的看法，有些确实符合汉字实际的，他的探索精神，对于推动文字研究是有益的。我们不能因为历史条件的局限，致使他的某些见解不正确，或者失误较多，就对他采取全盘否定的排斥态度。

姚孝遂先生正确地指出：“自宋以来，普遍都认为李阳冰擅改《说文》，是《说文》的罪人。这种说法是不公正的，也是不符合事实的。”②正确评价李阳冰，涉及我们如何客观辩证地认识古人，也涉及我们如何建立一部真实的《说文》学史。

二、宋初徐铉校定《说文解字》

徐铉，字鼎臣，扬州广陵人，祖籍会稽。因其父官江都，故全家定居广陵。初仕吴为校书郎，又仕南唐。入宋，为太子率更令，加给事中，出为右散骑常侍，迁左常侍，贬靖难行军司马。据《宋史》本传，徐铉十岁能属文，“精小学，好李斯小篆，臻其妙，隶书亦工。尝受诏与句中正、葛湍、王惟恭等同校《说文》”。徐铉自己在《上校定〈说文表〉》中说：“自唐末丧乱，经籍道息。皇宋膺运，二圣继明。人文国典，粲然光被，兴崇学校，登进群才。以为文字者六艺之本，固当率由古法。乃诏取许慎《说文解字》，精加详校，垂宪百代。”他考虑到“篆书湮替，为日已久，凡传写《说文》者皆非其人，故错乱遗脱，不可尽究”，于是亲自校定《说文》，“以集书正副本及群臣家藏者备加详考”。

① 李孝定《甲骨文字集释》卷四，“中研院”历史语言研究所，1982年，第1409页。
② 姚孝遂《许慎与〈说文解字〉》，第51页。

徐铉等校定的《说文》于宋太宗雍熙三年(986)进献朝廷,深得宋太宗赞赏。据《雍熙三年中书门下牒》:“书成上奏,克副朕心。宜遣雕镌,用广流布。自我朝之垂范,俾永世以作程。”

徐铉的校勘整理,使《说文》的科学性、可读性得到加强,从此,《说文》有了一个较为完善的官刊本①。“他的本子是远胜于他所据以校定的其他本子的。”②因此,大徐本受到后人较高的评价。

(一) 概说

徐铉对《说文解字》作校定,主要做了“分”“加”“释”三项工作。

1. 分　主要指“改易分卷”。

许冲进献《说文》时,全书共分十五卷,叙目自成一卷。以其篇帙繁重,徐铉等在整理时重新编定了卷数,每卷各分上、下卷,全书共为三十卷。经过改易分卷,更便于读者寻检阅读,因此这种编排方式一直为后代所采用。不过第十五卷上、下交接处存在归属不清的瑕疵。叙目自“古者庖牺氏之王天下也”到“理而董之”本是一篇,叙目后,自“召陵万岁里”到“二十日戊午上”为许冲进书表,徐铉却分“此十四篇”以下为下卷,遂使上卷之文无所归属。此其美中不足之处。

2. 加　又可分为以下几项。

(1) 增加标目。古人著书,皆列叙目于全书之末,可以起到目录作用。南朝宋时范晔著《后汉书》,开启了将目录列于卷首之先例。徐铉沿用这种体例,将原十五卷叙目中所列540部首另迻一份于卷首,用作目录;又在每个篆字标目之下加注楷书及反切,甚便读者查阅使用。

(2) 增加反切。许慎时代反切尚未产生,所以许慎采用“读若”“读与某同”等方法注音。汉代后也有给《说文》注音的,但很不统一。徐铉始据宋代较为通行的唐人孙愐的《唐韵》加注反切于各字之下,如璙,洛箫切;贲,彼义切等,使汉字读音得以统一。同时,由于提供了各字的唐宋时代读音,对于人们考察汉字读音的历史沿革,也十分

① 姚孝遂主编《中国文字学史》,第151页。

② 张其昀《〈说文〉学源流考略》,第88页。

有利。如“諽”,《说文・言部》:“諽,饰也。一曰更也。从言,革声。读若戒。”大徐本反切为“古核切”,拼读为 ge(阳平),此字读音正是 ge;而“戒”为“居拜切”,旧读为 gai(去声),与 ge 音有距离。可见许慎采用的“读若”有时只是一个近似的读音,而大徐本加上反切,可以拼读出较准确的读音。又如“皿”,《说文・皿部》“读若猛”,显然也只是一个近似的音,大徐本“武永切”,据此可以推知《唐韵》时代“武”当读明母字。

(3) 增加新附字。许慎《说文》共收录篆文 9353 字,尽管绝大多数比较常见的汉字都已收进,但仍有一些经典相承及时俗要用之字未能载入。徐铉顺应社会的需要,在校定《说文》时把这一部分字加了进来,补录于各部之末,称之为“新附字”并注明“文某・新附”。全书共增加新附字 402 个。增加新附字涉及 82 个部首,其中收字达 10 个以上的有 12 个部首,即水(23),人(18),日(16),玉(14),心(13),手(13),土(13),艹(13),辵(13),山(12),木(12),口(10)。均是一些常见的部首。有 24 个部首收字仅 1 个,如斗部的“鬧”,音部的“韵”,豸部的“猫”等。还有 458 个部首没有增加新附字。

(4) 增补漏落字。《说文》注义例中出现的字,而正文诸部未收,徐锴认为属于“漏落”而悉为补录,共计 19 字,如“诏、志、件、借、剔、笑、迓、应”等。此外,徐铉还把所谓俗字讹谬、不合六书之体的 28 个字附于全书之末,如:个、暮、遨、腰、影、斌、悦、矗。其中不少是后起字。如暮,本作“莫”,因“莫”被借为虚词,本义不彰,因加“日”以作区别,这样“暮”中就出现了两个“日”字,的确有叠床架屋之嫌。但其他的一些后起字如“俸、影、悦、蓑、腰、鸣”等并不存在这种弊端。此外,徐铉还把篆文笔迹相承小异的字附于全书之末,共计 13 个,如“以、欠、鱼、函、长”等,这对于后学全面了解小篆字形是有用的。

3. 释　以“臣铉等按”“臣铉等曰”为术语,对《说文》进行训释,共五六百处之多。

训释包括汉字的形、音、义三方面。字形方面,指出文字形体的变化,对许慎之说提出质疑等;字义方面,对《说文》无说解字加以解释,阐明古今字义的变化,对许慎过于简略的说解加以诠释等;字音方面，能够对古今差异较大的字作出音读的说明。这些工作都是必要的、可贵的。

（二）新附字

新附字并不能简单地归同于俗字，新附字大致可以分为以下四种类型。

1. 经典或古籍中有，而《说文》未收。

(1) 经典中收入该字，而《说文》漏收。

珈，“妇人首饰。从玉，加声。《诗》曰‘副笄六珈’”。

荪，“香艹也。从艹，孙声”。按《楚辞·湘夫人》有“荪壁兮紫坛”之句。

虥，“虐也，急也。从虎，从戋。见《周礼》”。按：《周礼·地官·大司徒》：“以形教中，则民不虥。”

(2) 经典或为后人所改。

琛，“宝也。从玉，深省声”。郑珍《说文新附考》：“琛系古字。《说文》未收，及经典中字不见《说文》者，多汉魏已来俗改，求之许书，必有其字，而亦偶有故许君搜罗未尽。”

(3) 字虽出自典籍，但系记载异物或方言者，《说文》不收。

璩，“环属。从玉，豦声”。

鳌，“海大鳌也。从黾，敖声”。

捌，“《方言》云‘无齿杷’。从手，别声”。

“璩”收自《山海经》。“鳌”属殊方异物。捌，出自《方言》。郑珍《说文新附考》在“鳌”字下注曰：“许君于殊方异物素不经见者，例不采载。”

2. 传写脱误。

《说文》成书于公元100年，距离徐铉所处时代已有800多年，期间经过多人传抄，已废《说文》原貌。新附字中有的也许是《说文》收录过，但在流传中脱漏或讹写的。例如：

逼，《说文》不收。丁福保《说文解字诂林》说：“《说文》无逼字，惟新附有之。慧琳《音义》二卷八页‘逼’字注引《说文》：‘近也。从辵，畐声。’岂古本有此字而大徐误入新附与？”大徐本《说文·木部》：

“楅,以木有所逼束也。”出现了“逼”字。大概《说文》本有,而传写脱落[1]。

3. 因为是俗字,许慎不收。

俗字是与正字相对而言的,在汉字史的各个时期都会有俗字存在。新附字中有不少应是许慎未收的俗字。例如:

贻,“赠遗也。从贝,台声。经典通用诒”。

曆,“厤象也。从日,厤声。《史记》通用‘歷’”。

辚,“车声。从车,粦声”。郑珍注:“《诗》:‘有车邻邻。’(毛)传:‘邻邻,众车声也。’《释文》:‘邻又作辚。’邻,古字;辚,俗。”

4. 因为是通用字,许慎未收。

嘲,“谑也。从口,朝声。《汉书》通用‘啁’”。

蹙,“迫也。从足,戚声。臣铉等案:李善《文选注》通‘蹴’字”。

5. 许慎之后产生的后起字。

逍,“逍遥,犹翱翔也。从辵,肖声。臣铉等案:《诗》只用‘消摇’,此二字《字林》所加”。

鸭,“鹜也。俗谓之鸭。从鸟,甲声”。

伺,“候望也。从人,司声。相吏切。自‘低’以下六字从人,皆后人所加”。按:此六字为低、债、价、停、僦、伺,都是古今字中的后起字即今字,产生自东汉之后,因此许慎未收。

(三)阐释文字

徐铉针对《说文》,以“按语”的方式,作了一些阐释的工作。全书共有五六百处之多。

其阐释《说文》中的汉字,主要包含以下内容:

1. 释字形

宷,《说文·釆部》:“宷,悉也。知宷谛也。从宀,从釆。”大徐本:“锴曰:宀,覆也,釆,別也。包覆而深别之。宷,悉也。”

席,《说文·巾部》:“席,籍也。从巾,庶省。”大徐本:“席以待宾客之礼,宾客非一人,故从庶。”

---

① 郭慧《〈说文解字〉新附字初探》,《汉字文化》2003 年第 2 期。

桊，《说文·丵部》："桊，渎桊也。从丵从廾，廾亦声。"大徐本："渎读为烦渎之渎。一本注云：'丵，众多也，两手奉之，是烦渎也。'"

徐铉诠释字形，有不少引用了其弟徐锴的说法，如"案、局、后、嗣、攸、寇"诸条，个别还采用了李阳冰的说法（如"改"），他自己也分析了一些字形，如"路、奂、群、羸、雁、沓"等字。不少字的解释对读者有启示作用。如"席"从庶之由，羸字从羊之理（羊主给膳，以瘦为病，故从羊），"桊"字构形之因。

2. 说源流

(1) 隶变作某

舜，《说文·舜部》："舜，艸也。楚谓之葍，秦谓之藑。蔓地连华，象形。从舛，舛亦声。"按：小篆上部作匧。大徐本："今隶变作舜。"

指出"隶变作某"，可便于读者拿古文字与隶书作比较，从而探究汉字的渊源流变，建立汉字历史演进的观念；通过比较，凸显古汉字的构字意图，也有助于读者加深对汉字本义的理解。这一类的例子还有：𠬞，今隶变作廾；乃，今隶变作乃；亏，今隶变作于；网，今经典隶变作罔。

(2) 今某字，今作某

荼，《说文·艸部》："荼，苦荼也。从艸，余声。"大徐本："此即今之茶字。"据顾炎武《唐韵正》卷四，荼、茶本是一字，茶荈字本来也读tú。汉魏时产生"宅加反"之音，"梁以下始有今音。又妄减一画为'茶'字……则此字变于中唐以下也"。

莜，《说文·艸部》："莜，艸田器。从艸，条省声。《论语》曰'以杖荷莜'。"大徐本："今作蓧。"通过"莜"与"蓧"的对比，可知古时作莜，为省声字，今字作蓧，不省，"攸"声古读影母幽韵，与"條"音近。

(3) 今俗作某

鬻，《说文·䰜部》："鬻，健也。从䰜，米声。"大徐本："今俗作粥，音之六切。"

右，《说文·又部》："手口相助也。从又从口。"大徐本："今俗别作佑。"

按：鬻，古代表示"粥"，也用为"卖"，如：卖官鬻爵。后世表示饭食，改用“粥”。

右，本通过手口相助而会意，表示“辅佐”“帮助”，后主要表示方位，“辅佐”“帮助”义另造“佑”字，形成一对古今字。徐铉对待俗字，往往用“非是”加以批评，采取轻视的态度(详下)，但对这些俗字，却并未加以排斥。

(4) 辨析用字

草，《说文·艸部》：“草，草斗，栎实也。一曰象斗子。从艸，早声。”大徐本：“今俗以此为艸，别作皁字，为黑色之皁。案：栎实可以染帛为黑色，故曰草。通用为草棧字。今俗书皁，或从白从十，或从白从七，皆无意义，无以下笔。”

徐铉这里辨析了“艸”与“草”、“草”与“皁、皂”的关系。从今天的认识看，首先，艸与草为假借型的古今字。“艸”是草木的本字，为象形字；“草”本指栎树的种子，栎树又称麻栎或橡。通称柞树，是一种落叶乔木，其树皮含有鞣酸，可以做染料(据《现代汉语词典》)。当“艸”专做部首字之后，就借用“草”作为草本植物的统称。艸、草形成古今字。其次，“草”的“栎实”义又另造“皁”或“皂”字，于是又形成一组古今字。皁、皂则是异体字。由于二者均有“黑”义，就由“白”加上“十”或“七”表示反复染制而变成黑色，其构意与“染”中之“九”寄义相似。徐铉的解释为今人理清“艸、草、皁(皂)”的关系打下了基础。

甹，《说文·马部》：“甹，木生条也。从马，由声。《商书》曰：‘若颠木之有甹、枿。’古文言由枿。”徐铉：“徐锴曰：《说文》无由字，今《尚书》只作由枿。盖古文省马而后人因省之，通用为因由等字。从马，上象枝条华函之形。臣铉等案：孔安国注《尚书》直训由作‘用也’，‘用枿’之语不通。”(第 142 页)

此例辨析“甹”与“由”的关系。徐铉引用徐锴的意见加以分析。“甹”指树木生新枝。这个意义典籍又作枿、蘖、櫱。徐灏《段注笺》认为枿当作“梓”。盖因“甹、由”同音，因而《尚书》以“由”作“甹”的通假字，“由”又产生“因由”“用”等意义。

3. 释字义

盈，《说文·皿部》：“盈，满器也。从皿夃。”徐铉：“夃古胡切，益多之义也。古音以买物得为夃，故从夃。”

鞔，《说文·革部》：“鞔，履空也。从革，免声。”徐铉：“履空犹言履壳也。”

肴，《说文·肉部》：“肴，啖也。从肉，爻声。”徐铉：“徐锴曰：谓已修庖之可食也。”

旛，《说文·㫃部》：“旛，幅胡也。从㫃，番声。”徐铉：“胡，幅之下垂者。”

例一释“夃”为买物多得，而器之多容为“盈”，二者意义相通。例二以“履壳”释古语“履空”，表义更能为后代读者所接受。段玉裁注：“空、腔古今字。履腔如今人言鞵帮也。”例三许慎以“啖”释“肴”表义不明，徐铉引用徐锴的话释“肴”，义即做熟的可食之肉，表义更为明确。段玉裁注：“(啖)，当云‘啖肉’也。”例四旛是长方而下垂之旗。胡，是旗子下垂的边。

4. 说明音读

珕，《说文·玉部》：“珕，蜃属。从玉，劦声。”徐铉：“劦亦音丽，故以为声。”

移，《说文·禾部》：“移，禾相倚移也。从禾，多声。一曰禾名。”徐铉：“‘多’与‘移’声不相近，盖古有此音。”

榜，《说文·木部》：“榜，所以辅弓弩。从木，旁声。”徐铉：“李舟《切韵》一音北孟切，进船也。又音北朗切，木片也。”

例一珕，依《广韵》为郎计切(lì)，劦音胡颊切(xié)，二者相距较远，故而有必要予以说明。例二上古“多”属“歌”韵，“移”属“支”韵，段玉裁《六书音均表》中分属第17部与第16部，读音相近。徐铉因时代局限，无法解释，但能提出问题，尊重古人，态度是值得肯定的。例三以李舟《切韵》为材料，指出“榜”有不同的反切，并有不同的义项，这是很有参考价值的。依《广韵》，“正弓弩器”为薄庚切，《说文》补盲切，读音相同；“木片”义为北朗切，同《说文》；“船桨”义为北孟切，亦与《说文》同。

5. 纠正说解

亼，《说文·亼部》：“亼，三合也。从入一，象三合之形，读若集。”

徐铉:"此疑只象形,非从入一也。"

离,《说文· 内部》:"离,山神,兽也。从禽头,从内,从中。欧阳乔说:离,猛兽也。"徐铉:"从中,义无所取,疑象形。"

例一亼,王筠《文字蒙求》列为指事,为抽象的三合之形,"从入一"的分析不妥。例二离为猛兽之形,铉意与艸中字无关。这一类纠正说解的例子还有"謚、役、床"等。

此外,徐铉还做了"剔除重复"的工作。在《说文》9353文中,出现了一些两见之字,徐铉均予以指出。这又包含两种情况:一、同字重出。如:口部:"吹,嘘也。从口,从欠。"欠部:"吹,出气也。从口,从欠。"徐铉:"口部已有吹、嘘,此重出。"二、同文再出。如:彳部:"得,行有所得也。从彳,㝵声。㝵,古文省彳。"见部:"㝵,取也。从见,从寸。寸,度之也,亦手也。"徐铉:"彳部作古文得,此重出。"《说文》中这种两见的字有38个,徐铉对其中一部分作了案语。

(四)大徐本的阙失

1. 轻视俗字

徐铉有重古轻今的倾向,对于新产生的后起字,他多视为"俗字",并斥之"非是""义无所取""无以下笔",如:

邨,《说文·邑部》:"邨,地名。从邑,屯声。"徐铉:"今俗作村,非是。"

縣,《说文·𥄉部》:"縣,系也。从系持𥄉。"徐铉:"此本是'縣挂'之'縣',借为'州縣'之'縣',今俗加心,别作'懸',义无所取。"

草,《说文·艸部》:"草,草斗,栎实也。一曰象斗子。从艸,早声。"徐铉:"今俗书皁,或从白从十,或从白从七,皆无意义,无以下笔。"

2. 不明古音,擅改《说文》形声字。如:

绖,《说文·糸部》:"绖,丧首戴也。从糸,至声。"徐铉:"当从侄省,乃得声。"

卦,《说文·卜部》:"卦,筮也。从卜,圭声。"徐铉:"圭声字不相近,当从挂省声。"

其实,例一"侄"亦从"至"得声;例二"挂"亦从"圭"得声,均不烦改字。

钱大昕在《十驾斋养新录·四》中对大、小徐擅改形声字提出了中肯的批评："二徐校刊《说文》，既不审古音之异于今者，而于相近之声全然不晓，故于'从某，某声'之语往往妄有刊落，然小徐犹疑而未尽改，大徐则毅然去之，其诬妄较其弟尤甚。"严可均指出：《说文》声兼意者过半，大徐不知声皆亦声，擅删"声"字255处。王筠在《说文释例·十四》中撰文《纠徐》，即针对此[①]。

徐铉校订本之宋椠今已不可得，现在较早的本子是平津馆本，这是清嘉庆年间孙星衍据宋本重刻的本子。清同治年间陈昌治又据孙本加以编录。中华书局1963年出版的《说文解字》就是以陈昌治本作为蓝本的。

三、徐锴校订与全面阐释《说文》

（一）概述

徐锴（920—974），字楚金，祖籍会稽（今浙江绍兴），后因父官江都，故定居广陵（今江苏扬州市），因称广陵人。徐锴少承母教，又从兄徐铉学。南唐李璟时，常梦锡荐为秘书省校书郎，后主李煜时迁集贤殿学士，改内史舍人。徐锴平生酷爱读书，寒暑不辍，博闻强识，研精小学，一生著述颇丰。与兄徐铉同著名于江左，世称"二徐""大小徐"。其著作今仅存《说文解字系传》四十卷，《说文解字韵谱》十卷（后人并为五卷）。

《说文解字系传》前结衔书"文林郎秘书省校书郎"，可知此书为徐锴初入官时所作。《系传》又名《说文通释》，世称"小徐本"，与其兄徐铉的《说文解字》"大徐本"相对。

《系传》之作，作者自许甚高，他志在"考先贤之微言，畅许氏之宏旨，正阳冰之新义，析流俗之异端"[②]。考之全书，此言不虚。全书共四十卷。卷一至卷三十为"通释"，解释和阐发《说文》正文，为全书主体部分，将许慎《说文解字》十五篇，篇析为二，凡徐锴所发明及征引

① 宋均芬《说文学》，首都师范大学出版社，1997年，第38页。

② （宋）徐铉《徐锴作〈说文解字韵谱〉序》。

经传者，悉加“臣锴曰”及“臣锴案”以别之。卷三十一至三十二为“部叙”，拟《易·序卦传》以说明《说文》540部相次的理由。卷三十三至三十五为“通论”，列出“天地、君臣、礼义”等110个专名，论述字义由来与构形含义。卷三十六为“祛妄”，对于唐人李阳冰等异于《说文》的说解予以驳难。卷三十七为“类聚”，列举表示同类事物的字说明其取向。卷三十八为“错综”，从人事推阐古人造字意旨，以尽其意。卷三十九为“疑义”，述《说文》诸部脱误及与小篆稍异之字，兼论“六书”及“五体”。卷四十为“系述”，是作者自序，说明以上各篇著述的旨趣。《系传》内容丰赡，见解独到，受到了后人很高的评价。宋陈振孙《直斋书录解题》称其“援引精博，小学家未有能及之者”。明陶宗仪《书史会要》谓其“畅许氏之元旨，正阳冰之新义，皆《说文》之羽翼也”。清钱曾《读书敏求记》亦云：“参而观之，字学于焉集大成，楚金真许氏之功臣也。”当代学者徐复先生指出：“以今观之，其全面校订、注释、研究之功，传于众口，其有裨学术文化，岂浅鲜哉？”[①]黄德宽教授也认为：“徐锴的《说文》研究，明赡广博，自成一家之制。……清人的许多研究也都发端于二徐，尤其是小徐的研究，对后世影响更为深远。”[②]本文主要就徐锴对《说文》的校订与阐释进行简要分析。

关于《系传》的学术贡献，周祖谟先生在《徐锴的〈说文〉学》一文中列举六事：一、以许训解古书；二、说明古书的假借；三、说明古今字；四、说明引申义；五、兼举别义；六、辨声误[③]。他还特别提及，徐氏在考索字义时注意从声音上去探讨，即清人所说的“因声求义”。宋均芬教授又提出了徐锴《系传》的另一些特色：一、补充许慎之所未明；二、以今语诠释《说文》词义；三、对六书理论的新探索；四、开始了《说文》的综合研究[④]。

这些观点无疑都是正确的。

---

① 见徐复为古敬恒《徐锴〈说文系传〉研究》所作序言，重庆大学出版社，1995年。

② 黄德宽、陈秉新《汉语文字学史》，第114页。

③ 周祖谟《问学集》，第846页。

④ 宋均芬《说文学》，第40—46页。

(二) 徐锴《说文解字系传》的主要贡献

1. 析文解字，探求汉字构形理据

针对汉字的构形特点，许慎逐一剖析字形，追溯语源，指出六书类型。徐锴在此基础上，突出阐释功能，手法灵活细腻，或具体分析偏旁形音义，或确认六书类型，或说明形旁表义的理由，着力探求汉字构形的理据，以显示造字的本义。

(1) 象形字

番，《说文 · 釆部》："兽足谓之番。从釆田，象其掌。"《系传》："本造此字为兽足掌也。象形。"(卷三)

畢，《说文 · 𠦒部》："田网也。从𠦒，象畢形微也。或曰：由声。"《系传》："有柄网，所以掩兔。张衡《西京赋》曰'华盖承辰，天畢前驱'，此也。亦象形字。"(卷八)

壴，《说文 · 壴部》："陈乐立而上见也。从屮豆。"《系传》："壴，树鼓之象。屮，其上羽葆也。象形。"(卷九)

以上均为象形字。番，许慎"从釆田"的分析，与分析会意字所用的"从某某"体例相混，说解六书类型不明确。其中"田"象兽掌形，而非田地之"田"。徐锴指出"本造此字为兽足掌"，字为"象形"，所说十分明确肯定。畢，许慎根据"或曰"，把它定为一个形声字。针对这一点，徐锴明确指出其为有柄网，也是象形字。求诸甲骨金文，徐说不误。"由"是网顶端形象的讹变，并非声符。壴，《说文》"从屮豆"的分析也不当。"壴"是"鼓"的初文。甲骨文从屮从㞢均可，象鼓上的装饰物，下象鼓面、鼓身、底座形，从而避免了人们对"屮壴"的误释。

关于象形字，徐锴作了必要的阐说和补充。一、说明象形字的笔意。如：尗，《系传》："菽也……豆性引蔓，故从丨有歧，非从上下之上也，故曰象尗生形，小象根也。"(卷十四)二、说明字的某个构件。如𠦒，《说文》："箕属，所以推弃之器也。象形。"《系传》："下象柄。"(卷八)夭，《说文》："屈也。从大，象形。"《系传》："夭矫其头颈也。"(卷二)。三、说明事物的作用。丌，《说文》："下基也。荐物之丌。象形。"《系传》："荐下，借以进之也。"(卷九)四、分析作为部首的象形字。欠，《说文》："张口气悟也，象气从人上出之形。"《系传》："人欠㰦也，悟解也。气拥滞欠故而解也。彡，气形。”

（2）指事字

对于指事字，《说文》只在极少数字如“上下”之下指明为“指事”，大多数则与象形体例相混，致使分辨不清，显露出“六书说”创立不久尚不够成熟的缺点。徐锴的贡献在于根据六书判定其为指事字。如：

牟，《说文·牛部》：“牛鸣也。从牛，象其声气从口出。”《系传》：“指事也。”（卷三）

甘，《说文·口部》：“美也。从口含一。一，道也。”《系传》：“班固曰：‘味道之腴，物之甘美也。’指事。”（卷九）

馵，《说文·马部》：“马一岁也。从马，一绊其足。”《系传》：“指事。”（卷十九）

徐锴在《系传》中明确指出其为“指事”的字共65个，为人们进一步的思考与研究提供了便利。他还指出象形为实，指事为虚，把指事与象形看作紧密联系的一组（耦），这也具有理论探索的意义。他指出的指事字例，如上、寸、厷、甘、本、朱、末、血等，后人一致认同。也有一些字，后人存有不同看法，如牟，段玉裁认为是合体象形；弱，徐锴认为“弓象桡曲之形，彡象毛嫠桡弱，弓、彡皆不成文，但取其象而已”，认为是指事字，而段玉裁认为从二弓、二彡为会意字，王筠则认为是“合体指事”。也有一些会意字，如折、牢、俎等，徐锴误以为指事，后人多不赞同。

（3）会意字

讨，《说文·言部》：“治也。从言寸。”《系传》：“寸，法也。奉辞伐罪，故从言。此会意。”（卷五）

盈，《说文·皿部》：“满器也。从皿夃。”《系传》：“夃……益多之义也。古者以买物多得为夃，夃从夃以成文。”（卷九）

圂，《说文·囗部》：“圂，厕也。从囗，象豕在其中。会意。”《系传》：“豕食不洁也。”（卷一二）

“讨”的本义是“征讨，讨伐”，“盈”的本义是“充满”，《系传》都能说明其字会合之义，对《说文》加以阐释。“圂”的本义是“猪圈”。

《苍颉篇》:“圂,豕所居也。”许慎以“厕”释“圂”,是一个类比的说法。厕,《释名》:“言人杂在上,非一也。”义指今厕所。厕所是脏的,因而圂引申出“污秽”义。桂馥《说文义证》:“或曰圂言溷浊也。”徐锴解释“圂”何以有“污秽”,说“豕食不洁也”,义指猪吃食把猪圈弄脏了。

在阐释会意字时,徐锴着力分析会意字的构形理据。如:莫,《说文》:“日且冥也。从日在茻中,茻亦声。”《系传》:“平野中望日,且莫将落,如在茻中也。今俗作暮。”(卷二)“莫”由“茻”“日”会合成义。许慎说明“从日在茻中”,通过两个构件的组合,让读者想象太阳落山时的情景,从而领会“日暮”的概念。而徐锴所阐述的构字理据则更进一步告诉读者观察事物的视角,从平野中远望天晚将落的太阳,好像处在草莽之中,有了这样一个观察的视角,加上特定时间的说明,就消除了“莫”字结构中“日、茻”关系的不确定性,论定了其构形的合理性。又如:釁,《说文》:“血祭也,象祭灶也。从爨省,酉所以祭也。从分,分亦声。”《系传》:“酉,酒也。分,分牲也。”(卷六)“釁”的本义是用牲血涂器祭祀,古代典籍中有衅庙、衅鼓、衅钟等不同形式。此字的构形前人解释多有不同。如从“酉”,段玉裁认为“酉者,酒之省”,这就不如徐锴“酉,酒也”讲得更明确,古文字中“酉、酒”本为一字。又如“分”,段玉裁认为含“取血布散”之意,徐锴则从衅祭用牲的材料角度,认为“分”是“分牲”,朱骏声说分是“分割”,支持了徐锴之说。

(4) 形声字

落,《说文・艸部》:“落,凡艸曰零,木曰落。从艸,洛声。”《系传》:“木曰落而从艸者,木但枝干劲,其叶落与草零无异。”(卷二)

䜣,《说文・言部》:“䜣,喜也。从言,斤声。”《系传》:“喜形于言也。”(卷五)

竢,《说文・立部》:“竢,待也。从立,矣声。”《系传》:“立而待之也。”(卷二)

例一释从“艸”的理由。例二说明“䜣”字从“言”的原委。段玉裁指明“䜣与欣音义皆同”,“䜣”是“欣”的古字。例三指出“竢”字从

“立”的根据。段玉裁说：“经传多假俟”为之，俟行而竢废矣。“俟”的本义是“大”，假借为“竢”字。

徐锴对于形声字的阐释，主要做了以下几项工作：一、解说形符之意，说明形声字归于该部首的原委。如：度，《说文》：“法制也。从又，庶省声。”《系传》：“布指知尺，舒肱知寻，故从手。”（卷六）古人常以手作为度量长短的尺度，因而“度”有“法度”之义。二、解说声符之意，这些声符往往体现了“声中有义”。如：毅，《说文》：“妄怒也。一曰有决也。从殳，豙声。”《系传》：“《春秋左传》‘杀敌为果，致果为毅’，豙，豕怒毛坚（竖）也。”（卷六）“豙”表示“豕怒毛坚（竖）”，与“毅”表示“妄怒”具有一定的意义联系。桂馥《说文义证》：“妄怒也者，本书‘豙’怒毛竖也。《禽经》：‘鹖，毅鸟也。’馥案：鹖之性好怒而敢斗。”

2. 溯源推流，解说古籍用字之别

汉字历史悠久，形体经历了甲、金、籀、篆、隶、楷等种种演变。同时，文字的发展与语言的发展各有其内在规律，有时难免出现不协调、不平衡的状况，同字异词、同词异字、音同借用等现象，促使汉字体系错综复杂，从而为阅读古书带来了不少困难。许慎《说文》是以解说本字本义为目的的专著，书中虽将古籀列为重文，但未加以诠释，对于文字实际使用中的各种变化，限于写作体例也未能顾及，在这些方面徐锴开创性地作出了贡献。他重视考镜源流，逐一剖分，解说古籍中用字的区别，大量阐释了《说文》所附的古文籀文，对异体字、古今字、通用假借字都作了说明。

（1）分析籀文古文

禋，《说文·示部》：“禋，洁祀也。一曰精意以享为禋。从示，垔声。，古籀文从宀。”《系传》：“亦宗庙之祭。宀，屋也。”（卷一）

“禋”本指升烟以祭天，先烧柴升烟，再加牲体及玉帛于柴上焚烧，因烟气上达以致精诚。《周礼·春官·大宗伯》：“以禋祀祀昊天上帝。”也泛指虔诚的祭祀。可以祭天，称“禋天”，见《后汉书·刘表传》；也可以祭六宗，称“禋宗”；郊祭天帝称为“禋祀”。祭六宗即宗庙之祭，一般在宗庙进行，因而加“宀”就有了处所的根据。西周金文《墙盘》及《哀成叔鼎》，“禋”字作，与籀文写法相似，均从“宀”。

社,《说文·示部》:“社,地主也。从示,土声。《春秋传》曰:‘共工之子句龙为社神。’《周礼》:‘二十五家为社,各树其土所宜之木。’,古文社。”《系传》:“锴曰:树所宜之木,故从木,又木者木主也。”(卷一)

此例释古文“社”从木的理据。商承祚《〈说文〉中之古文考》说:“案:示应作[illegible],《论语》:‘夏后氏以松,殷人以柏,周人以栗。’此从土木,各树其土所宜木也。”可知徐说有根据。此例又指出“社”引申指土地之神的神主。《论语·八佾》何晏注引孔安国曰:“凡建邦立社,各以其土所宜之木。”邢昺疏:“谓用其木以为神主。”就字形看,“社、土”古本同字(说见郭沫若《甲骨文字研究》),后类化加“示”。《说文》所收古文与战国中山王鼎所收“社”字同构,均从“木、土”,徐锴的解释是正确的。

总起来看,徐锴对《说文》所收籀文、古文作了一些阐释工作,不过由于时代的限制,五代晚期古文字学形成的条件尚不具备,因此徐锴的解释只是初步的,对于许慎所列籀文、古文中的讹误他尚不能指出。

(2) 古书用字

汉字发展演变中产生了诸多的文字现象,如古今字、异体字、假借字等,这些现象无不通过古代典籍表现出来。徐锴继承了汉唐以来经学家们的释字解经的传统,对《说文》涉及的各种用字现象一一都作了诠释。限于篇幅,这里举例加以说明。

① 古今字

彴,《说文·彳部》:“彴,行示也。《司马法》:斩以彴。”《系传》:“且斩且行以令于众也。今人作徇。”(卷四)

貤,《说文·贝部》:“貤,资也。从贝,为声。”《系传》:“《字书》云古货字。”(卷一二)

州,《说文·川部》:“州,水中可居曰州。”《系传》:“古九州字与洲渚字同也。”(卷二二)

以上说明“彴、徇”“貤、货”“州、洲”分别为古今字。徐锴所说的古今字,主要指古今时代用字的不同,与郑玄等汉儒的主张相合。他说明古今字常用的术语是：一、古某字，古作某，古本作某；二、今作某，今人作某，今某字，今人通作某；三、今俗作某，今俗某字。

② 异体字

鞵，《说文·革部》："鞵，革生鞮也。从革，奚声。"《系传》："今俗作鞋。"（卷六）

徐，《说文·人部》："徐，缓也。从人，余声。"《系传》："与徐字义同。"（卷一五）

谿，《说文·谷部》："谿，山渎无所通者。从谷，奚声。"《系传》："俗作溪。"（卷二二）

以上说明"鞵、鞋""徐、徐""谿、溪"分别为异体字。徐锴心目中的异体字有的是音同音近的通用字，有的是俗字或体，因此是广义的异体字。

③ 假借字

乌，《说文·乌部》："乌，孝鸟也。象形。"《系传》："此本象鸟形，假借为乌呼也。"（卷七）

帅，《说文·巾部》："帅，佩巾也。从巾，自声。"《系传》："借为将帅字。"（卷一四）

以上是本无其字的假借。常用术语是"假借""借"。

递，《说文·辵部》："递，至也。从辵，弟声。"《系传》："今文《尚书》借弔字。"（卷四）

笃，《说文·马部》："笃，马行顿迟也。从马，竹声。"《系传》："《诗》曰'笃公刘'，《论语》曰'行笃敬'，皆当作'竺'，假借此笃字。"（卷一九）

以上是本有其字的假借，即通假。徐锴阐释通假的术语主要有"假借""借某字"和"今作某字"。

3. 古今对照阐释语言递嬗之迹

语言随着时代而发展演变，五代距离东汉近千年，汉语由上古进入近代早期，新的词义大量产生，有些旧的事物改变了名称，有些词后人已经难以知晓，这都需要做阐释的工作。徐锴采用"古今对照"的方法，理出词义发展的脉络，说明事物名称的变化，通过古今语言的转换，使《系传》成为沟通古今的桥梁，使深邃难懂的《说文》变得通俗明白。

（1）理出词义发展的脉络

菁，《说文·艸部》："菁，韭华也。从艸，青声。"《系传》："韭菜之华也，可为菹……亦通谓艸木之英为菁。"（卷二）

丧，《说文·哭部》："丧，亡也。从哭，亡声。"《系传》："凡失物则为丧。"（卷三）

遇，《说文·辵部》："遇，逢也。从辵，禺声。"《系传》："又诸侯冬见天子曰遇。"（卷四）

骹，《说文·骨部》："骹，胫也。从骨，交声。"《系传》："《周礼》曰'去其一以为骹围'，以人胫喻车辐之梢也。"（卷八）

矫，《说文·矢部》："矫，揉箭箝也。从矢，乔声。"《系传》："矫以矢之曲也，故曰矫枉。"（卷一〇）

例一"菁"由韭华通谓草木之花，词的表义范围扩大，属于由个别到一般的引申。其常用术语为"通谓"。例二"丧"由人的死亡引申指事物的丧失，也是由个别到一般的引申，词的意义发生转移。不过"丧"字结构并不从"哭"，据甲骨、金文，象桑叶形，借"桑、丧"同音，表示丧亡。例三"遇"由一般的"逢遇"义引申，特指"诸侯冬见天子"，其说于古有征。《周礼·春官·大宗伯》："冬见曰遇。"这属于由一般到个别的引申，词的表义范围缩小。例四"骹"由人胫比喻车轮的末端（见《周礼·考工记·轮人》），是通过联想和想象，从不同的事物中寻找相似点，运用比喻而形成的引申义。徐锴用一个"喻"字点明了词义通过比喻而引申这条途径，给了后人很大启示。例五"矫"本指拨直箭矢的工具，由于具有矫正枉曲的作用，因而引申出"矫枉"之义。这是由具体到抽象的引申，其术语为"故曰"。事实说明，徐锴在阐释《说文》时力图揭示事物内部存在的理性联系，寻找词义引申的推理根据。徐锴对词的引申义的研究是一项具有开创性的工作，其后经方以智、段玉裁、朱骏声继承并发挥，使古汉语词义研究推到了一个新的阶段。

（2）说明事物古今名称的变化

事物在历史演进中改变了名称，这是常有的事。徐锴在阐释《说文》时注意揭示这种改变，从而为后代读者识读《说文》提供了便利。如：

苽，《说文·艸部》："苽，雕苽，一名蒋。从艸，瓜声。"《系传》："雕瓜。《西京杂记》及古诗多作'雕胡'。枚乘云'雕胡之饭'。按：即今所食茭苗米也。"（卷二）

径，《说文·彳部》："径，步道也。从彳，巠声。"《系传》："小道不容车，故曰步道，今之移路。"（卷四）

徛，《说文·彳部》："徛，举胫有渡也。从彳，奇声。"《系传》："《尔雅》：'石杠谓之徛。'注：'聚石水中为步渡彴也。'臣锴按：即溪涧夏有水，冬无水处，横木为之，至冬则去，今曰水彴桥。"（卷四）

囮，《说文·囗部》："囮，译也。从囗，化声。率鸟者系生鸟以来之，名曰囮。"《系传》："译谓传四方夷及鸟兽之语也。囮者，诱禽鸟也，即今之鸟媒也。"（卷一二）

罕，《说文·网部》："罕，网也。从网，干声。"《系传》："天子出有罕，车网也。又云罕大旗为网，今俗谓网旗也。"（卷一四）

例一雕—雕胡—茭苗米，说明了"苽"古今名称的演变。今称茭白，菰属植物。例二步道—移路，说明人行小路名称的古今之变。《周礼》郑玄注说："此云步道，谓人及牛马可步行，而不容车也。"又称"步径"，见《三国志·魏志·张辽传》。例三徛—步渡—水彴桥，说明了"步桥"在先秦、魏晋、唐五代三个不同时期的名称。例四捕鸟人用活鸟诱捕他鸟的设置，古称囮，唐五代称鸟媒。见陆龟蒙《自和次江墅言怀韵》诗。例五罕，本指捕鸟用的长柄小网，又用为旌旗的代称。张衡《东京赋》"云罕九游"薛综注："云罕，旌旗之别名也。"上言古称"云罕"，五代宋之际称"网旗"。

(3) 用今语释古语

趁，《说文·走部》："趁，𧽊也。从走，参声。"《系传》："自后及之也。"（卷三）

䠏，《说文·足部》："䠏，瘃足也。从足，困声。"《系传》："足遇寒裂曰瘃，故《汉书》曰：'天寒足皲瘃，堕指者什二三。'"（卷四）

诬，《说文·言部》："诬，加也。从言，巫声。"《系传》："以无为有

也。”(卷五)

籑,《说文·攴部》:“籑,小舂也。从攴,算声。”《系传》:“籑,去小麦皮也。”(卷六)

例一以“趩”释“趁”,古奥难晓,徐锴用“自后及之”即“追赶”来解释,十分通俗易知。例二踊脚生冻疮,许慎用“瘃足”作释,由于“瘃”是个古语词,其义后人已不甚了了,徐锴以“足遇寒裂曰瘃”加以解释,展转为释,疑难就解决了。例三许慎以“加”释“诬”,因后来“诬”多用为“诬蔑”义,“加”多用为“增添”义,本义不显,徐锴用“以无为有”释“诬”本义,则更加明确地道出其特点。正如段玉裁所说:“加与诬皆兼毁誉言之,毁誉不以实皆曰诬也。”例四小徐以“去小麦皮”释“籑”,比许慎“小舂”讲得更通俗明白,唯“籑”不限于指“去小麦皮”,当以王筠《说文句读》“除谷芒”之说更为全面准确。

古汉语词义随时代不断发展演变,因此,诠释《说文》不能仅满足于恪守许说。徐锴的过人之处在于,他善于观察古今词义的异同,善于运用古今对照的方法,将上古与后代的词义加以比较,揭示它们之间发展延伸的轨道,理清词义演进的脉络,从而为古汉语词汇发展史留下了不少宝贵的材料。

4. 借音求义,推索事物得名之由来

词是音义的结合体,语音是词义的载体,文字作为记录词的书写符号,其音义是从词里获得的。我国古代学者就已具有根据词的读音线索推求词义的传统。徐锴在《系传》中继承了前人的这些传统并有所发展,他力图通过声音的线索推求词义的来源和事物得名的根由,对许说进行深入的阐释。具体做法是:

(1) 揭示许慎说解与小篆的声音联系

瑗,《说文·玉部》:“瑗,大孔璧,人君上除陛以相引从。从玉,爰声。”《系传》:“瑗之言援也,故曰以相引也。”(卷一)

鞕,《说文·革部》:“鞕,急也。从革,亟声。”《系传》:“束物之急,莫若革也。”(卷六)

俗,《说文·人部》:“俗,习也。从人,谷声。”《系传》:“俗之言续也,传相习也。”(卷五)

例一许慎以“引从”释“瑗”。上古“引”为云母字，“瑗”为匣母字，二字双声，故“瑗、引”有同源关系；徐锴进一步采用声训法指出“瑗、援”具有相引的作用，也有双声关系，这样就把“瑗、援、引”都系联了起来，对许说又有发展。例二许慎训韘为“急”，上古二字都属见母职韵，语音相同，意义上也有联系，朱骏声《说文通训定声》说：“或谓革之紧。”韘是拉弦射箭时用以保护手指的皮套，捆束得坚固，故徐锴说：“束物之急，莫如革也。”例三“俗、习”同属邪母，为双声，意义相近。徐锴则采用声训之法，试图说明“俗”与“续”具有一定的联系意义，表明了他探索语源的努力。

（2）用声训法推溯语源或释义

瑬，《说文·玉部》：“瑬，重玉也，冕饰。从玉，流声。”《系传》：“天子十有二旒。旒之言流也。自上而下，动则逶迤若水流也。”（卷一）

菡，《说文·艸部》：“菡，菡萏也。从艸，函声。”《系传》：“菡犹含也，未吐之意。”萏，《说文》：“菡萏，扶渠华，未发为菡萏，已发为夫容。”《系传》：“芙之言敷也，蓉之言动容也。”（卷二）

议，《说文·言部》：“议，语也。一曰谋也。从言，义声。”《系传》：“定事之宜也。”（卷五）

例一“旒”乃“瑬”的俗字，“瑬”为正字，徐锴用“旒之言流也”表述，认为“瑬”的语源是“流”，垂玉若水流。例二小徐在二字说解中运用声训法，指出“菡”得名于“含”，表“含而未发”之义，同时用“敷”与“动容”推测“芙蓉”得名之由。段玉裁也认为：“许意菡之言含也，夫之言敷也。”与徐锴之说前后相承。例三徐锴认为“议”的语源是“宜”。上古音“议、宜”均为疑母歌韵，声音极近。段玉裁说：“议者谊也，谊者人所宜，言得其宜之谓议。”朱骏声认为“谓论事之宜”，均肯定“议”“宜”有同源关系。

在《系传》中，徐锴除了运用“为”“谓”“谓之”“犹”“貌，之貌”“之言，之为言”“言”等传统训诂术语，针对各种文字、词汇、语言及文化现象进行阐释之外，还自创并采用了诸如“（臣）以为”“疑”“然则”“当言”等习用语，对一些较特殊的问题进行了具有原创性意义的阐释。所谓“原创性意义的阐释”，是指徐氏或自出胸臆，创发新说，或否定旧说,提出新解,要皆能发前人所未发,足以为后人开启思路者。如“(臣)以为”直抒己见,阐明观点;“疑”设疑破解,讨论商榷;“然则”分析事理,逻辑推导;“当言”析疑解谬,推翻成说,等等。这些具有原创性思维的阐释,充分显示了徐锴精深的学术造诣与进取的治学精神,同时也对后世研治《说文》者产生了巨大的启示作用。例如:

① “(臣)以为”

瓛,《说文·玉部》:“瓛,桓圭,公所执。从玉,献声。”《系传》:“锴按:郑玄曰:‘桓圭谓宫室之双植为桓,此圭刻作之,桓圭亦作瓛。’臣锴按:今字书瓛又音钀,钀则马镳,俗名排沫,此圭刻皆象之。臣以为郑玄注义后人多破解之故耳。”(卷一)

据《周礼·春官·大宗伯》:“公执桓圭。”郑玄注:“公,二王之后及王之上公。双植谓之桓。桓,宫室之象,所以安其上也。桓圭,盖亦以桓以瑑饰,圭长九寸。”此言桓圭是上公执持的圭器,桓是两根竖立的木柱,是宫室的象征。桓圭以桓为瑑饰。“桓圭”的本字是“瓛”,“桓”为借字,下文当作讨论。徐锴这里所说则是另一种情况。即“瓛”为胡官切(据《广韵》),今音 huán;瓛又读“延结切”,今音 yè,这个意义本字作“钀”。

《篇海类编·珍宝类·玉部》:“瓛,马镳也。”马镳即马嚼子,并非“瓛”的本义,而应视为借字借义。徐锴所说“郑玄注义后人多破解之故耳”,当是针对此事而言。他的见解是正确的,不过他尚未涉及“瓛”与“桓”的关系问题。清代学者则在徐锴的基础上进一步研讨,解决了这个问题。他们认为在“桓圭”的意义上,“瓛”为正字,“桓”为借字。如王筠《说文释例》:“瓛者,公执桓圭之正字也。其说即曰桓圭,是以借字说正字也。”朱骏声《说文通训定声》:“疑瓛即桓之俗字。”邵瑛《群经正字》:“桓圭古作瓛圭,音同假借,因作桓。许云‘桓圭,公所执’,恐许从俗以晓之,或后人妄增桓字也。”所说更为明确。

邍,《说文·辵部》:“邍,高平之野,人所登。从辵,备录,阙。”《系传》:“锴按:水所出为原,故即《尔雅》‘广平曰邍’。今《周礼》有‘邍师’,犹此邍字,《尔雅》则变为‘原’也。许慎‘阙’之义不尽知。臣锴以为人所登,故从辵;登而上,故从夊。夊,止也。《春秋左传》曰:‘原

田每每。'《诗》曰：'周原膴膴。'故从田。未知何故从录也。"（卷四）

徐锴在这里首先辨析了"原"和"邍"两个字的关系，指出"水所出为原"，"广平曰邍"，水源、原野，本来是表达不同事物和概念的两个词。他所引用的"邍师"，见《周礼·夏官》，这种官职"掌四方之地名，辨其丘陵坟衍邍隰之名，物之可以封邑者"。《周礼》与传本《尔雅》均用"邍"字，而后唐通行的《尔雅》本已改为"原"字，显然徐锴把它看作文字的借用现象。这些看法都是正确的。

其次，徐锴对"邍"字进行了结构分析。从辵，从夊，都与登、走有关，从田与原野相关。这一分析的可贵之处在于，他既破解了"夊"与"田"，也就否定了该字"从备"之说。这一分析受到了后人的广泛重视。如段玉裁认为此字当"从辵，从略省，从录"，徐灏《段注笺》就全文引用徐锴的说法，不赞同"从略"之说。王念孙《王氏读说文记》说："此注当从锴注作'从辵，夊田录阙'为是，今本误以夊田二字合为'备'，且《说文》无'备'字，非是。"王筠《说文句读》说："此三字当作'从夊、从田、彖声'。《系传》分释夊田，则知二字误合为一也。"从古文字看，石鼓文分析为"从辵，从夊、从田，皆道路，邍野意，彖声"。林义光引金文《陈公子甗》，认为从行省，从夊、从止，从田，从某兽形，要之金文也不从"备"。由此可见徐锴对许慎"从备"的误解作出了正确的分析。但遗憾的是，他执泥于"从录"之说，而姚文田、严可均《说文校议》、徐灏《段注笺》和王筠《说文释例》都否定了"从录"说，正确地指出此字为"彖声"。

② "疑"

農，《说文·部》："農，耕也。从，囟声。"《系传》："锴曰：農，耕也。囟当为凶字，乃得声。疑非（囟）声。"（卷六）

《说文》传本此字作"囟声"，徐锴从音理考虑，怀疑"囟"非声，他的探索精神应予肯定。纽树玉《说文校录》、孔广居《说文疑疑》、王玉树《说文拈字》、高翔麟《说文字通》都引用了他的说法。当然，关于应改为"凶声"的推测与古音尚有距离，因而后人多不同意。如段玉裁注，与苗夔《说文声订》均认为当从"囟"声。今据甲骨文、金文，《说文》所谓从"囟"实乃从"田"之讹（说见商承祚《殷虚文字》）。容庚《金文编》说:“从田,说又从囟,乃传写之讹。”甲骨文此字象手持蜃器耕作于山林草地。金文从田辰会意。字或从茻,或从林。

③ “然则”

䘏,《说文·血部》:“䘏,羊凝血也。从血,臽声。”从字面看,《说文》所指为凝结了的血。但血凝结与否只有形态上的差异,并无实质的区别,为什么要给凝结的羊血另起一个名称呢?《系传》给出了另一种解释:“按陶氏《本草注》云:宋时大官作䘏,削藕皮落其中,血不凝,知藕之散血,然则䘏血羹也。”(卷九)

徐锴据《本草注》,推定䘏是血羹。此说受到后人广泛的重视。段玉裁注《说文》,引上文作“宋帝时太官作血䘏”,并指出“羊血供饮食”。以羊血做血䘏,点明了以羊血为食品。桂馥《说文义证》具引徐锴论述,并以《酉阳杂俎》为例,指出做血羹时加藕,以致“频不能就”;还引《释名》,“血䘏以血作之,增其酢豉之味,使甚苦,苦以消酒也”。王筠《说文句读》释此字,亦详引《系传》,并称“南方谓牛羊鹿血为脂”。以“血羹”释“脂”亦为今人所认同,详见《汉语大词典》。汤可敬《说文解字今释》还进一步指出:“脂,羊凝血,即牲畜的血凝合切片所作的羹汁。”血、肉义相关,故䘏、脂为异体字。

④ “当言”

贬,《说文·贝部》:“贬,损也。从见,从乏。”《系传》:“锴曰:当言从乏,乏亦声。脱误也。会意。”(卷一二)

今大徐本《说文》作“从见,从乏”,看作会意字。《系传》作“从贝,从乏声。”徐锴解释认为当作“从乏,乏亦声。”段玉裁赞同徐锴的意见,认为“从贝乏声”,“形声包会意也”。王筠《说文句读》引用《系传》。朱骏声《说文通训定声》作“损也。从贝,从乏。按:乏声”。可见后代学者多赞同徐锴的见解。朱士端《说文校定本》还指出“乏声”的音理根据:“愚谓古音乏、贬同列侵部。”

(三)余论

徐锴《说文解字系传》也存在明显的缺点。周祖谟先生在《徐锴的〈说文〉学》中指出:“然而《系传》在解字方面具有一种根本性的缺点,就是过重会意,而略形声。有不少《说文》字下说‘从某某声’的,徐氏都认为传写误多'声'字。""徐氏把《说文》的形声字解为会意，或会意兼声，都不免有误。这都是由于相信古人造字都有深意而产生的"。"至于部叙、通论、错综等几部分，以义理说解文字，类似汉代今文经家说字解义，牵强附会，尤为荒诞。"①

徐锴《系传》之不足，古人即有所批评。清钱大昕《十驾斋养新录》卷四有"二徐私改谐声字"一条，批评他们"于'从某某声'之语，往往妄有刊落"。元戴侗《六书故》则批评二徐对于《说文》的"遗逸重复"不能补正，乃曲为之说。明赵宧光《说文长笺》又指出其"即未能得贾、许本旨，亦未必词无强训"。这些问题是确实存在的，对于《系传》必须持一分为二的辩证态度。

关于《说文解字系传》的版本，初椠在南唐被攻破时即已残缺，南唐时已断烂不可读。今本出自苏颂所传，阙卷第二十五，而以大徐本补足。现在流传的刻本有三种：一为清乾隆间汪启淑刻本；一为马俊良刻龙威秘书本；一为道光间祁藻刻本，承培元及苗夔校订。三者以祁刻本为精。此外，还有清人钱曾述古堂影宋抄本及瞿氏铁琴铜剑楼所藏卷三十至卷四十宋刻残本，"虽同为善本，然与祁刻亦各有所长，未可一概而论"②。

徐锴还著有《说文解字韵谱》，共十卷。由于《说文》始一终亥，据形系联，读者检字颇为不便，为此徐锴依声韵编字，堪为检索者之一助。其兄徐铉为是书作序，称"（许书）偏旁奥密，不可意加，寻求一字，往往终卷。力省功倍，思得其宜。舍弟楚金，特善小学。因命取叔重所记，以李舟《切韵》次之，声韵区分，开卷可读。"《韵谱》的目的在于便检，因而训释等务求简略。注音采用反切，有音则省训释。如第一卷：

"上平声，东部一"开端数字：

东：德红反。　　涷：暴雨。

同：徒红反。　　铜：赤金。　　童：奴也。

① 周祖谟《问学集》，第 846 页。

② 宋均芬《说文学》，第 40—46 页。

《韵谱》收字实际比许书略少，也收入部分大徐新附字和俗字[①]。

《说文解字韵谱》有南陵徐氏影印元种善堂本、清同治间冯桂芬缩摹本等行世。

（原载向光忠主编《说文学研究》第五辑，线装书局，2013 年）

① 张其昀《〈说文〉学源流考略》，第 85 页。

段玉裁对汉字形义关系的说解

语言是音义的结合体，一切有声语言的语音都是表达意义的，汉语自不例外。关于汉字音义关系的探索，宋人已开其端。由南唐入宋的徐锴在其《说文解字系传》中，常常含有“声符有义”的提示。如“毅”本义为“妄怒”，徐氏认为声符“豙”本表示“豕怒毛坚(竖)”；本义为“恨”，“一曰怠”，徐氏认为“黎，迟也，故为怠”。宋人郑樵提出“子母说”，认为形声字由子母复合而成，母主义，子主声。王圣美倡“右文说”，认为“凡字，其类在左，其义在右”。王安石《字说》则不顾汉字构形规律，“一切说以会意之法，蹈空凭臆”(沈兼士语)，穿凿附会，应予否定，但王氏也曾提出过“凡字声都有义”(见姚孝遂《中国文字学史》，第 186 页)。宋人开启之功不可否认。

清代名儒段玉裁在批判继承宋人成果的基础上，对汉字音义关系的认识更加全面深刻。他在《说文解字·叙》注中说：“许君以为音生于义，义著于形。圣人之造字，有义以有音，有音以有形。学者之识字，必审形以知音，审音以知义。”他在《广雅疏证序》中指出：“治经莫重于得义，得义莫切于得音。”他本着“声与义同源”及“文字起于声音”之说，从古韵归类的事实中，引出“同谐声者必同部”的结论，摆脱字形束缚，注意音义的密切联系，从声音的线索中去探求词义，对于人们正确认识语音、文字的规律，具有重要的启迪作用。

一、“声义同源”“声旁多与字义相近”

段玉裁认为：“声与义同源，故谐声之偏旁多与字义相近，此会意、形声两兼之字致多也。《说文》或称其会意，略其形声；或称其形声，略其会意。虽则省文，实欲互见。”

在《说文解字注》中，段玉裁使用了一系列术语，表明声旁与字义的密切关系。对形声字，常使用“形声包会意”“形声兼会意”等，以表示声旁有义；对会意字，则使用“亦声”“会意包形声”等，以表示相关汉字构件声与义的有机联系。

（一）形声包会意

“包”指“包含，包括”，说明该声旁不仅具有表音功能，而且具有表义作用。例如：

1. 侩，《说文》：“会福祭也。从示，从会，会亦声。”小徐本作“从示，会声”。段注：“此等皆举形声包会意。”

2. 菜，《说文》：“艸之可食者。从艸，采声。”小徐本作“采亦声”。段注：“此举形声包会意。古多以采为菜。”《说文·艸部》字属“形声包会意”的还有苷、蘱、茨、苴等。

3. 越，《说文》：“急走也。从走，弦声。”小徐本亦作“从走，弦声”。段注：“形声包会意，从弦有急义也。”《说文·走部》属“形声包会意”的还有趯。

4. 讼，《说文》：“争也。从言，公声。”小徐本同。段注：“此形声包会意。”《说文·言部》属“形声包会意”的还有謎。

5. 贰，《说文》：“副益也。从贝，弍声。”小徐本：“副贰者，相裨益也。《春秋传》曰‘齐侯器贰不匱’，会意。”段注：“形声包会意。”《说文·贝部》属“形声包会意”的还有贷、贩、贬、赇。

6. 宏，《说文》：“屋响也。从宀，弘声。”小徐本同。段注：“此举形声包会意也。”《说文·宀部》属“形声包会意”的还有寔、宧、寷、宛。

段氏《说文解字注》中标明“形声兼会意”的合计 140 例。

（二）形声兼会意

1. 瑠，《说文》：“玉器也。从玉，畾声。”段注：“《说文》无畾字，而云畾声者，即靁之省也。”“凡从畾字皆形声兼会意。”

2. 韐，《说文》：“士无市有韐……从市，合声。”段注：“郑云：合韦为之，则形声可兼会意。”

“段注”中明确为“形声兼会意”的例子不是很多，仅 7 例。此外有“形声见会意”的表述，如鬻，共2例；有“形声该会意”的表述，如厥，共2例；有“形声有会意”的表述，如娣，共24例。此外还有“形声关会意”“形声亦会意”等表述。以上总计49例。有时解说声符字包含会意之理，并不使用专门的术语。如遝，“遝也。从辵，合声”。段注：“目部云：眔，目相及也，是遝亦会意。”覣，“好视也。从见，委声”。段注：“取委顺之意。”

（三）亦声

“亦声”指会意字中的一个构件同时兼有声符的功能。《说文》已开创了“亦声”体例，全书共收亦声字215个。段玉裁则又补充了74个。如：

1. 禷，《说文》：“以事类祭天神。从示，類声。”段注：“此当曰从示類，類亦声，省文也。”

2. 議，《说文》：“语也。一曰谋也。从言，義声。”段注：“当云从言義，義亦声。”

3. 奇，《说文》：“异也。一曰不耦。从大，从可。”段注：“会意。可亦声。”

4. 廩，《说文》：“亩或从广禀。”段注：“会意也，禀亦声。”

5. 胞，《说文》：“儿生裹也。从肉包。”段注：“包子之肉也。不入肉部者，重包也。包亦声。”

（四）会意包形声

该术语是指会意字的某一个构件，也含有声符的功能。因此该会意字也可看作形声字。段注一书中属“会意包形声”者共30例。如：

1. 睡，《说文》：“坐寐也。从目垂。”段注：“此以会意包形声也。”“垂”亦看作声符。

2. 刵，《说文》：“断耳也。从刀耳。”段注：“会意包形声。”“耳”亦可看作声符。

3. 枖，《说文》：“木少盛皃。从木，夭声。”段注：“声疑衍文。以会意包形声。”“夭”亦可看作声符。

4. 偫，《说文》：“待也。从人待。”段注：“此举会意包形声也。”

“待”亦可看作声符。

5. 醮,《说文》:“面焦枯小也。从面焦。”段注:“此举会意包形声。”“焦”亦可看作声符。

(五)会意兼形声

该术语的含义与“会意包形声”相同,段注一书中共16例。如:

1. 藕,《说文》:“扶渠根。从艸水,禺声。”段注:“今订之,可从艸从耦,会意兼形声。”

2. 牡,《说文》:“畜父也。从牛,土声。”段注:“或曰:土当作士,士者夫也。之韵尤韵合音近,从士则为会意兼形声。”

“亦声”“形声包会意”“会意包形声”论述的角度不同,但并不相互排斥,因此,段玉裁为了论述更加全面清晰,有时将两个术语同时使用。如:

1. 臼,《说文》:“舂糗也。从米臼。”段注:“臼亦声。此举会意包形声也。”

2. 䰜,《说文》:“截首也。”段注:“断亦声,此举会意包形声也。”

3. 盛,《说文》:“黍稷在器中,以祀者也。从皿,成声。”段注:“引申为凡丰满之称。今人分平、去,古不分也。如《左传》‘盛服将朝’。盛音成,本亦作‘成’……形声包会意。小徐无‘声’字,会意兼形声也。”

4. 歛,《说文》:“监持意,口闭也。从欠,緘声。”段注:“口闭说从欠緘之意。当云从欠,緘亦声。此举形声包会意耳。”

以上大量例子表明,段玉裁对于汉字音义关系的认识是十分全面深刻的,声符表义,义符兼声,他似随手拈来,却多能发前人所未发。徐铉校定《说文》,常把形声字“声”字删去,视为会意字。钱大昕《十驾斋养新录·四》批评其“既不审古音之异于今音,而于相近之声全然不晓,故于‘从某,某声’之语,往往妄有刊落”。其后王安石离析汉字偏旁,将一字析为多字,望文生训,随意解字,更加走向极端。张有《复古编》虽为匡正王安石《字说》而作,但书中也往往将形声的“声”字刊落。由此可见段玉裁所做的工作,既是对宋人随意刊落“声”字做法的颠覆,也是对社会上认为声符只有标音作用的反驳。

体现了他对汉字音义联系的辩证观点。

二、具有相同声符的形声字，“凡从某声皆有某义”

（一）凡“于”声字多训大

《说文》：“芋，大叶实根骇人，故谓之芋也。从艸，于声。”段注：“口部曰：‘吁，惊也。’”毛传曰：“‘讦，大也。’凡于声字多训大。芋之为物，叶大根实，二者皆堪骇人，故谓之芋。”

（二）凡字从畾声者，皆有郁积之意

《说文》：“藟，艸也。从艸，畾声。”段注：“凡字从畾声者，皆有郁积之意。是以神名郁儡，《上林赋》云‘隐辚郁𡾋’，郁鬯得名藟者，义在乎是。”

（三）斯，析也。凡同声多同义

《说文》：“誓，悲声也。从言，斯省声。”段注：“斯，析也。澌澌，水索也。凡同声多同义。”今按：“斯”声表“析”“索”义多有例。如嘶，《汉书·王莽传》“大声而嘶”，颜师古注：“嘶，声破也。”㽄，《说文》：“散声也。”撕，《集韵·支韵》：“析也。”誓悲声，乃声变、声破之音，与“析”义通。

（四）凡从皮之字皆有分析之义

《说文》：“诐，辨（辩）论也。从言，皮声。”段注：“皮，剥取兽革也。柀，析也。凡从皮之字皆有分析之义。”今按：旇，《说文》：“旌旗披靡也。”簸，《说文》：“扬米去康也。”紴，《说文》：“绦属。”铍，《说文》：“大鍼也。”段注：“玄应曰：‘医家用以破痈。’”以上诸字均含“分析”之义。

（五）凡从非之字皆有分背之意

《说文》：“兺，赋事也。从八，八，分之也。八亦声。读若颁。一曰读若非。”段注：“先郑曰：‘匪，分也。’凡从非之字皆有分背之意。”今按：犕，《说文》：“两壁耕也。从牛，非声。”朱骏声《说文通训定声》：“两牛同田，此往彼来，两边耕也。”斐，《说文》：“分别文也。从文，非声。”排，《说文》：“挤也。从手，非声。”蹝，《说文》：“跀也。从足，非声。”以上诸字均含“分背”之义。

(六) 凡从句者皆训曲

翑,《说文》:"羽曲也。从羽,句声。"段注:"凡从句者皆训曲。《释木》曰:'句如羽乔。上句曰乔。'然则羽曲者,谓上句反向。"今按:跔,《说文》:"天寒足跔也。从足,句声。"笱,《说文》:"曲竹捕鱼具也。从竹,句声。"钩,《说文》:"曲钩也。从金,句声。"朐,《说文》:"脯挺也。从肉句会意,句亦声。"痀,《说文》:"曲脊也。从疒从句,句亦声。"軥,《说文》:"轭下曲者。从车从句会意,句亦声。"以上诸字均有"曲"义。

(七) 凡从云之声皆有回转之义

《说文》:"囩,回也。从囗,云声。"段注:"凡从云之声皆有回转之义。"今按:沄,《说文》:"流转也。从水,云声。"魂,《说文》:"阳气也。从鬼,云声。"《易·系辞》:"精气为物,游魂为变。"《灵枢经》:"随神而往来者谓之魂。"以上二字均含"回转"之义。

(八) 凡夗声、宛声皆取委曲意

《说文》:"夗,转卧也。从夕卩。卧有卩也。"段注:"凡夗声、宛声皆取委曲意。"今按:琬,《说文》:"圭首琬琬者。从玉,宛声。"《周礼·典瑞》:"琬圭以治德,以结好。"郑司农注:"琬圭无锋芒。"朱骏声《说文通训定声》:"谓剡上处不锐而穹然也。"婉,《说文》:"顺也。从女,宛声。"《左传·昭公二十六年》:"妇听而婉。"盌,《说文》:"小盂也。从皿,夗声。"以上诸字均含"委曲"之义。

(九) 凡从甬声之字皆兴起之意

《说文》:"甬,艸木华甬甬然也。从,用声。"段注:"凡从甬声之字皆兴起之意。"今按:踊,《说文》:"跳也。从足,甬声。"涌,《说文》:"滕也。从水,甬声。"诵,《说文》:"讽也。从言,甬声。"通,《说文》:"达也。从辵,甬声。"以上诸字均含"兴起"之义。

(十) 凡金声、今声皆有禁制之义

《说文》:"裣,交衽也。从衣,金声。"段注:"凡金声、今声皆有禁制之义。"今按:《说文》:"持也。从支,金声。"《一切经音义》"捦箭",注:"谓以手捦持。"捡,《说文》:"急持衣裣也。从手,金声。"衔,《说文》:"马勒口也。从行,金声。"裣,《说文》:"交衽也。从衣,金声。"

含,《说文》:"嗛也。从口,今声。"黅,《说文》:"牛舌痛也。从牛,金声。"以上金声或今声之字均含"禁制"之义。

(十一)凡农声之字皆训厚

《说文》:"襛,衣厚皃。从衣,农声。"段注:"凡农声之字皆训厚。"今按:獶,《说文》:"犬恶毛也。从犬,农声。"《字林》:"獶,多毛犬也。"浓,《说文》:"露多也。从水,农声。"醲,《说文》:"厚酒也。从酉,农声。"徐灏《段注笺》:"农本训厚,故从农声之字,如:襛、浓、醲,皆有厚义。"

(十二)凡从康之字皆训为虚

《说文》:"漮,水虚也。从水,康声。"段注:"故从康之字皆训为虚。"今按:歉,《说文》:"饥虚也。从欠,康声。"㝩,《方言》卷十三:"空也。"《说文》:"屋㝩㝗也。"徐锴《系传》:"屋虚大也。"穅,《说文》:"谷皮也。从禾,从米,庚声。"以上康声之字均含"空虚"义。

(十三)凡从辰之字皆有动意

《说文》:"娠,女妊身动也。从女,辰声。"段注:"凡从辰之字皆有动意,震、振是也。"今按:唇,《说文》:"惊也。从口,辰声。"欣,《说文》:"指而笑也。从欠,辰声。"赈,《说文》:"富也。从贝,辰声。""富也",指"使之富"。以上诸字辰声皆含"动"义。

(十四)凡从曾之字皆取加高之义

《说文》:"曾,词之舒也。从八,从曰,声。"段注:"凡从曾之字皆取加高之义。"今按:譄,《说文》:"加也。从言,曾声。"赠,《说文》:"玩好相送也。从贝,曾声。"層,《说文》:"重屋也。从尸,曾声。"竲,《说文》:"北地高楼无屋者。从立,曾声。"以上诸字"曾"声均含"增加"或"加高"之义。

(十五)凡巠声之字皆训直而长者

《说文》:"陘,山绝坎也。从阜,巠声。"段注:"凡巠声之字皆训直而长者。"今按:茎,《说文》:"枝柱也。从艸,巠声。"牼,《说文》:"牛膝下骨也。从牛,巠声。"径,《说文》:"步道也。从彳,巠声。"桱,《说文》:"桯也。从木,巠声。"颈,《说文》:"头茎也。从页,巠声。"娙,《说文》:"长好也。从女,巠声。"鋞,《说文》:"温器也。圜而直上。从金,巠声。"以上"巠"声之字均含"直而长"之义。

以上大量的材料，无不体现出段玉裁语言学思想的特色，这就是“声义同源”。他认为：“声与义同原，故谐声字之偏旁多与字义相近。”（禛字注）他向外孙龚自珍传授小学时，又提出“以声为义”的主张：“古今先有声音而后有文字，是故九千文之中，从某为声者，必同是某义。如从非声者定是赤义，从番声者定是白义，从于声者定是大义，从酉声者定是臭义，从力声者定是文理之义，从劦声者定是和义。全书九十端，此可以窥上古之语言。”（《龚自珍全集·最录段先生定本许氏〈说文〉》）从渊源上说，段氏吸取了王子韶“右文说”的观点，但右文说囿于形声的右旁，段氏则更能从古韵归类的事实中，引出“同谐声者必同部”的结论，作为“以声求义”说的依据。更难得的是，他还能突破字形的限制，因声以求义，如“票麃同声”（字注）；“讪与女部‘姗，诽也’音义同”（讪字注）；“（謺）与慴音义同”（謺字注），等等。由此可见，段玉裁又是远远超越前人的。

三、 段玉裁音义关系论述中的不足之处

一是对音义有联系的汉字的说解在体例上不够统一，有的说解可商，例如《说文》传本标明为会意字的，他除了用“亦声”“会意包形声”“会意兼形声”等术语说明音义联系外，前期还使用了“亦形声”（达字注）。传本标明为形声字的，他除了用“形声包会意”“形声兼会意”等术语说明声义关系外，前期还个别使用了“形声见会意”（凘字注）、“亦会意”（遝字注），后期还个别使用了“形声关会意”（傴字注）、“形声赅会意”（厥字注）、“形声有会意”（娣字注）等表达方式，显得驳杂，体例上不够统一。其实换用“包”“兼”亦无不可。此外，有些具有声义联系的，没有提及，似有漏略现象。如“忘”，他采用《韵会》本，解释为“不识也。从心，亡声”；而据大徐本、《说文义证》、《说文通训定声》，均作“从心，从亡，亡亦声”。少数说解未获学界认同，如“碧，石之青美者。从玉石，白声”。段注“碧色青白，金克木之色”，认为“白形声包会意”。徐笺批评其“殊谬”，“于字义无涉”。又如“封”字，说圭字含“削”义，也较牵强。

二是“凡从某声之字皆有某义”之类论断不免有以偏盖全之嫌。

段玉裁在论述声义关系时，常常采用“凡从某声皆有某义”（娠字注）、“凡言某义者皆从某声”（烗字注）、“凡某声之字皆训某”之类术语，这属于全称判断，表明段氏对这类语言现象认可度非常高，这就难免以偏盖全。例如：“凡从卑之字皆取自卑加高之意”（埤字注），“俾”“鼙都训“益”，确有增高之义，但“婢”（女之卑者）、“顊”（倾首也）、“稗”（禾别也）、“脾”（土藏也）等，就很难看出增高之义。或许段氏后来也意识到这一瑕疵，所以有时也改用“凡从某义字多从某义”（瑕字注）、“凡同声多同义”（字注）（左“甘言”，右“斤”未找到）、“凡从某义字多从某声”（鍠字注），这类表述就显得较为客观了。

三是关于汉字的声义关系以及会意、形声的兼书问题。形声的兼书问题，宋元明时期已有学者论及。宋人郑樵在《六书略》中提出“子母说”，指出“声兼意”之字 373 个；宋元之际学者戴侗在《六书故・六书通释》中提出：“夫文，生于声音者，有声而后形之以文，义与声俱立，非生于文也。”其后赵古则、吴元满、赵宧光等也都论及。从学术传承的角度，应对前人的论述加以观照和客观评述，可是段注中基本上没有提及，且不论是出自客观原因还是主观原因，都不能不说是一件憾事。

汉字的音义联系是客观存在的，是先民世世代代约定俗成的。俗成是约定的结果，约定是当事人的集体行为，或多或少总会具有一定的理据性。有人曾认为中国人把“鸟”念成 niǎo 无理可说，其实吴方言、湘方言至今念鸟为 diao，上古端母幽韵，《广韵》都了切。可以推断“鸟”由摹拟鸟叫声而得名。音义是有理据的。此类例子很多，如“礼、诚、粮”声旁表意问题，前人未细论，值得进一步研究。

（本文与孙启荣合写）

（原载向光忠主编《说文学研究》第六辑，线装书局，2012 年）

《旧唐书》词语考释

本文共收集《全唐书》词语 8 条，作出解读，并对现行辞书释义中不够精准之处提出个人看法，以供读者参考。

银菟符

“夏四月辛卯，停竹使符颁银菟符于诸郡。”（《高祖本纪》）

《新唐书·高祖纪》有“辛巳，停竹使符，班银菟符”之文。银菟符，也作“银兔符”。《汉语大词典》：“银兔符，银制的兔形兵符。”《新唐书·车服志》：“（高祖）颁银菟符，后改铜鱼符。”《说郛》卷二引唐张鷟《朝野佥载》推测“菟”“兔”二字的关联，说：“汉发兵用铜虎符，及唐初为银兔符，以兔子为符瑞故也。”菟（tù），菟丝，植物名。通“兔”。《楚辞·天问》：“厥利维何，而顾菟在腹？”王逸注：“言月中有菟，何所贪利，居月之腹而顾望乎？”菟的形近字有“莬”（wèn），指新长的草。《玉篇·艸部》：“莬，草木新生者。”又音 wǎn。《集韵·阮韵》：“莬，艸名。”《四库全书》本《旧唐书》“银菟符”均误作“银莬符”。

任　性

“及长，倜傥豁达，任性真率。”（《高祖本纪》）

任性，古今词义有所不同。今天指“放任自己的性子，不加约束”，含贬义色彩。如：他任性胡闹；而古人所说的“任性”，本指“听凭本性行事，率真不做作”（见《汉语大词典》），应是个中性词，《高祖本纪》上述用例即是此义。唐人多有类似用法，如唐许嵩《建康实录》卷八《王述》：“于父母墓前自誓，去荣禄，毕志林泉。遂任性弋钓，与许迈等共修服食之事。"《晋书·阮籍传》:"籍容貌瑰杰,志气宏放,傲然独得,任性不羁,而喜怒不形于色。"唐于鹄《寻李暹》诗:"任性常多出,人来得见稀。"这些都不含贬义。不过也有些用法倾向于贬义。如《北史·许遵传》:"自言禄命不富贵,不横死,是以任性疏诞,多所犯忤,神农常容惜之。""任性"与贬义色彩浓厚的"疏诞"并列连用,而且其行为"多所犯忤",这就与后代常用的"放任自己的性子,不加约束"义较为接近了。

泉 壤

"司隶大夫薛道衡、刑部尚书宇文弼……并怀忠抱义,以陷极刑。宜从褒饰,以慰泉壤。"(《高祖本纪》)

《汉语大词典》:"泉壤:犹泉下,地下。指墓穴。"《辞源》释义相同。如:《文选》晋潘安仁(潘岳)《寡妇赋》:"上瞻兮遗象,下临兮泉壤。"《晋书·孙绰传》上疏:"如以干忤罪大,欲加显戮,使丹诚上达,退受刑诛,虽没泉壤,尸且不朽。"上例中"遗象"与"泉壤"相对,所指都是客观事物;下例中指人"没(于)泉壤",所指"墓穴"是具体而清晰的。然而《高祖本纪》中"慰"的对象应是人而不是物。如果释为"墓穴",就显得生硬而不合情理。笔者以为应释"泉壤"为"死者""亡灵"。相比较而言,台北版《中文大辞典》释义较明晰:"泉壤:谓泉上之地。凡黄泉、冥途、泉路,均转以称死者也。"如《北史·隋炀帝纪》:"恩加泉壤,泽及枯骨。""恩加"的对象也应是"死者""亡灵"。

简 阅

"(五年)丙申,幸宜州,简阅将士。"(《高祖本纪》)

"简阅",本指"考察,察看"。汉桓宽《盐铁论·刺复》:"计数不离于前,万事简阅于心。"《旧唐书·食货志》:"宜令所司简阅,有逾于比年常例,丈尺过多,闻奏。"引申指"检阅军队"。《南史·韦粲传》:"还至庐陵,闻侯景作逆,便简阅部下,倍道赴援。"《高祖本纪》上例亦此义。也简称"阅"。《旧唐书·高祖本纪》:"(九年)是岁,阅武于城西,高祖亲自临视，劳将士。"《旧唐书·太宗下》："乙卯，帝从太上皇阅武于城西。"《旧唐书·肃宗》："癸巳，大阅诸军，上御城楼以观之。"

古籍中表示"察看"，也作"检阅"。北魏杨衒之《洛阳伽蓝记·崇真寺》："（慧嶷）经阎罗王检阅，以错招放免。"《新唐书·序》："所记事条丛杂无次，艰于检阅。"书面语中翻检阅读也称"检阅"，如：检阅书稿。而现代"检阅"义一般指"高级首长亲临军队或群众队伍的面前，举行检验仪式"（《现代汉语词典》），如：检阅仪仗队。"检阅"，《旧唐书》未见。

古籍中"检"与"简"还可以连用，表示"察看，查选"。《世说新语·轻诋》"王丞相轻蔡公"刘孝标注引《妒记》："丞相曹夫人性甚忌，禁制丞相不得有侍御，乃至左右小人，亦被检简，时有妍妙，皆加诮责。"唐高士廉《文思博要序》："残缺则片言靡弃，而有检简而不失。"但《旧唐书》中未见。

六　条

"丁丑，遣大理卿孙伏伽……等二十二人以六条巡察四方，黜陟官吏。"（《太宗本纪》）

"六条"本为汉制，由刺史班行六条诏书，以考察官吏，六条所针对的都是不法官吏利用权势所造成的恶劣行径：如"一条"，强宗豪右田宅逾制，以强凌弱，以众暴寡；"五条"，二千石子弟恃怙荣势，请托所监。见《汉书·百官公卿表上》。后用来指考察官吏的职务和职权。唐代延续了这种做法，但不限于由刺史班行诏书。如《太宗本纪》中即指太宗派遣孙伏伽等22名官员按照六条赴各地考察地方官员。《旧唐书·哀帝纪》也有相关记载："左仆射裴枢、右仆射崔远……须离八座之荣，尚付六条之政，勉思咎己，无至尤人。"上述官员似有触犯六条之嫌，正责成他们离职反省。

钧　衡

"文皇帝发迹多奇，聪明神武……所以屈突尉迟由仇敌而愿倾心膂，马周、刘洎自疏远而卒委钧衡。"（《太宗本纪》）

钧衡，比喻国家的政务重任。如马周，本是一介书生，后来投靠到中郎将常何门下。贞观三年(629)，天下大旱，灾情严重，唐太宗心急如焚，多次召集官吏商量对策。马周写了二十多条切实可行的抗灾措施，以常何名义上报。太宗敏锐地觉察到常何身旁的这位英才，先后四次派使者召他入宫，并很快委以重任，让他到掌管机要的门下省任职。“钧衡”的这种用法，又见唐杨炯《王勃集序》：“幼有钧衡之略，独负舟航之任。”又如《旧唐书》卷八十八《韦思谦传》：“博学大度，再践钧衡。”《旧唐书》卷一百十三《苗晋卿传》：“及秉钧衡，小心畏惧，未尝忤人，意性聪敏，达练事体。”

飞 表

“十八年，太宗将伐高丽，命太子留镇定州。及驾发有期，悲啼累日，因请飞驿递表起居并递敕垂报，并许之。飞表奏事，自此始也。”(《高宗本记·上》)

飞表：飞速递送奏章。从上引书例看，飞表奏事，当起于唐代。《旧唐书》中类似的用例还有：卷一〇一《韦凑传》：“开元二年夏，敕靖陵建碑，征料夫匠。凑以自古园陵无建碑之礼，又时正旱俭，不可兴功。飞表极谏，工役乃止。”卷一六六《元稹传》：“稹欲追摄，擅令停务。既飞表闻奏，罚式一月俸。”《汉语大词典》引用《秦併六国平话》卷下“王贲飞表奏始皇帝”例，该书为元代无名氏所著，时代偏晚。

当 番

“夜大雨，水涨暴溢，漂溺麟游县居人及当番卫士，死者三千余人。”(《高宗本记》)

当番，辞书释义为“轮流，轮值”。从《高宗本纪》用例看，当释为“轮值”。“番”字本身即有“轮值，更替”之义。《集韵·愿韵》：“番，更次也。”《三国志·魏志·陈思王植传》：“群后百寮，番休递上。”加上“当”，表示“处于……地位”，表达更为明确。“当番”似是一个又见产生于隋唐时代的新词。《旧唐书·职官志二》：“凡散官四品以下，九品以上，并于吏部当番上下。”《旧唐书·张说传》：“时当番卫士浸以贫弱逃亡略尽，说又建策，请一切召募强壮，令其宿卫。”《新唐书·杜暹传》：“暹率当番卫士缮三宫城，浚池，督役不少懈。”

（2013 年 7 月）

饮食类字词辞书字书释义商兑

民以食为天，饮食是人类生存的前提条件。饮食类字词在辞书中主要收在“食、米、酉”等部首中。相关辞书字书主要指在国内外影响较大的《辞源》《辞海》《汉语大字典》《汉语大词典》《王力古汉语字典》等。本文以它们为考察对象，对其中“食、侑食、饭粱、糖霜、饵、饺、饔飧、籴、粞、酒车”等饮食类字词所作释义中不够完善之处提出商榷意见，以便为读者和辞书字书修订者提供参考。

食

先看各辞书字书所列出的前三个义项。《辞源》：“㈠ 食物。㈡ 吃。㈢ 禄。”《辞海》：“① 吃。② 食物。③ 吞没。”《汉语大字典》：“① 饭食。② 粮食。③ 食物的通称。”《汉语大词典》：“① 吃饭，进餐。② 饭菜，肴馔。③ 粮食。”《王力古汉语字典》：“㈠ 吃。㈡ 吃的东西，食物。㈢ 日月亏蚀。”《汉字形义分析字典》：“① 吃的东西。② 吃，吃饭。③ 供食用的。”

按：从事理逻辑分析，必须先有可食物质的存在，然后才有食用的行为。从这个角度看，《辞源》《汉语大字典》《汉字形义分析字典》释义较好。食，甲骨文作、，小篆作。《说文》：“食，亼米也。”段玉裁认为该字“从亼皀”，为会意字，指聚集的米。从甲骨文看，一般分析为圆形器具中盛有食物。戴家祥认为：“上象器盖，下即簋之初文，日用饔飧之具也。”李孝定说：“契文象簋上有盖之形，戴说是也。”[1]也

① 李孝定《甲骨文字集释》，第1761页。

有人释“亼”为人张口吞食之形，其说似嫌牵强。上引甲骨文第二例，上端象“亼”的省略，表示器盖。也有的上端象黍米形，均与“吃”无涉。古人称食物为“民天”。《史记·郦生列传》：“王者以民人为天，而民人以食为天。”《抱朴子·诘鲍》：“至于八政首食，谓之民天。”民天，《辞源》：“谓粮食。”《辞海》《汉语大词典》：“指粮食。”由此可见，食物才是“天”，而不是“吃”为“天”。

辞书引用文献时有文字讹误现象。如《王力古汉语字典》引《论语·乡党》“一箪食，一瓢饮”时，“箪”误作“簟”。“食举”，乐曲名，帝王进食时演奏。《辞海》《汉语大词典》均引《乐府诗集·燕射歌辞》：“《王制》曰：‘天子食，举以乐。’”检《礼记·王制》，作“然后天子食，日举以乐”。《乐府诗集》引用《礼记》时作了改动。《辞源》释该词时直接引用《礼记》，更好。

辞书释义有好与更好之别。如“食货”，《辞源》引用《尚书·洪范》将“八政”逐一列出，然后说“后因以食货为国家经济财政的统称”，而未对“食、货”的来源加以解释。相较而言，《辞海》引用《汉书·食货志上》：“八政，一曰食，二曰货。食，谓农殖嘉谷，可食之物；物，谓布帛可衣，及金刀龟贝，所以分财布利，通有无者也。”内容翔实，可以使读者获取更多的信息。“食毛践土”，《辞源》《辞海》均引用《左传·昭公七年》的例子，也对“毛”作了释义。但《辞海》又释了“践”字，对读者理解词义更有助益。“食肉寝皮”，见《左传·襄公二十八年》：“然二子者，譬于禽兽，臣食其肉，而寝处其皮矣。”《辞海》《汉语大词典》等均指出表示仇恨极深。《辞源》则指出“喻将士杀敌致胜，除恶务尽”。宋李弥逊《杨政换给大夫恭州团练副使制》：“食肉寝皮，志每存于去恶；履肠涉血，勇屡见于先登。”从“食肉寝皮”与“履肠涉血”对文看，前句似不仅仅表示仇恨，也含有杀敌复仇的行动之义，故《辞源》释义更精准一些。

侑　食

侑食，《辞源》：“劝食。《周礼·天官·膳夫》：‘以乐侑食。’注：‘侑犹劝也。’”《辞海》：“劝食；陪侍进食。”《汉语大词典》：“劝食，侍奉尊长进食。亦指祭祀中为先人助歆享酒食之兴。侑祠。附祭。”比较而言,《汉语大词典》义项更为全面,尤其第二个义项不可或缺。《辞源》失之简略。宋苏轼《议富弼配享状》:“国朝祖宗以来,皆以名臣侑食清庙。”检《宋史》,“侑食”七见,以下几条应都与侑祠有关。卷一〇九《礼志十二》:“效忠先朝,奕世侑食。”卷三五七《王云传》:“仍以富弼侑食,释奠先圣。”卷四二二《曾三聘传》:“请从祀周敦颐、程颢、程颐、张载、朱熹,以赵汝愚侑食。宁宗帝皆如其请。”检资料可知,今陕北、江西、四川等一些地区,仍有侑食之礼,主要用于安葬逝者时,由孝子们捧着祭品,举行舞蹈、奏乐等侑食仪式。

饭　粱

饭粱,《辞源》《辞海》未收。《汉语大词典》:“用高粱做的饭。《仪礼·公食大夫礼》:‘宰夫授公饭粱,公投之于湇西,宾北面辞,坐迁之。’”“饭粱”是米饭,应无问题。关键“粱”是什么?是稻米、小米,还是高粱?王宁先生主编《评析本白话三礼》将《仪礼》首句译为“宰夫把小米饭交给国君”[①],认为“粱”是指小米。《中文大辞典》:“饭粱:炊饭之粱米。”释义较含混。《王力古汉语字典》释“粱”:“一粟。二指成品粮,偏指精细的小米。”杨伯峻《春秋左传注》:“粱,精细小米。古以稻粱、膏粱并称。”《汉语大词典》释“粱”:“即粟。通称‘谷子’,去壳后称‘小米’。古称其优良品种为粱,今无别。特指精细的小米。引申为精美的饭食。”也未收“高粱”为义项。又收“粱米”,释为“指精米”。收“粱饭”,释为“精细的米饭”。此条尤有启发性,其与“饭粱”为倒序词,又都是名物词,所指内容应是一物,因此释“饭粱”为“用高粱做的饭”是不正确的。

糖　霜

糖霜,《辞海》未收。《汉语大词典》:“白糖。”《中文大辞典》:“糖霜,糖白色如霜,故名。”霜为白色,以释“白糖”,看似无可厚非,其实

① 王宁《评析本白话三礼》,北京广播学院出版社,1998年,第260页。

不然。《辞源》释义较详较好："糖霜：熬制成的糖。古有饧，乃煎米蘖而成。三国吴孙亮使中藏吏取交州所献甘蔗饧。至唐太宗遣使至摩竭陀国取熬糖法，诏扬州取蔗作沛。以后遂有糖霜之名。"此述饧、糖霜为先后产生的不同食品。糖霜为蔗糖，下引文献为证："宋苏轼《苏文忠诗合注》二四《送金山乡僧归蜀开堂》：'冰糖荐琥珀，何似糖霜美。'指红糖霜。黄庭坚《在戎州作颂答梓州雍熙长老寄糖霜》诗云：'远寄糖霜知有味，胜于崔子水晶盐。'指糖霜，即今白糖。"糖霜是否有红色的呢？宋王灼《糖霜谱》第五篇："凡霜，一瓮中器色亦自不同""紫为上，深琥珀次之，浅黄色又次之，浅白为下"，明白指出糖霜具有不同的颜色。宋洪迈《容斋五笔・卷六・糖霜谱》所记与王灼相同。深琥珀是红色的，因而可与红糖霜相比较。今人也有糖霜制作法，是对西式糕点上涂抹的某种糖制调味品的称呼，如巧克力糖霜、蛋白糖霜、彩色糖霜等。

饵

饵，《辞源》《辞海》《汉语大词典》《现代汉语词典》均释为"糕饼"，虽然简明，但精确度尚嫌不足。《王力古汉语字典》释为"米粉做的糕饼"，点明了其质料来源，并引用段玉裁《说文解字注》"餈者，不粉之稻米为饼；饵者，稻米粉之为饼"加以明确。不过段氏释义也存在不足，因为"饵"并不限于稻米粉。《周礼・天官・笾人》："羞笾之实，糗饵、粉餈。"郑玄注："皆粉稻米、黍米所为也。合蒸曰饵，饼之曰餈。"这里明确指出"黍米"粉所做者也称为"饵"。《王力古汉语字典》以"米粉"为释，就将稻米、黍米都予以收入，释义更加全面。此外，"饵"糕因其甘甜带黏性，口感好，颇受人们喜爱，从而转喻为"鱼饵""引诱，诱惑"。"饵敌"即诱惑敌人。《汉语大词典》释为"诱敌"，并引用《三国志・魏志・武帝纪》"此所以饵敌，如何去之！"为例。《辞源》则释为"设谋诱敌中计"，对同一例句，前面又加"诸将以为敌骑多，不如还保营。荀攸曰"作为背景介绍。这样解释自然更为明确。

饺

饺,《辞源》《辞海》都释为“一种有馅的半圆形的面食”。这就要追溯它的源头“饺饵”。据《正字通·饺》,饺可分为两类:一类是在米粉或面粉中加饴糖糅合而成,干湿大小各一;另一类是水饺饵,唐人段成式称之“汤中牢丸”,或称为“粉角”。“角”是个入声字,元代时北方地区入声逐渐消失,改读为上声的“矫”,因而命名为“饺饵”,“饵”又转写作“儿”。明方以智《通雅·饮食》:“汤中牢丸,乃今元宵汤元或水饺饵之类。”他也认为本作“粉角”,北方人改称“饺饵”。饺,《辞源》《王力古汉语字典》另立一个义项,即“饴”,依据《集韵》“饺,饴也”。笔者觉得此义可商。《汉语大字典》在引《集韵》释“饴”的同时,又引《类编·食部》作“饸”。《玉篇零卷·食部》:“饸,字书‘饼也’。”饵、饺、饼,都是米面类食品,性质较为接近,而“饴”为饴饧,属于不同的类别。推测起来,《集韵》的“饴”有可能因与“饸”字形体相近而致误。《正字通·饺》即有“饺非饴属,教非饺音”之语(见《康熙字典》所引)。

饔 飧

《孟子·滕文公上》:“贤者与民并耕而食,饔飧而治。”汉赵岐注:“饔飧,孰食也。朝曰饔,夕曰飧。”从《孟子》文句看,“饔飧”作动词,表示“做饭”。饔,赵岐注已指出为“早餐”。又如明李东阳《后东山草堂赋》:“吾侪细人,朝饔夕飧,观山而不穷其巅,望海而不极其源。”也明确指出“饔”与“飧”不同的时间属性。飧,指晚餐。《说文》:“飧,餔也。”指申时即下午三时至五时所吃的那顿饭。《国语·晋语二》:“里克辟奠,不飧而寝。”吃晚饭与就寝是时间前后相继的两件事。因此,合而言之,“饔飧”应指早饭和晚饭。《辞源》2010 年重排版第 3748 页误释“饔飧”为“早餐”,而将“飧”字弃之不顾。《辞海》《汉语大词典》释为“早饭和晚饭”,不误。

籴

籴,《汉语大词典》:"糴的简化字。"未能提供书证。《汉语大字典》:"同'糴'。买入谷米。《广韵·锡韵》:'糴,市谷米。籴,俗。今为"糴"的简化字。'"《辞源》:"籴,买谷米。同'糴'。宋陆游《剑南诗稿》八二《初夏杂兴》:'闷里家书到,贫时籴贾平。'"另有明高则诚《琵琶记》二十《五娘吃糠》例:"籴些粮米做饭与公婆吃。"相比较而言,《辞源》的释义为优。不过《辞源》也有不足。"籴"还有另一个义项。《汉语大词典》:"通'杂'。晋傅玄《琵琶赋》:'时旃愵以劫蹇兮籴,声檄籴以激扬。'"

《庄子·天下》:"禹亲自操槁耜而雜天下之川,"唐陆德明释文:"雜,本或作籴,音同。崔云:'所治非一,故曰雜也。'"《辞源》未收此义项,为其不足之处。《汉语大词典》收了此一义项,但释为"同'雜'"也不妥。陆德明《释文》已经点明"雜、籴"为"音同",二字只是通假字,而非异体字。

粞

粞,《汉语大词典》:"粞,碎米。"明陆容《菽园杂记》卷二:"此时舂者多碎而为粞,折耗颇多。"《辞源》:"粞,碎米。宋苏轼《苏文忠诗合注》八《吴中田父叹》:'汗流肩赪载入市,价钱乞与如糠粞。'"《王力古汉语字典》释义及用例均与《辞源》相同。三部辞书字书所引例证时代均偏晚。《汉语大字典》引用了南朝梁顾野王《玉篇·米部》"粞,碎米",从而使例证的时代大为提前。

酒　车

酒车,《辞源》:"载酒肴之车。《文选·西都赋》:'陈轻骑以行炰,胜酒车以斟酌。'"今按:《辞源》所引班固《西都赋》文字有误,"胜"字在句中无法讲通。据《六臣注文选》卷一,后句作"腾酒车以斟酌",故可知"胜"(勝)与"腾"乃因形近而致误。《汉语大词典》引此句作"腾",不误。此外《辞源》释义作"载酒肴之车",失之宽泛。其所引用的第二条书证《文选·西京赋》："酒车酌醴，方驾授饔。"薛综注："酒肴皆以车布之。"薛综注中的"酒肴"只是一个并列的说法，实际说酒指的是酌醴，肴指的是饔。"酒车"所载只是酒，"方驾"（两车并行）所载的只是饔。据《仪礼·聘礼》："归饔饩五牢。"注："牲，杀曰饔，生曰饩。"即熟肉曰饔，生牲曰饩。因此古代"饔"也可以指"肴"。另外，古代载食物还有专车，称"食车"，说见沈德符《野获编·兵部·南京贡船》，可见古人对"酒"与"食、肴"是分别处置的，不可混为一谈。《汉语大词典》"酒车，载酒的车子"，释义较为准确。

醉翁之意不在酒

《辞源》引用宋欧阳修《文忠集·三九·醉翁亭记》："太守与客来饮于此，饮少辄醉，而年又高，故自号曰醉翁也。醉翁之意不在酒，在乎山水之间也。""而年又高"句中有脱文。据《四库全书》本《文忠集》三九及《古文观止》所收《醉翁亭记》，此句都作"而年又最高"，可知《辞源》脱一"最"字。《汉语大词典》所收"醉翁""醉翁之意不在酒"条目，均引用欧阳修此文，也都有"最"字。

（原载《黄河科技大学学报》2016 年第 1 期）

《说文》饮食类祭名解析

《说文》中有关饮食类的祭祀名称大致可分为三类：血祭、食品祭、酒祭。祭名自然有其约定俗成的理据，而许慎对许多祭名的命名理据作出了相当精准的解释。本文将结合古文字和古代文献材料加以分析，并请方家予以指正。

血　祭

一、血

《说文》曰："血，祭所荐牲血也。从皿一，象血形。"血指血液，从事理的角度分析，自然包括人血和牲畜之血。先秦时代就有关于人血的例证。如《庄子·外物》："苌宏死于蜀，藏其血，三年而化为碧。"又如西汉扬雄《法言·渊骞》："原野厌人之血，川谷流人之血。"既然人血可以称血，许慎为什么偏偏以"祭所荐牲血"释"血"，而不像今人那样释为"血液"？应当说，传统的解释主要从字形表现需要的角度加以考虑。如段玉裁注说："不言人血者，为其字从皿，人血不可入于皿，故言'祭所荐牲血。'"当然，更重要的是要考虑牲"血"在古代所特有的社会文化意义。从上古文献观察，血表示牲血的用例更为丰富，出现时代也更早。如《易·归妹》曰："士刲羊，无血。"《诗·小雅·信南山》曰："执其鸾刀，以启其血，取其血膋。"《周礼·春官·大宗伯》曰："以血祭祭社稷、五祀、五岳。"贾公彦疏："荐血以歆神。"古人出于自然崇拜和祖宗崇拜，一贯重视以牲血祭祀神灵、祖宗，以求其庇佑，祛祟降福。因此，用于祭祀的牲血比人血具有更高的社会价值和实际意义，作为语言符号，也更具典型性。段玉裁就认为"牲血"是"血"

的本义，而“人血”是引申义。他说：“然则人何以亦名‘血’也？以物之名加之人。古者茹毛饮血，用血报神，因制‘血’字，而用加之人。”[①]他对“血”表示“祭所荐牲血”予以充分肯定。

许慎关于“血”的准确定位，也得到了古文字的有力佐证。甲骨文“血”字作。《殷虚文字》：“侧视之则为‘一’，俯视之则为‘0’矣。”李孝定《甲骨文字集释》在引用《礼记・郊特牲》“毛血，告幽全之物也”注“幽谓血也”，及《毛诗》“血以告杀膋以升臭”后指出：“此皆血祭之事。卜辞每言血室，殆即太庙中血祭之室。”[②]所谓“血祭”，即用牲血为祭，又叫“血祀”“血食”。《后汉书・邓骘传》曰：“宜收还冢次，宠树遗孤，奉承血祀，以谢亡灵。”《左传・庄公元年》：“若不从三臣，抑社稷实不血食，而君焉取余。”血食，杀牲取血，用以祭祀。赵诚先生《甲骨文与商代文化》中列出了几十种商代祭祀方式，其中“率祭”“几祭”都是取祭牲的血或血脂以祭[③]。

二、釁

釁属于血祭，指杀牲取血涂物以祭。《说文》曰：“釁，血祭也。象祭灶也。从爨省，从酉。酉，所以祭也。从分，分亦声。”段玉裁注曰：“《周礼・大祝》注云：‘隋釁谓荐血也。’凡血祭曰釁。”“凡言釁庙、釁钟、釁鼓、釁宝镇宝器、釁龟策、釁宗庙，名器皆同。以血涂之，因荐而祭之也。”“祭灶亦血涂之，故以爨省。爨者灶也。酉者酒之省。（分）取血布散之意。”[④]既称“血祭”，其特点在于“以牲血为祭”。《周礼・春官・宗伯》：“以血祭祭社稷、五祀、五岳。”疏：“血祭……先荐血以歆神。”又《后汉书・邓骘传》李贤注：“血祭谓祭庙杀牲取血以告神也。”故血祭并不限于釁祭。钱玄《三礼词典》释“血祭”曰：“以血滴地，如郁鬯之灌地。凡祭地用血祭。”又引金鹗《求古录礼说・燔柴瘗埋考》：“血祭盖以血滴于地，如郁鬯之灌地也。”[⑤]由此可知，无论是以

① 段玉裁《说文解字注》，第 213 页。

② 李孝定《甲骨文字集释》，第 1729 页。

③ 赵诚《甲骨文与商代文化》，辽宁人民出版社，2000 年，第 182 页。

④ 段玉裁《说文解字注》，第 106 页。

⑤ 钱玄、钱兴奇《三礼辞典》，江苏古籍出版社，1998 年，第 378 页。

牲血滴地以敬神，还是以牲血涂于器物，都属于血祭。《汉语大词典》："釁，血祭。谓杀牲取血涂物以祭。"《辞海》："古代新制器物成，杀牲以祭，因以其血涂缝隙之称。"从上述辞书的释义可以看出：釁是血祭，其特点是杀牲以血涂物并加以祭祀。问题在于：既然血祭的内容是广泛的，为什么许慎要以"血祭也"这种泛化的说解为"釁"取义呢？我们认为，其原因在于："釁"字，用"酉"指代酒或血，用"分"表示均匀地涂抹于器物之上，这种会意结构较好地展现了字义，突出了血祭的内容与特点。较之于把牲血洒于地上以敬神，更加具体鲜明。正因为"以牲血涂物"的"釁"既是血祭的重要内容，其涂抹于器物又具有一定的形象性，因此，许慎释"釁"为"血祭也"，就使读者对血祭留下深刻的印象，又不会产生释义"以偏盖全"的感觉，而是认为许慎对"釁"字的分析很合于情理。2010 年版《辞源》释"釁"曰："血祭曰釁。杀牲后，以牲血涂于器物的缝隙，也称釁。"此释存在着概念的混淆。不是"也称釁"，而是"即称釁"。此外，《说文》也收录了"衅"字："以血有所刏涂，祭也。"即用血在划破的地方涂抹，表示祭祀，其意似与"釁"相近。

食品祭

食品祭是祭祀的基本形式，随着时代的变迁，西周以后，更日益常态化。食品祭可分为素食祭和肉食祭两类。《说文》中都有相关的介绍。

一、盛、膢、馈食、韭

盛，金文作，小篆作。《说文》曰："盛，黍稷在器中以祀者也。"明确指出，"盛"是放置在祭器里的谷物，其说得到古代文献的支持。《尚书·泰誓上》曰："牺牲粢盛。"陆德明释文："黍稷曰粢，在器曰盛。"《周礼·地官·闾师》曰："不耕者祭无盛。"郑玄注："盛，黍稷也。"可知古人常以黍稷作为祭品以祭祀天地鬼神。《尚书·君陈》曰："黍稷非馨，明德惟馨。"也以"黍稷"表示祭品；并认为作为祭品的黍稷还不是真正的馨香，只有光明的德政才是真正的馨香。相较于夏商时期人们一味痴迷于祭祀鬼神以求庇佑，周人在

重视祭祀的同时，已开始注意德政和品德修养，这无疑是一种时代的进步。

用食物作祭品，商代已有之。如以稻米祀神灵之祭称“米祭”，以食物祭祀神灵称“既祭”，奉飨之祭称“卿祭”，等等[①]。膢，《说文》曰“楚俗以二月祭饮食”，似亦近之。古代还有“馈食”的祭名，“凡祭祀始以熟食黍稷者，谓之馈食。如《仪礼》有‘特牲馈食礼’‘少牢馈食礼’。此为诸侯之士及卿大夫于岁时祭其祖祢之礼”[②]。馈，《说文》释曰“饷也。从食，贵声”。《周礼·天官·笾人》曰：“馈食之笾，其实枣、栗、桃、干藤、榛实。”郑玄注：“馈食，荐孰也，今吉礼存者……不裸，不荐血腥，而自荐孰始，是以皆云馈食之礼。”

素食类祭祀除了黍稷，还有菜蔬。《诗经·豳风·七月》：“四之日其蚤，献羔祭韭。”这是对司寒之神的祭祀活动。上古在藏冰、取冰时都要祭祀司寒神。所用的供品除了羔羊，还要用韭菜。祭后才能打开冰窖，取冰使用。韭，《六书通》小篆作。《说文》释曰：“菜名。一种而久者，故谓之韭。”许慎用声训法说明韭是一种生命力旺盛的植物。至于古人是否因为这种原因而选其作祭品，他没有明说，但给人们留下了想象的空间。据《仪礼·士昏礼》，古代婚礼中，新娘祭祀已经去世的舅姑，续行奠菜礼。要以筐盛菜，奠而祭。古代还有“释菜”（又作“释采”）之礼。一是童子入学时祭祀先圣先师的大典礼。《礼记·月令》曰：“（仲春之月）上丁，命乐正习舞，释菜。”郑玄注曰：“将舞，必释菜于先师以礼之。”二是君临臣丧时入门前向门神致礼的仪式。《仪礼·士丧礼》：“君释采，入门。”

二、祭、牺、牲、胙、獻（献）、腊、朓

以牲肉作祭品，这更是国人祭祀活动的常见做法。有关的名物也很多。祭，《说文》曰：“祭祀也。从示，以手持肉。”甲骨文作，直接以手持肉表示祭祀。这说明肉食祭在祭祀活动中的代表性意义。正因为如此，小篆为其增添“示”旁，使其上升为具有类别性意义的语词。

---

① 赵诚《甲骨文与商代文化》，第184页。

② 钱玄、钱兴奇《三礼辞典》，第1264页。

牺，小篆作。《说文》曰："宗庙之牲也。从牛，羲声。"牲，《说文》曰："牛完全。从牛，生声。"文献中又作"牺牲"。指体质健壮、肢体完具、毛色纯一、用作祭祀的牲畜。《周礼·地官·牧人》："凡祭祀，共其牺牲，以授充人系之。"郑玄注："牺牲，毛羽完具也。授充人者，当殊养之。"《说文》对二字的释义扣住了"牺牲"肢体完备、祭祀用牲的基本特点。古代的牲还分为射牲、展牲、牵牲、硕牲等门类。如射牲指祭祀天地、宗庙时，天子自射其牲以祭，见《周礼·夏官·射人》。展牲指祭祀前检视祭祀所用的牺牲，见《周礼·地官·充人》，牵牲指祭祀太庙时，国君亲自牵牲于庭，将告神杀牲，见《礼记·礼器》。硕牲则指向神祝告用牲肥硕之礼。祭祀天地，饰牲，国君牵入，封人歌舞，祝告用牲肥硕，见《周礼·地官·充人》。这都显示古人对祭祀的高度重视。

胙，小篆作。《说文》曰："祭福肉也。从肉，乍声。"字从肉，无疑与祭肉有关，但其与"福"有什么关联呢？段玉裁注曰："福者，皇尸命工祝承致多福无疆于女孝孙是也。《周礼》：'以脤膰之礼亲兄弟之国。'注曰：'同福禄也。'引申之，凡福皆曰胙。如《左传》言'天胙明德''无克胙国'，《国语》'胙以天下''胙四岳国'是也。"[①]段氏在引用文献说明"胙"有"福"义之后，又对"胙"与"祚"的关系作了推断："自后人臆造祚字以改经传，由是胙、祚错出矣。"他认为胙、祚为异文关系，古籍用例甚多。而"祚"的本义就是"福"。《说文新附》："祚，福也。"《诗经·大雅·既醉》："君子万年，永锡祚胤。"郑玄笺："天又长予女福祚，至于子孙。"因此，"胙"既指祭祀用的酒肉，如《左传·僖公四年》："太子祭于曲沃，归胙于公"，杜预注曰"祭之酒肉"；又指"福佑，赐福"，如《国语·周语下》"天地所胙，小而后国"，韦昭注："胙，福也。天之所福，小则得国，大则得天下。"许慎则把这两层意思糅合起来，以"福"点明"胙"祭的特点所在，同时也为后人理解"胙""祚"的意义交叉提供了线索。

獻（献），甲骨文作，金文作，小篆作。《说文》曰："宗庙犬名

① 段玉裁《说文解字注》。

羹献。犬肥者以献之。从犬，鬳声。”献指祭祀宗庙所用的狗，许慎的说解是有文献证据的。《礼记·曲礼下》：“凡祭宗庙之礼，……羊曰柔毛，鸡曰翰音，犬曰羹献。”“献”又引申为“献祭”，如《礼记·礼器》：“一献质，三献文。”不过许慎对“献”的字形分析还不够全面。鬳，《说文》曰：“鬲属。”高鸿缙《字例》认为“即后世之甗字。”赵诚《卜辞分类读本》指出：“(鬳)甲骨文用作动词，读为进献之献，有贡献进奉之义……从文字发展来看，鬳、甗、献本来是一个字。”故“献”字中“鬳”不仅是个声符，而且具有表意作用，许慎未能提及。

腊，小篆作。《说文》曰：“冬至后三戌腊祭百神。”《辞源》曰：“祭名。周时腊与大蜡各为一祭，腊祭祖先，蜡祭百神。秦汉改为腊。”《左传·僖公五年》：“宫之奇以其族行，曰：‘虞不腊矣。’”注：“腊，岁终祭众神之名。”也有其他解释。钱玄《三礼辞典》曰：“腊，祭名。冬以田猎所得之禽兽，祭先祖五祀。《礼记·月令》曰：‘孟冬之月，腊先祖五祀。’郑玄注：‘腊，谓以田猎所得禽祭也。五祀：门、户、中霤、灶、行也。’”①

也有个别祭名值得我们再思考。如“朓”。《说文》曰：“朓，祭也。”《辞源》《辞海》《王力古汉语字典》《汉语大字典》等大型辞书字书都没有收入此义。如《辞源》：“一、农历月底月见于西方。《汉书》四六《张敞传》：‘月朓日食，昼冥宵光。’二、盈余。见朒。”寻检史书，也多见“朒朓”一语，表示月初月亮见于东方和月末月亮见于西方。尚未见祭祀用法。只有《汉语大词典》提到“朓”有“祭祀”义。它的例证是清陈鳣《对策·小学》：“黄门之《急就》，尚有典型；祭酒之《说文》，不朓俎豆。”祭祀义的“朓”读为 chao，《广韵》丑召切。段玉裁注：“朓，祭名也。《广雅》云：‘祧，祭也。’”他认为此“祧”当作从肉、兆声之字。不过寻检有关字书，均未收入此字。这样许慎对“朓”的释义就给我们留下了重要的参考信息。此外，甲骨文里有一些食祭名是《说文》所没有提及的，如岁祭(杀牲以祭)、伐祭(砍牲头而祭)、卯祭(将祭牲对剖开来祭祀)、刚祭(以刀断牲而祭)、濩祭(将物煮后置于

① 钱玄、钱兴奇《三礼辞典》，第1239页。

神坛以祭)、羞祭(进献美食以祭)等。其中一些祭祀在后世的分合演变,尚待进一步研究。

酒祭

祼、酹、琖、莤

《说文》中涉及酒祭者主要有以下四种。祼,《说文》释曰:"灌祭也。"祼、灌音同,又都是将对象物洒于地面,故许慎此处是用声训法释义。祼祭是以香酒灌地而求神。《尚书·洛诰》:"王入太室祼。"孔颖达疏:"王以圭瓒酌郁鬯之酒以献尸,尸受祭而灌于地,因奠不饮,谓之祼。"双音词有"祼享""祼鬯""祼献"等,都指以香酒灌地而告神。"祼献"还含有以腥熟之食献神的内容。酹,《说文》:"餟祭也。"餟,用同"醊",将酒浇在地上以示祭奠。酹的意思相同。《后汉书》曹操《祭桥玄文》:"又承从容约誓之曰:殂没之后,路有经由,不以斗酒只鸡,遇相沃酹,车过三步,腹痛勿怨。"

琖,《说文》释曰:"奠爵酒也。"段玉裁注据《韵会》把"奠爵酒"改为"奠酒爵"。此字表示把酒洒在地上的祭祀仪式,说见《汉语大字典》;一说指"放置酒爵",见《汉语大词典》。莤,《说文》释曰:"礼祭。束茅加于祼圭而灌郁鬯,是为莤,象神歆之也。"指用酒灌注茅束以祭神的仪式。《诗经·小雅·伐木》"有酒湑我",汉毛亨传:"湑,莤之也。"甲骨文中也有不少酒祭的仪式,如:酉祭,用器物盛酒而祭。帅祭,灌酒于地以降神之祭。奠祭,置酒器于示前而祭。尊祭,以双手奉酒于神前之祭。鬯祭,以香酒祀神祖之祭。也有用束茅灌鬯酒以祭者①。

综上所述,通过对饮食类祭名来源的分析,可以进一步强化对《说文》重大传世价值的认识。作为我国第一部权威辞书,《说文》善于捕捉事物的特点,使用简练概括的语言加以精准的阐释(如血、韭、牲);或通过对字形结构画龙点睛的分析,揭示事物的本质属性(如釁)。《说文》的释义由于有丰厚的传世文献材料作为支撑,因而也符

① 赵诚《甲骨文与商代文化》,第183页。

合文献的语言实际。另一方面，由于时代变迁，字体改换，有的释义已难以寻找到相应的文献材料加以验证，但唯其如此，也正好彰显了它的研讨价值（如朓）。对照甲骨卜辞和铭文资料，我们也看到了它们与传世文献在食物类祭名上的异同之处。应当说，两者之间存在着明显的传承关系（如牲祭、酒祭）。如甲骨卜辞及铭文资料也分为血祭、食物祭和酒祭三类，食祭中用动物做祭品相当广泛，等等。不过差异也很明显。赵诚先生《甲骨文与商代文化》中指出，商代一百多种祭祀中，后世不用者就有示祭、舌祭、步祭、羞祭等 24 种以上。商代的祭物品类细碎化较为明显，如肢解动物之祭就有岁祭、伐祭、卯祭、卢祭、刚祭等，而《说文》中则仅见祧祭、祳祭、禂祭等几种。食品祭中，后世常用的菜蔬类祭品，甲骨卜辞中似鲜有提及。两者之间的演变关系，尚待进一步加以考察。

（原载第三届许慎文化国际研讨会论文集[上]，《许慎文化研究》〔叁〕，江西人民出版社，2017 年）

大词典用字商兑

《汉语大字典》(四川辞书出版社、湖北辞书出版社,1993年)、《王力古汉语字典》(中华书局,2010年)、《汉字形义分析字典》(北京大学出版社,1999年)等一批大型工具书,是我国学界公认的权威著作,受到广大读者的肯定与欢迎。不过由于规模宏大,出自众手,书中也难免存在某些不足,但瑕不掩瑜。笔者在参与修订其他辞书的过程中,参阅时发现了若干例子,现予发表,以给各字典编者提供修订参考。

1. 修,当作"治"

榜,张贴出来的文告或名单。《宋书·邓琬传》:"攸之缮修船舸,板材不周,计无所出。"(《汉字形义分析字典》,第14页)

按:据《四库全书》本《宋书·邓琬传》,修,当作"治"。中华书局1970年版《宋书·邓琬传》亦作"修"。(第2142页)

2. 溢,当作"镒"

《史记·平准书》:"黄金以溢名,为上币;铜钱识曰半两,重如其文,为下币。"(《汉字形义分析字典》,第23页)

按:依正字当作"镒"。镒,量词。古代重量单位,合二十两。《国语·晋语二》:"黄金四十镒。"三国吴韦昭注:"二十两为镒。"《孟子·梁惠王下》:"今有璞玉于此,虽万镒,必使玉人雕琢之。"汉赵岐注:"二十两为镒。"据《四库全书》本《史记·平准书》,正作"镒"。

3. 当补一"为"字

《汉书·刑法志》:"妾愿没入官婢,以赎父刑罪。"(《汉字形义分析字典》,第24页)

按:"没入官婢"于文理不通,当有夺字。检《四库全书》本《汉书·刑法志》，此句作“妾愿没入为官婢”，故当补一“为”字。中华书局1964年版《汉书·刑法志》卷二十三亦作“妾愿没入为官婢”（第1098页）。这番话出自汉代著名孝女缇萦之口。汉文帝时，太仓令淳于意有罪当刑，系长安狱。其少女缇萦随父至长安，上书请入身为官婢，以赎父罪。帝怜之，为除肉刑，意乃得免。《史记·孝文本记》亦载其事，相关的句子是：“妾愿没入为官婢，赎父刑罪。”亦有“为”字。

4. 藜，应作“梨”

《管子·地员》：“五沃之土，若在丘在山……其阴则生之楂藜。”（《汉字形义分析字典》，第49页）

按：检《四库全书》本《管子·地员》，“楂藜”当作“楂梨”。《说文·木部》：“梨，果名。”《汉语大字典》：“梨，果木名……后作梨。”说明“梨”“梨”为异体字。楂是果名。在多数古籍中，楂与梨存在关联。《说文》：“樝（楂），果似梨而酢。”《礼记·内则》唐孔颖达疏：“楂是梨属，其味不善。”文献中，“楂”“梨”常并称，如《尔雅·释木》：“楂梨曰钻之。”《庄子·天运》：“其犹楂梨橘柚耶？”宋苏轼《四月十一日初食荔支》：“云山得伴松桧老，霜雪自困楂梨麄。”而“藜”与“楂”则缺少关联，是一种草本植物，嫩叶可食。《说文》：“藜，艸也。”

5. 设，当作“立”

《梁书·庾诜传》：“宅内设道场，环绕礼忏，六时不辍。”（《汉字形义分析字典》，第53页）

按：检《四库全书》本《梁书》，此处“设”当作“立”。中华书局1973年版《梁书》五十一卷《庾诜》传亦作“立”（第751页），故“设”应改为“立”。

6. 棰，当作“箠”

汉王充《论衡·订鬼》：“病者困剧身体痛，则谓鬼持棰杖殴击之。”（《汉字形义分析字典》，第78页）

按：检《四库全书》本《论衡·订鬼》，“棰杖”作“箠杖”。棰，短木棍，棍棒。箠，指马鞭。《汉语大词典》引用此例亦作“箠杖”。（1993年，第5232页）

7. 玄，当作“李”

《晋书·凉武昭王孛玄盛传》(《汉字形义分析字典》，第 86 页)

按：检《四库全书》本《晋书》，“孛”当作“李”。中华书局 1974 年版《晋书》卷八十七列传第五十七，开篇曰：“武昭王讳暠，字玄盛，小字长生，陇西成纪人，姓李氏。”(第 2257 页)则“孛”“李”因形近致误，是可以确定的。

8. 当补“亡国”二字

《荀子·王制》：“聚敛者，召寇、肥敌、危身之道也。”(《汉字形义分析字典》，第 100 页)

按：据《四库全书》本《荀子》卷五，“肥敌”之后，当补“亡国”二字。

9. 弟，当作“第”

《释名·释亲》：“弟，弟也，相次第而生也。”(《汉字形义分析字典》，第 105 页)

按：据《四库全书》本《释名》，作“弟，第也，相次第而生也”。故第二个“弟”当作“第”，才与下文“次第”相呼应。

10. 钉，当作“丁”

《晋书·陶侃传》：“及桓温伐蜀，以所贮竹头作钉装船。”(《汉字形义分析字典》，第 113 页)

按：据《四库全书》本《晋书》，“作钉”当作“作丁”。中华书局 1974 年版《晋书》卷六十六列传第三十六，亦为“作丁”(第 1774 页)。“丁”是“钉”的古字。清朱骏声《说文通训定声》：“丁，鐕也，象形。今俗以钉为之，其质用金或竹或木。”《汉语大字典》：“(丁)钉子。后作‘钉’。”所引《晋书·陶侃传》此句作“又以侃所贮竹头作丁装船”。

11. 源，当作“嫄”

《诗·大雅·生民》：“厥初生民，时维姜源。”(《汉字形义分析字典》，第 252 页)

按：检《四库全书》本《诗经》，“姜源”当作“姜嫄”。《汉语大词典》：“姜嫄，亦作‘姜原’。周人始祖后稷之母。帝喾之妻。传说她于郊野践巨人足迹怀孕生稷。《诗·大雅·生民》：‘厥初生民，时惟姜嫄。’”高亨《诗经今注》亦作“姜嫄”(上海古籍出版社,1984 年,第 400 页)。《王力古汉语字典》:“嫄,女字。姜嫄,帝喾元妃,后稷之母。”

12. 四海,当作“八极”

晋张协《杂诗》:“云根临四海,雨足洒四溟。”(《汉字形义分析字典》,第 370 页)

按:“四海”与“四溟”语义重复。检《四库全书》本,“四海”当作“八极”。《汉语大字典》:“《文选·张协·杂诗》:‘云根临八极,雨足洒四溟。’”《汉语大词典》引此诗,亦作“八极”。八极,八方极远之地。《淮南子·原道训》:“夫道者,覆天载地,廓四方,柝八极,高不可际,深不可测。”

13. 国,当作“周”

《周语·晋语五》:“齐师大败,逐之,三国华不注之山。”(《王力古汉语字典》,第 113 页)

按:检《四库全书》本,此句见于《国语》十一卷,《晋语五》。国,当作“周”。此写著名的鞌之战的故事。文中表现了由于齐师骄傲、晋军同仇敌忾,齐国溃败的情形。事亦见于《左传·成公二年》。

14. 裁,当作“栽”

唐裴延翰《樊川文集序》:“裁培教化,翻正治乱,变醴养瘠,尧醲舜薰。”(《王力古汉语字典》,第 1502 页)

按:检《四库全书》本《樊川文集》,未发现“裁培”用例。原文作“栽培”,与“教化”正相配合呼应。全书中“栽培”共出现二例。“栽培”应是中古时代新出现的词语,如唐李山甫《刘员外寄移菊》诗:“深谢栽培与知赏,但惭终岁待重阳。”唐杜牧《樊川文集》卷十五《姚克柔除凤州刺史……等制》:“凡为理之要,先事孤弱。譬诸草木,无倦栽培。”

15. 清,当作“明”或“南明”

清张煌言《北征得失纪略》:“且多携眷挈辎,日行三十里。”(《汉语大字典》,第 1476 页)

按:检百度网等,“清”作“南明”。“张煌言,字玄著,号苍水,鄞县(今属浙江宁波)人。汉族,南明儒将、诗人,著名抗清英雄。”坚持抗清二十余年。康熙三年(1664),被俘遇害。乾隆四十一年(1776),清高宗命录前朝“殉节诸臣”,并加以褒谥和祭祀。从这个角度看,将其列为清人更为不妥。

《辞源》表内述为“明清之际浙江鄞县人”,可参。

16. 之,当作“也”

段玉裁注:“食之者,谓食之也,此饭之本义也。”(《汉语大字典》,第848页)

按:“食之者”与“谓食之也”,语义重复,可疑。检清段玉裁《说文解字注》(上海古籍出版社,1983年,第220页),原文作“然则云食也者,谓食之也,此饭之本义也”。丁福保《说文解字诂林》“饭”字注所引段玉裁注,也作“然则云食也者,谓食之也,此饭之本义也”(《说文解字诂林》,中华书局,1988年,第5357页)。故前一“之”字,当改为“也”字。

(2020年4月)

《辞源》第三版修订特色回顾

——以“酉”集为例

《辞源》被誉为第一部中国百科全书，在语文学界具有重要影响。《辞源》第三版问世，是辞书学界的一件大事。笔者仅从释义和书证角度对其特色略作回顾。

增强释义科学性

释义又叫解说，是辞书传递给读者的关键信息。必须讲求“明确性和科学性”。今观《辞源》第三版在释义的准确性、层次性和系统性等方面，均比第二版有了新的提高。以下举例说明。

准确性。如：车书。《辞源》第二版：“《礼记・中庸》：‘今天下车同轨、书同文。’后取‘车书’字广泛指国家体制制度。”今按：体制，《辞源》第二版定义为“规定组织的机构和运行的纲领”。《现代汉语词典》释为：“通常指国家、机关等的组织制度。”“车书”则侧重指交通、典籍等方面的管理制度，而与政治制度、组织制度无直接关联，因而以“体制制度”作释，表述不够确切，应改为“文物制度”。《辞源》第二版：“文物：旧指礼乐典章制度”，解释与“车书”较为贴合。类似例子还有“见背”“见惠”等。

层次性。《辞源》第二版有不少词条只列出一个义项，却忽视了重要的引申义，显得内容单薄，不够充实。第三版对此做了明显改进。如：输诚。《辞源》第二版：“输诚：表达诚心。”以下引用了《三国志・蜀・先主传・上献帝书》等两条书证。第三版修订时将“表达诚心”列为第一个义项，又增加了新的义项：“归顺，降服”，引《魏书・袁翻传》“故能使淮海输诚，华阴即序”作为书证，从而使释义有了层次感。此类例子还有“车尘”“觞酌”“解驾”“宾服”“见猎”等。

系统性。补充说解或互参等方法，可以增强释义的系统性。如：軡才。《辞源》第二版：“軡才：见‘辁才’。”今按：从读者阅读的需求看，给词语作出必要的释义是第一位的，参见则是第二位的。故第三版修订时做如下补充：“軡才：浅薄之才。见‘辁才’。”将释义与互见两者并出，体现了辞书释义的系统性。类似例子还有“车裂”“军门”“软轮车”等。

书证是词条的血肉

《辞源》第三版在书证处理上狠下功夫，“采用可靠的文献版本，复查大部分书证的原文和出处，纠正了第二版书证讹、夺、衍、倒的错误和出处不确之处，置换和补充了一部分对梳理源流有用的书证等”。何九盈等主编曾强调：“辞书无小事，标点之微、一线之细，都关乎信息、知识的准确性问题。”

示源性。《辞源》第三版修订时置换了第二版中不合要求的书证，力求使书证时间尽量提前，以突出其示源作用。如：亲任。《辞源》第二版：“亲任：亲近信任。”引用了《后汉书·朱穆传》一例。第三版则添入汉董仲舒《春秋繁露·三·精华》“鲁僖公以乱即位，而知亲任季子”一例，不仅充实了内容，而且使书证在时间上大大提前。如：赈。《辞源》第二版：“赈：救济。通‘振’。”引用了汉桓宽《盐铁论·力耕》一例。第三版修订时则加上《管子·轻重丁》“出其财物，以赈贫病”一例，充实了内容，且使书证时间提前至先秦时代，有效地增强了释义的说服力。此类例子还有“解维”“视瞻”等。

订正讹误　充实孤证

充实性。第二版《辞源》中有一批词条存在孤证现象，因而显得单薄无力。对此，第三版做了明显改进。如：车宫。《辞源》第二版：“车宫：古代帝王远行野宿，以车为藩而成的行宫。见《周礼·天官·掌舍》‘设车宫辕门’注。”今按：不出示原注，读者既不详其义，也无法验证释义准确与否，故不能不说这是辞书存在的瑕疵。第三版修订时将注语附列，补充说明了设置车宫的目的、地理环境，还用“次车”点明了搭建的方式，对释义内容做了必要补充。

准确性。通过对书证的反复核对，发现并纠正了《辞源》第二版文字上较多的讹误。

经，当改为“绖”。《辞源》第二版：“谕：② 表明。《淮南子・主术》：‘衰经菅屦，辟踊哭泣，所以喻哀也。’”今按：首句并列两种居丧衣物，菅屦即菅草编织的鞋子，较易理解，但“经”字可疑。据核查，《四库全书》本《淮南鸿烈解》卷九、上海书店影印诸子集成本《淮南子注》等“经”均作“绖”。可推定二字系形近致误。绖，古代居丧期间结在头上或腰间的麻带。见《仪礼・丧服》“斩衰裳，苴绖杖绞带”及注。此类例子又如：“亲迎”条，江藩，误作“江蕃”；“轩”条，汉谏议大夫轩和，误作“轩和宋”；“军令状”条，庆州，误作“广州”。以上讹误，第三版均做了修订。

（《中国辞书学报》第三辑，第 326—328 页〔2021 年出版〕；又发表于《中国社会科学报》2016 年 3 月 8 日）

【附】难忘的岁月
——纪念江苏师范大学建校 65 周年

时光荏苒，日月如梭。转眼之间，校庆 65 周年已经来临。还清楚地记得 1956 年 8 月底，我刚刚考上苏州市第一中学初中部（四初中），陪同先父古德夫教授奔赴无锡江苏师专报到的情景，在那里有幸认识了蒋庭曜、严济宽等前辈学者，可转瞬已经 61 年过去了。

我校的汉语专业历史悠久，独具特色，可谓品牌专业之一。其中廖序东教授自然是领军人物，先父长期担任汉语教研组长、教研室主任，是一名骨干成员。我先是耳濡目染，从 1981 年起又参与其中，亲眼见证了它一路发展兴盛的历程。兹略作回顾，以作纪念。

团队精神

相互尊重，团结协作，是团队精神的核心内涵，也是我校汉语专业的一贯作风。例如教研室主任排课，都很尊重任课教师的意见，重视各人的特长。教研室主任自己在教学上注意全面发展，具备需要之时就顶上去的能力和修养。在这方面，廖先生率先垂范，先父及续任的徐立芳、张爱民等老师也都是这样做的。科研方面也突出了团队精神。20 世纪 50 年代后期，按照学校和系里的要求，先父组织教研组老师集体编写《现代汉语》教材，廖先生担任主编，编写语法部分；先父与其他老师编写语音、文字、词汇、修辞等部分。他们都是利用教学间隙进行编写。为此，先父经常熬夜，有时几乎通宵达旦。为了向建国十周年献礼，老师们放弃了暑假，在那汗流浃背的酷暑里赶着编写、讨论、修改，最终由徐州市印刷厂印成大开本教材。1961 年又按照省教育厅指示，由我校汉语组编写一套《现代汉语》教材，供全省高等师范学校使用。老师们发挥团队精神，全力以赴地完成了任务。1962 年我在南京师范学院中文系就读，叶祥苓先生授课和我们学习所用的正是这部教材。之后，1965 年老师们又集体合作，完成了高师函授教材，1972 年完成了由全省四所师范院校合著的《现代汉语》教材。受这种团队精神的感召和启示，我进入汉语教研室工作后撰写出版的《汉语言研究与汉文化》《新编说文解字》《古文标点技法》，就都分别采用了与张爱民、刘利、张宛方等老师合著的方式。20 世纪 90 年代后，汉语教研室又陆续出版了由李成蹊先生主编的《汉语研究论集》、李申教授主编的《近代汉语文献整理与研究》等，继续展现汉语教研室的团队精神。

教书育人

教书育人，是我们的价值期待、人生追求，也是师大汉语教师共同的奋斗目标。廖序东先生毕生舌耕，直到 90 高龄，仍然精神矍铄地为研究生授课，他诲人不倦的作风让学生们十分敬佩。先父也是如此。早在无锡时，徐立芳老师就跟先父当助教，随堂听课。先父讲课深入浅出，重点突出，且注意理论联系实际，引导学生积极思考。课后，他经常深入班级了解学习情况，学生有问题，则耐心予以解答。他热爱和关怀学生，同时对他们严格要求。对于研究生教学，先父更是倾尽全力，要求学生加强基本功训练，如要求原新梅等同学每人购一部《十三经注疏》，从中重点选取一种文献，句读圈点诵读，先父坚持定期检查。教学方面，强调阅读原著。如中古音从《广韵》《集韵》和各种《切韵》唐写本看起，参以陈澧的《切韵考》等；上古音则要看《诗经》《楚辞》《说文》等材料及陈第、顾炎武、江永、戴震、段玉裁等学者的相关论著。对于不易搜集的文章，先父还提供了油印材料。对于留校工作的学生也是努力指导。1989 年底，先父在病重住院期间，仍不忘对前去探望他的学生张爱民反复叮嘱：一是要做好教研室主任的工作，要以身作则，带头搞好教学科研。二是要重视语音和音韵学教学。三是要重视汉语学科建设。他与张爱民一起分析学科发展的形势，对杨亦鸣、韩陈其、吴继光、刘利等毕业留校为学科发展增添新的动力深感欣慰，这些都使中青年教师深受教育。我自 1981 年进入汉语组后，在党组织的引导下，在前辈学者的激励下，也不忘团队精神，并躬身践行。从任洪念崖先生《古代汉语》课助教起，到担任授课教师，长期坚持为晚自习的学生作辅导，解疑答难，从而认识了不少学生，其中有些后来成为我校各部门的骨干力量。在担任中文系教工一支部书记期间，也多次登门拜访前辈学者和骨干教师，配合学科组领导，为推动汉语专业的发展贡献了力量。

传承创新

学术的生命在于从传承中创新，促使其不断发展。廖先生和先父是北京师范大学的前后届同学，都师从著名语言学家黎锦熙先生。廖先生主攻语法，先父主攻音韵文字。廖先生在汉语语法学领域成果丰硕，多有创新。如《文言文语法分析》既继承了黎先生，又有新的开拓，在学界颇有影响。先父在 20 世纪 40 年代从黎先生读书时就撰写了《〈说文〉声符古今音通检》等论文，60 年代又开始细研唐写本王仁昫《刊谬补缺切韵》（“王三”），后又陆续参照比勘《切一》《切二》《切三》与《王一》《王二》，以及唐五代其他《切韵》修订本的残页断片等，在国内音韵学界可称得上真正利用上述资料从事研究的领军人物。其研究成果《汉语中古音新探》1993 年由江苏教育出版社结集出版。廖先生、先父和李成蹊先生的硕士生张爱民、蔡镜浩、韩陈其、王珏、杨亦鸣、李葆嘉、刘利、原新梅等，都在各自的研究领域多有建树，杨亦鸣还荣任长江学者，成为学术领军人物。汉语专业的各位老师也在语言学、语法学、训诂学、文字学、音韵学、修辞学等领域各显身手，努力开拓。本人后来虽调入学报工作，但始终不忘初心，教学科研不离汉语，先后带出 15 名文字学硕士生。在《说文》及徐锴、汉字文化等方面从事研究，并有一定的收获。近年来又应聘参与国家“十一五”“十二五”重点图书出版项目《辞源》第三版、《辞海》第七版的修订工作，分别担任分集主编，从而为我校汉语专业的发展作出了自己的奉献。

（原载《江苏师范大学学报》2017 年 5 月 20 日版）

【附】不忘初心　奉献余热

“不忘初心，牢记使命”，这是广大共产党员和人民教师的共同心声。古敬恒教授自1981年初调入我校中文系任教，至2007年春退休，在高校工作将近30年。无论是在中文系任教，还是在学报担任副主编，他始终牢记“教书育人”的光荣使命，不忘“传道，授业，解惑”的古训，为培养教育青年一代竭尽心力，先后共培养15名硕士研究生和众多的本科生。即使退休以后，他仍不懈怠，2007年初即受聘担任科文学院教学督导员，同时为学生开设选修课，为培养青年学生、指导年轻教师继续作出奉献。

三尺讲台，薪火传递

退休之后，古老师继续利用三尺讲台，教书育人，释放自己的光和热。为了帮助和引导青年一代更好地了解社会和人生，了解和弘扬祖国优秀的传统文化，逐步确立正确合理的人生观、价值观，古老师特地为学生开设了《礼仪与传统文化》这门选修课，依次介绍相见礼、人际交往、称谓、教育、婚姻、饮食、服饰、建筑与旅游、节庆、禁忌、崇拜与信仰、丧葬与祭祀。在引导学生掌握古代礼俗文化概况的同时，也指出其存在的某些时代局限性，要求学生全面辩证地看待问题。由于教学内容丰富，又能联系生活实例作出分析，很接地气，因而教学效果较为突出，颇受学生欢迎。十多年来，古老师为语言科学与艺术学院、科文学院先后开设了《古代汉语》《汉字文化》《礼仪与民俗文化》等多门课程。此外，还受文学院汉语教研室的邀请，承担了《形声字的形符和意符》《古文标点要诀》等四讲。这门课被评为“第二批国家精品在线课程”。

古老师的教学特点是注意理论联系实际，善于利用教学资源，通过师生之间的适当交流互动，努力开启学生心智，扩大其知识面。由于他具备较为扎实的文字学、音韵学基础知识，熟悉或相对熟悉豫方言、湘方言、徐州、苏州和南京方言，教学中能适当运用上述语料，解释语言现象，充实教学内容。加上语言表达生动谐趣，因而很受学生欢迎。为了提高教学质量，他还将科研与教学适当结合，将学界一些新的科研信息告诉学生。他曾主持完成全国高等教育科学“十五”规划重点项目《古代汉语教学优化研究》，能将较为成熟的教学方法用之于教学实践。他还印发了《古汉语综合练习》，每次上课之初，他总带领学生先做一道标点翻译练习，以提高学生的专业基本功，开拓知识面。他还把自己的科研心得融入教学。如“粮”“糧”都是形声字，从米，“良”“量”分别为声符。那么，“良”“量”是否声中含义呢？传统文献没有明确的解释。古老师认为，人们常说：“在家千日好，出门一时难。”因为居家饮食，丰俭随意，有时吃剩饭、喝汤水，也很正常。但出行在外，就不可能这样随便马虎。“粮”“糧”的本义就是外出的人携带的干粮。相对而言，质量须“良”才行，这就是“良”的表意作用。由于外出时间有长短之别，所需携带的干粮数量是不同的，因此必须加以称“量”，这就是“量”的表意作用。

又如“除”，本义是“台阶”，古人有“黎明即起，洒扫庭除”的习俗。“除”还是个数学概念，表示“除法”。“台阶”与“除法”之间是否存在意义上的关联？有学者认为，每层台阶间距的设定应当是相等的，而不能随意变更，忽高忽低，否则人就会不慎摔倒，酿成安全事故。而间距的计算使用的正是除法。把这些略带研究性的用例介绍给学生，可以有效地提升学生的学习兴趣，开启他们的心智。由于古老师善于引导和启发学生，调动他们学习的积极性，加上课堂上有效的师生互动，教学气氛活跃，学生印象深刻。为此，古老师也受到学生们的喜爱。十多年来，来家拜访古老师的硕士生、本科生不在少数，同时还建立了“字词文化”微信群。看到学生们逐渐成长，有的还取得了可喜的成绩，古老师从内心感到欣慰，同时也感受到了教书育人的快乐，更深刻地体会到关心和帮助下一代的重要意义和责任担当。

退休后的这些年，古老师作为我校老年科协成员，曾多次到周围各县区为中学教师义务送教。他还多次受邀举办学术讲座，先后在彭城书院、云龙书院讲授《文化透视法与汉字研习》《方言与我国传统文化》等；还多次在语科院为韩国首尔梨花女子大学访徐学生讲授《汉字文化学》有关专题，为向青年一代传授我国传统文化付出了自己的努力。

凝神聚力，科研不懈

从 2011 年开始，至 2017 年，古老师应邀参与了《辞源》第三版和《辞海》第七版的修订工作，分别担任分集主编。这两项都是“十一五”“十二五”国家图书出版重点项目。

《辞源》是我国现代语文辞书发展史上的开山之作，为现代辞书编纂创立了科学范式。但近三十年来，它面临着各种辞书的竞争与挑战。为了适应社会需要，继续发挥自己的独特优势，决定作第三次修订。修订的重点在于正本清源，包括形源、音源、义源、典源、证源诸方面。古老师在接受《辞源》第三版主编之一王宁教授邀请之时，得知参编的同行都是国内学界名人而颇有思想压力，但他很快冷静下来，觉得必须树立信心：一是凭借自己曾从事十多年通信报道工作和十年学报编辑工作的积累，二是依靠从事《古代汉语》三十年教学与研究的经验，有信心完成任务。于是，古老师以文学院汉语教研室中青年教师为依托，聘请乔秋颖、王珏、于立昌、王本灵及校友刘悦、孙启荣、王林喜等建立分集（酉集）修订小组，投入编纂工作。他们以认真负责的精神，凝神聚力，潜心学术，全力投入修订，对第二版中释义不确、引用文献中的讹误、衍、脱现象仔细斟酌，反复核对验证，作出认真修改。古老师曾写《〈辞源〉2010 年重排版疏失例析》，从释义不明、文字讹误、文字衍脱等方面举例分析，如“裾”误作“裙”，“绖”误作“经”，“叡”误作“献”等，这些修订均被三版采用。他日夜操劳，不仅完成了自己的修订任务，作为分集主编，还要承担其他老师修订的复核与加工。例如“赤手”条，原文释为“即徒手”，下面引用宋苏轼

《分类东坡诗》二一《送范纯粹守庆州》诗："当年老使君，赤手降於菟。"古老师参照古籍库语料，将书证时间提前，补入时代更早的《魏书·源贺传》一例书证。经反复核对原文，还发现古籍库录入的"杀人之非"的"非"是误字，于是按《魏书》原文改作"赤手杀人之罪"。修改稿被《辞源》三版完整采用。又如"赤仄"条，原文释为"汉钱币名。同'赤侧'"。下面引用两条书证。其中《汉书·食货志下》："而公卿请令京师铸官赤仄，一当五，非赤仄不可行。"古老师经反复核对语料库和中华书局版《汉书》，发现"非赤仄"前有脱文，应补入"赋官用"三字。此条亦被《辞源》三版完整采用。类似类子很多，不赘举。经过两年半的紧张工作，我校修订组承担的"酉集"全部完成。古老师应邀赴京，出席在人民大会堂举办的庆祝活动。在其后的总结会议上，主编们还安排古老师作了发言，发言后被刊登在《中国社会科学报》（2016 年 3 月 8 日 5 版）上，从而为我校修订组赢来了荣誉。

《辞海》是我国一部大型综合性词典，第一版于 1936 年在上海出版，先后共出版六版。2016 年 12 月 30 日《光明日报》头版刊发消息，"习近平致信祝贺《大辞海》出版暨《辞海》第一版面世 80 周年"，可见《辞海》影响之大。《辞海》第七版编纂工作于 2015 年启动。古老师也被聘为分科主编。他又邀请乔秋颖、李荣刚、张学城、孙启荣、王林喜等老师参加编纂修订工作。在"编舟渡海"的过程中，大家反复推敲，严谨踏实，为了让词条和释义经得起检验，对于引文及数据或是标点符号都逐一核对，仔细琢磨。刚接受任务时，出版社让试核 25 个样条，古老师就捕捉到脱字、误字等硬伤四五处。经反复核查后作了汇报，编辑部主任孙毕老师小结时即予以肯定。

近年来，古老师不顾年高，仍然笔耕不辍，他的主攻方向是汉字文化学。2015 年由上海文汇出版社出版专著《汉字中的建筑之美》，从"一般建筑""宫廷建筑""园林建筑""礼制建筑""建筑构件"五个方面共介绍了 37 个建筑类汉字的文化内蕴和国内著名景点建筑特色。古老师又和他的硕士生，华东师大博士、山东淄博师专刘悦教授合作，2018 年由齐鲁书社出版的《汉字中的生活百态》，从器用、行为、性状、农耕、饮食、服饰、建筑、称谓、教育、婚育、丧葬、信仰 12 个方面介绍了生活中的汉字之美，共释字154个。此书被列为山东省社会科学普及与应用重点研究项目、山东省高校人文社科研究计划项目，受到了广大读者的欢迎。这一年来，古老师又与学生合作，赶写《常用汉字文化渊源》，共收录800个汉字，从形、音、义三方面分析其历史渊源，并尽可能从文化角度追溯其意义本源。

古老师认为，人的才智和能力虽各不相同，但关键是要报效社会，提供正能量。尽管年事已高，自己仍要为社会、为下一代献出自己的一份光和热。2019年7月，古老师加入了校关工委组建的“青春咏诵团”。他积极参加活动，认真投入，如参加了《致年轻的你们》诗朗诵，表演了自创的《录音回放：忘不了》，还就古诗格律与团友们开展了交流。“不忘初心　奉献余热”已成为推动他继续前行的座右铭。

（原载《江苏师范大学“五老”风采录》〔第一辑〕，江苏人民出版社，2020年11月）

后　记

本人名敬恒，字子谦，河南省唐河县人。1966 年从南京师院中文系毕业，70 年代在邳县（今江苏省邳州市）县委宣传部从事通讯报道工作。自 1981 年 2 月调入徐州师院（今江苏师范大学）中文系担任汉语教学以来，我就对传统语言学产生了兴趣，尤其喜爱文字、词汇及汉字文化。作为一个后来者，四十余年来我努力追赶，笔耕不辍，从而获得了一定的成绩。先后在《中国语文》《古汉语研究》《辞书研究》《汉字文化》等省级及省级以上专业刊物上发表学术论文 93 篇，出版《新编说文解字》《徐锴〈说文系传〉研究》《古文标点技法》《建筑中的汉字之美》等专著、合著十余部。其中《新编说文解字》获第六届全国图书金钥匙奖提名奖、许慎研究会暨河南省文字学会一等奖，《徐锴〈说文系传〉研究》获徐州市哲学社会科学优秀成果二等奖，《古文标点技法》由韩国学者译成韩文出版发行。2007 年退休后，仍关注传统语言学研究。2011 年后，受聘参加国家“十一五”“十二五”辞书出版重点项目，即国内几部重要辞书的修订工作，分别担任《辞源》第三版修订分主编、《辞海》第七版修订分主编，2020 年底起又担任《汉语大词典》编辑委员，负责审定工作，继续为传统语言学的研究作出自己的一份贡献。

本论文选编共收录论文三十余篇，内容涵盖传统语言学各个方面，重点是文字、词汇和汉字文化。如《唐五代宋初关于〈说文解字〉之刊定与著述论》《论清代“六书”学对宋元明“六书”说的传承与超越》《徐锴〈系传〉对词的本义的再阐释》《小篆对籀文的省改与秦人的思维趋向》《〈望山楚简〉札记》《郭店楚简字词札记》，《〈太平广记〉中的简、复式同义表达》《传统礼俗的演进与汉字的适应性调整》等。附录《不忘初心　奉献余热》则以第三人称记述了个人四十余年来在高校从事教学和科研的经历、心得，被收入我校关工委主编的《江苏师范大学"五老"风采录》第一辑。在迎来八十华诞的喜庆时刻，个人不揣谫陋，仅将此论文选编奉献诸亲友、同道，欢迎各位不吝赐正！

古敬恒

2022 年 5 月